Heiko R. Blum

SENTA BERGER

Mit Charme und Power

WILHELM HEYNE VERLAG
MÜNCHEN

HEYNE ALLGEMEINE REIHE
Nr. 01/11015

Zur Erinnerung an Rolf Römer

Theater ist Form, die man suchen muss,
Filmarbeit ist Flexibilität, in die du hineinspringst.
SENTA BERGER

BILDNACHWEIS

AIP 169; Arca 48, 139; Archiv DuMont Schauberg 37; Archiv für Filmkunde Köln 9, 13, 17, 18, 25, 33, 87, 89, 93, 107, 113, 117; ARD-Filmredaktion 97; Bavaria 140, 194, 228; CCC Film Artur Brauner 24, 26, 27, 28, 111, 115, 122, 125, 129, 130, 132, 157; Centfox 180, 200; CIC 54, 55, 183; Columbia 31, 162, 163, 167; Compact Film 253; Constantin 35, 50, 177, 193, 196, 214, 284; Corona 182; Degeto Film 259; Divina 191; Eichberg Film 159; Franco Committeri 198; Ivan Foxwell Production 42; KaHa Stein 30, 91, 126, 134, 227; Mars Film 203; Mega Film 174, 175; MGM 149; Mirisch Films 44, 150; ORF 11, 231; Winfried Rabanus 51, 276; RAI 207, 210; Roberto Loyola Prod. 188; Roxy Film 47, 160, 172; Sascha Film 104; SDR 225, 243, 249; Sentana Film 49, 65, 68, 81, 208, 236, 245, 288, 292; Stiftung Deutsche Kinemathek 21, 41, 119, 142; TV 60, 83; UA 146; Ufa International 39, 152; Universal 165; Warner 185; WDR/Christa Köfer 7, 71, 75, 77; WDR 52, 61, 62, 95, 224, 239, 295; Horst Werner 275; ZDF 230, 235.

Umwelthinweis:
Dieses Buch wurde auf chlor- und säurefreiem Papier gedruckt.

2. Auflage
Originalausgabe 5/2001

Copyright © 2001 by Wilhelm Heyne Verlag GmbH & Co. KG, München
http://www.heyne.de
Printed in Germany 2001
Redaktion: Rolf Thissen
Umschlagillustration: Vorderseite: action press / Thomas Meyer
Rückseite: Deutsche Presseagentur / Fotoreport
Umschlaggestaltung: Nele Schütz Design, München
Herstellung: H + G Lidl, München
Satz: Fotosatz Völkl, Puchheim
Druck und Bindung: Ebner Ulm

ISBN 3-453-19442-X

Inhalt

Vorwort – Wir werden sehn …

… ist nicht nur der Titel jener LP, mit der Senta Berger 1989 zum ersten Mal als Sängerin an die Plattenöffentlichkeit tritt. (Der Auslöser zu dieser neuen Seite ihrer Karriere war übrigens die Rolle der Mona in Helmut Dietls mehrteiligem Fernsehfilm KIR ROYAL.) Sondern dieser Satz kommt auch immer wieder über ihre Lippen. Wenn man sie etwas fragt, sie sich aber noch nicht gleich entscheiden will – oder sich schon längst entschieden hat, ohne dies zu formulieren –, lautet die Antwort oft: »Wir werden sehn.« Dabei ist Senta Berger sehr klar in ihren Entscheidungen und sie ist in jeder Hinsicht ein Profi.

Da war einmal ein Fernsehjournalist am Set von Frank Beyers TV-Zweiteiler SIE UND ER. Sein Team drehte für einen Magazinbeitrag bei der Arbeit mit, man interviewte den Drehbuchautor, den Kameramann, den Regisseur und die Schauspieler. Ins Studio zurückgekehrt stellten die Fernseh-

Besprechung bei den Dreharbeiten zu ›Sie und Er‹: Karin Saß, Senta Berger und Regisseur Frank Beyer

leute am Schneidetisch fest, dass sie beim Interview mit Senta Berger einen Fehler gemacht hatten: Die Bilder haben einen Rotstich – ein technischer Fehler beim Weiß-Abgleich, wie man das nennt. Das Material war so nicht verwendbar. So schickten sie Senta ein Fax ins Hotel:»Sind am nächsten Morgen am Drehort.« Natürlich wusste man nicht, wann die Chance bestand, das Ganze zu wiederholen. Als das Team am nächsten Tag wieder zur Stelle war, gab es eine Überraschung: Senta sprach nach Ende der gerade gedrehten Einstellung mit dem Regisseur, man unterbrach kurz die Arbeit, sie wiederholte vor der Kamera ihr Statement. In einer Viertelstunde war alles vorbei.

Rasche Entscheidungen, kollegiales Verhalten, Professionalität – das sind, ebenso wie Charme und Ironie, herausragende Eigenschaften von Senta Berger.

Für dieses Buch war ursprünglich geplant, Senta Berger in einem ausführlichen Gespräch rückblickend über ihr Leben, ihre Arbeit, ihre realisierten und nicht realisierten Projekte zu befragen. Doch bei Durchsicht der vielen Gespräche, Radio- und Fernsehinterviews, die ich über Jahrzehnte mit ihr geführt hatte, fand ich es spannender und authentischer, sie aus den jeweiligen Zeiten zu zitieren und die eigenen Gespräche durch verbriefte Aussagen, vornehmlich in Fernseh- und Rundfunkbeiträgen, zu ergänzen. Diese Zitate sind *kursiv* gesetzt. Darüber hinaus zitiere ich Regisseure, die mit Senta Berger gearbeitet haben. Voraus stelle ich ein Gespräch mit Kameramann und Regisseur Xaver Schwarzenberger, der neben Michael Verhoeven zu jenen Filmkünstlern zählt, die Senta Berger und ihre künstlerische Arbeit am intensivsten verfolgt haben.

Martin Schlappner, Jürgen M. Thie und Birgit Weidinger stellten mir Texte zur Verfügung, Sigrid Schmitt arbeitete an einigen Texten mit und schließlich half mir Georges Freylinger bei den Recherchen und stellte mir Text- und Bildmaterial für die Arbeit an diesem Buch zur Verfügung. Rolf Thissen wachte – wie schon bei anderen Biografien – sorgfältig darüber, dass Fehler vermieden wurden.

Heiko R. Blum, Köln, im Januar 2001

Senta kann alles spielen

Ein Gespräch mit Xaver Schwarzenberger

Nachdem Klaus Jürgen Wussow alias Dr. Brinkmann die deutsche Liebe zu weißen Krankenhausfluren und Ärzte-Sprechzimmern wieder wachgerufen hatte und durch den phänomenalen Erfolg der SCHWARZWALDKLINIK nicht nur in deutschen Landen die Epigonen fleißig am Erfolg partizipierten, kamen auch bald anspruchsvollere Klinik- und Ärztefilme auf den Markt. Neben der Realsatire ER – EMERGENCY ROOM von Michael Crichton und Lars von Triers faszinierender Horrorserie THE KINGDOM gehörte die ÄRZTE-Reihe der ARD – zumindest in den Anfängen – zu den interessantesten Tele-Erfolgsserien. Der österreichische Kameramann und Regisseur Xaver Schwarzenberger gab Senta

An der Kamera: Xaver Schwarzenberger

Berger an der Seite von Friedrich von Thun eine ebenso erfolgreiche wie stimmige Rolle in dem mehrteiligen Ärzte-Beitrag DR. SCHWARZ UND DR. MARTIN.

Xaver Schwarzenberger, das war nicht Ihre Erfindung?

Schwarzenberger: »Nein das kam nicht von mir, das wurde mir angeboten. Als wir begannen, stand im Vordergrund die Überlegung: Was machen wir mit Senta Berger, wie wird das funktionieren, etwas mit dem Thun? Ich habe ja nur die beiden ersten Folgen des Mehrteilers inszeniert, das war auch Bedingung. Ich bin kein Serienmensch, habe so etwas noch nie gemacht, und so war für mich klar, zwei ist das absolute Maximum. Das war ja auch durchaus lustig und witzig, man konnte etwas kreieren, eine Richtung einschlagen.«

Das ist ja überhaupt so bei Serien: Interessant ist oft der Anfang, interessant sind die ersten Richtungen. Wenn man das dann weitererzählt, gerät es meist zur Schablone.

Schwarzenberger: »Ich finde das furchtbar, das könnte ich auch gar nicht; darum die Entscheidung, nur diese beiden zu machen. Ich hatte zudem Glück: Es waren zwei gute Bücher von Gabriela Sperl und Susanne Schneider. Was mir aber besonders wichtig erschien: Wir konnten Senta Berger ein bisschen neu motivieren, mit ihr eine interessante Figur schaffen abseits vom Klischee, etwas Lebendiges.«

Die anderen Fernsehfilme, die Sie später mit ihr gedreht haben, waren die ein Resultat dieser Arbeit?

Schwarzenberger: »Das kann man schon so sagen, wir haben uns gleich wunderbar verstanden. Und es war auch eine gewisse Neugier: Was kann man da noch mit einer solchen Schauspielerin gemeinsam entwickeln? Dazu hatte ich einfach Lust. Das Kuriose war ja, dass ich die Senta in all den Jahren nie persönlich kennen gelernt habe, obwohl ich den Michael [Verhoeven] schon über zwanzig Jahre kenne, ich habe bei ihm Kamera gemacht. Erst bei ÄRZTE lernte ich Senta kennen, obwohl wir ja beide aus Wien kommen. Und wir haben uns natürlich herrlich verstanden, wir sprechen dieselbe Sprache, eine Sprache der Vorstadt. Da entstand eine große Zuneigung, denke ich. Dann hat eben meine Frau diese Figur

Senta Berger, Susi Nicoletti und Roswitha Szyszkowitz in der Komödie
›Die Nacht der Nächte‹ von Xaver Schwarzenberger

in DIE NACHT DER NÄCHTE geschrieben, dafür war Senta ideal. Für mich gilt immer noch dieser Spruch: Lass uns einen Teil des Weges gemeinsam gehen, und so ähnlich haben wir das gemacht; immer so zwei, drei Filme oder auch vier mit einem Schauspieler, aber dann muss Pause sein, denn es beginnt sich dann zu wiederholen. Die Filme, die sie heute macht, hätte ich nicht inszenieren wollen – nicht, weil sie da nicht gut ist, überhaupt nicht, im Gegenteil. Sie ist jetzt die Frau über fünfzig im weitesten Sinn, sieht fantastisch aus, da liegen solche Themen nahe: PROBIEREN SIE'S MIT EINEM JÜNGEREN oder ›ewige Ehekrise‹: Der Mann haut ab, die Frau tapfer, bleibt über – das interessiert mich so nicht mehr und ich finde, es entsteht immer wieder nach einigen guten Dingen die Welle. Und da kann ich nicht mit.«

11

Auch nicht, wenn so interessante Leute wie der junge Österreicher Michael Kreihsl jetzt mit PROBIEREN SIE'S MIT EINEM JÜNGEREN so einen Film mit ihr gedreht hat?

Schwarzenberger: »Genau diese Geschichte, die sie mit ihm gemacht hat, haben sie mir auch angeboten. Aber ich kann nicht immer dasselbe mit Senta machen. Da muss ich schon etwas ganz anderes finden.«

LAMORTE ist doch etwas anderes, das kann man nicht vergleichen ...

Schwarzenberger: »Nein, überhaupt nicht, und das war schon interessant, weil man diese ganzen Kaliber von großen Schauspielerinnen unter einen Hut bringen musste. Das war schon kompliziert genug, was das Timing betrifft, und ich muss sagen, ich habe das als äußerst kompliziert erwartet. Und dann war es das komischerweise überhaupt nicht, weil sich diese Damen erst einmal zum Teil kannten – was nicht unbedingt ein Vorteil war –, aber sie haben sich dann unheimlich schulmädchenhaft verbandelt untereinander. Das Ganze war, wir nennen das hier eine Landschulwoche oder einen Landschulmonat, und es war, glaube ich, eine große Euphorie. Ich denke, jede einzelne dieser Schauspielerinnen erinnert sich da mit Vergnügen daran.«

Das sind ja alles alte Profis, die so ungefähr alle gleichzeitig in Wien auf der Bühne standen.

Schwarzenberger: »... und noch dazu, wenn man vom Reinhardt-Seminar ausgeht, waren es von einigen Jahrgängen die dominierenden Frauen einer Epoche.«

War das komplizierter, als Sie dachten?

Schwarzenberger: »Nein, im Gegenteil, ich hatte dann schon Angst, wenn man die alle auf einem Haufen hat, dann beginnen die üblichen Querelen, Eifersüchteleien. Aber das war genial und das ging ja alles wunderbar. Die haben mich wirklich beschämt, weil sie sich großartig benommen haben – wie in der Schule, wir haben ja so Archetypen: die Senta die Schlimme, die Christiane Hörbiger die Brave, und so hatten alle ihre Funktion wie in den Schulklassen. Die Inge Konradi, die habe ich dann noch mal in

Single Bells und in O Palmenbaum besetzt, da ist sie die absolute Protagonistin.«

Noch mal zur Senta. Gut, sie spielt jetzt diese Rollen, aber sie könnte es ja auch anders, sie kann es ja.

Schwarzenberger: »Das ist richtig, Senta kann alles spielen. Es war ja auch kühn, dass sie in Lamorte nur eine Episodenrolle spielt. Ich wehre mich nur immer gegen diese Wellen von immer gleichen Rollen. Natürlich gehört das zu diesem Alter

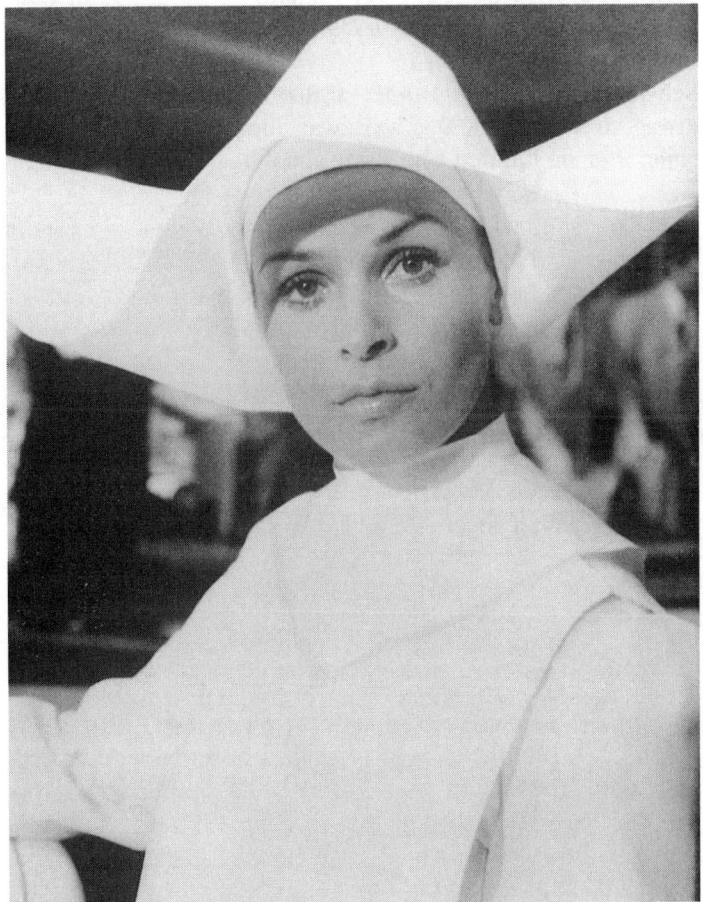

Senta Berger 1967 in ›Unser Boß ist eine Dame‹ als falsche Nonne

und sie erfüllt diese Rollen vollkommen. Aber es wiederholt sich immes und ich würde ihr halt wünschen, etwas ganz anderes als die Frau in der Krise.«

Haben Sie selbst über etwas Neues mit ihr nachgedacht?

Schwarzenberger: »Nein, habe ich nicht, aber das kann schon wieder kommen, vielleicht gibt es dann wieder einmal so eine Rolle. Aber eben dann würde ich sie gerne völlig anders besetzen und nicht in der Rolle der gequälten Ehefrau, die ausbricht und sich einen Jüngeren angelt.«

Sie haben sicher den Film von Doris Dörrie gesehen, in dem sie mitspielt.

Schwarzenberger: »Ja, BIN ICH SCHÖN? – das war gut, das war etwas, zum Beispiel. Das war zwar auch nur eine Episodenrolle, aber sie hat den Mut dazu, absolut.«

Tu felix Austria ...

Vom Max-Reinhardt-Seminar zum Donaustrand

Senta Berger wird am 13. Mai 1941 in Wien geboren. Ihre Vorfahren kommen aus Ungarn und Jugoslawien.

Ich stamme aus dem 13. Bezirk, aus Hietzing, ungefähr zwölf Minuten Fußweg vom Schlosspark Schönbrunn entfernt. Ein bescheidenes Heim, gemütlich und kommunikativ – so beschreibt es Senta Berger in den Tagebuchnotizen, die sie 1977 in der Zeitschrift *TV Hören und Sehen* veröffentlicht. Da räumte sie mit allerlei Glanz- und Lackbildern auf. Heißt es in vielen Biografien: »Ihr Vater ist der Komponist Josef Berger, die Mutter Therese, geborene Jany«, so liest sich das bei Senta Berger etwas anders: *Im Grunde war mein Vater Musiker, hatte die Musikhochschule besucht, die Dirigentenklasse, spielte sehr gut Klavier, komponierte. Vornehmlich Wiener Lieder. Außerdem machte er mit Kollegen Kammermusik, Schubert, Haydn, Bartók – und schien für diesen Beruf wirklich berufen. Die Verhältnisse waren es nicht. Aus der Gefangenschaft zurück, bedrängten ihn seine Eltern, das Geschäft zu übernehmen. Einen kleinen handwerklichen Betrieb, eine Metallverchromungsfirma, in der es immer staubte, lärmte, sprühte, stank.*

Senta Berger berichtet davon, wie sehr ihr Vater diese Arbeit, der er sich nicht entziehen konnte, hasst und wie sie diesen Hass adaptiert, verinnerlicht und als Kraftquelle nutzt, um *anders zu handeln, mich unbeugsam auf ein Ziel auszurichten und mich von nichts und niemandem davon abbringen zu lassen. Unterstützung fand ich.*

Ein ebenso bescheidenes wie verständnisvolles Elternhaus sorgt dafür, dass sie nichts entbehren muss. Zwar haben die Bergers nur ein Zimmer und Küche mit Wasser und Toilette für alle Familien auf dem Flur, doch bei aller Armut wird am Kind nicht gespart. Sie darf lernen, darf Kunst ausüben. Bereits mit sechs Jahren erhält Senta Ballett- und Tanzunterricht an der Akademie für Darstellende Künste in Wien.

So liest man es in ehrenwerten Biografien, in Senta Bergers Erinnerungen aber klingt es fast so, als wolle sie das alles herunterspielen: *Mit fünf Jahren fing ich an zu tanzen. Zwei Cousinen von mir waren schon Tänzerinnen geworden, jetzt meldeten mich meine Eltern in Hedy Pfundmayers Ballettschule an, um meiner ewigen Hopserei auf Spitzen in geschnürten Halbschuhen einen vernünftigen Halt zu geben. Ich war selig.*

In die Akademie für Darstellende Künste geht Senta dann wirklich, vier Jahre später, im Alter von zehn Jahren; das Realgymnasium wird Nebenschauplatz. Doch auch das bleibt Zwischenstation, zu ihren Eltern sagt sie damals: *Ich möcht gern Schauspielerin werden*, und den Wunsch in die Wirklichkeit umzusetzen, ist dann bei ihrem Ehrgeiz nicht besonders schwer.

Ab Frühjahr 1956 geht Senta dreimal im Monat zu Dorothea Neff, die früher in Aachen und in Köln sowie am Wiener Volkstheater engagiert war und später Privatunterricht erteilt. Dorothea Neff meint, Senta sei ja noch etwas jung, doch wenn sie nicht abwarten könne … Frau Neff ist es schließlich auch, die Senta dazu animiert, ins Besetzungsbüro der Sascha-Filmgesellschaft zu fahren, wo man ein paar Schulmädchen für Willi Forsts neuen Film sucht. Das ist im April 1957 und Senta bekommt die Rolle: zehn Tage Drehzeit bei dem großen alten Wiener Meister der leichten Unterhaltung neben Stars wie Adrian Hoven, Erika Remberg und dem großen alten Wiener Charakterdarsteller Hans Moser. Senta darf sogar einen Satz sprechen: »Sie kommt!« – und dann kann sie auf der Schulbank Boogie tanzen.

Willi Forsts DIE UNENTSCHULDIGTE STUNDE hat Folgen: Senta will jetzt nicht mehr aufs Gymnasium. Und auch das gestehen ihr die Eltern zu: Vorzeitig beendet sie die Schule, um 1957 am Max-Reinhardt-Seminar in Wien Schauspielunterricht zu nehmen. Doch da kann man nicht einfach hingehen und lernen: 300 Bewerberinnen für insgesamt zehn Plätze! Senta Berger ist zu der Zeit 16 und zweifelt keinen Moment daran, dass man sie nehmen werde. Wirklich nicht? Jedenfalls schafft sie es, übrigens gemeinsam mit Heidelinde Weis, Ma-

Aus dem 13. Wiener Bezirk nach Hollywood: PR-Foto für den US-Film
›The Glory Guys‹ (1964)

risa Mell, Erika Pluhar und anderen. In den Ferien vor Studienbeginn dreht sie noch eine kleine Rolle in einem Film unter der Regie von Hans Quest: DIE LINDENWIRTIN VOM DONAUSTRAND. Als Zimmermädchen darf sie ein paar Sätze sprechen. Das sind Glücksmomente.

Ganz schön fesch: Szene aus dem österreichischen Film ›Ich heirate Herrn Direktor‹ (1959)

Senta hat keine Flausen im Kopf von einer großen Starkarriere, sie will ganz einfach zum Theater; das ist für ihre Familie schon hoch genug und auch für sie selbst ein ganz hohes Ziel – sagt sie. Doch nach ein paar Semestern ist diese wunderbare Zeit vorbei, sie wird entlassen. Nicht etwa wegen mangelnder Begabung, sondern weil sie gegen die strengen Regeln der berühmten Schule verstieß. Als sie beim Kultusminister persönlich versucht, diesen Rausschmiss rückgängig zu machen, sagt der: »Was wollen 'S denn Schauspielerin werden? Sie ham doch eh an Blähhals!« Diese sehr obskure Einschätzung – was ist ein Blähhals? – steckt sie weg wie viele andere Liebenswürdigkeiten, die man ihr an den Kopf wirft. Sechs Wochen lang darf sie noch das zweite Semester beenden, dann ist alles zu Ende. Doch für Senta Berger ist das kein Grund zu zweifeln.

Der Trotz siegt

In den 50er-Jahren des 20. Jahrhunderts war das Max-Rein-hardt-Seminar ein wirklicher Begriff für jene amerikanischen Schauspieler, die an der Reinhardt-Schule in Los Angeles bei Reinhardt selbst oder bei seiner Frau Helene Thimig studiert hatten. Und Senta Berger erinnert sich, dass – immer wenn ein großer amerikanischer Star aus dieser Generation nach Wien kam – ihm die Schule vorgeführt wurde oder die Schauspielschüler ihm etwas vorspielen durften. Da kamen etwa Hollywood-Stars wie Tyrone Power oder später Yul Brynner, Deborah Kerr und Regisseur Anatole Litvak, die gerade in und um Wien herum drehten.

Mit sechzehneinhalb war ich noch ein Kind, ein höchst beeindruckbares Kind, und ich hatte damals aber noch keine Vorstellungen von diesem Beruf und was er sein konnte. Ich war noch sehr oberflächlich und sehr beeindruckt, als Yul Brynner kam. Wir sprachen – wie immer zu solchen Anlässen – kleine Szenen vor, und als ich die Marie aus dem WOYZECK spielte, kam Anatole Litvak vorbei – er sprach Deutsch – und fragte mich: Willst du eine kleine Rolle bei uns spielen, und ich war sehr geehrt.

Am nächsten Morgen fährt sie mit der Straßenbahn ins Studio, sie darf eine Rolle in THE JOURNEY/DIE REISE (1958) spielen: eine kleine Kellnerin, die unentwegt Kaffee servieren muss und ständig ruft: »Die Russen kommen!«

Senta Berger geht zum Direktor der Schauspielschule und sagt ihm das; der aber meint, in ihrem Interesse gebe er ihr die Erlaubnis nicht, sie sei noch zu unfertig und solle sich auf ihr Studium konzentrieren. Senta fährt dennoch jeden Morgen mit der Straßenbahn ins Studio und spielt die Rolle.

Später übernimmt sie in Ernst Marischkas Franz-Werfel-Verfilmung DER VERUNTREUTE HIMMEL mit Annie Rosar einen kleinen Part. Es ist ein äußerst tragischer Moment im Film: Eine Gruppe Jugendlicher tollt über eine Wiese; gerade hat noch der Sohn aus gutem Haus seiner Mutter versprochen,

Senta zieht es zum Film – und Bernhard Wicki schreibt ihr eine Rolle für ›Das Wunder des Malachias‹ (1961).

dass er die gefährliche Bergtour, um ihr ein Edelweiß zu pflücken, ihr zuliebe nicht unternimmt, da kommt er bei einem unglücklichen Sturz ums Leben. Senta Berger ist eines der Mädchen aus der Gruppe. Man sieht, im Besetzungsbüro der Sascha hat man sie nicht vergessen.

Dann kommt ein Anruf von Ernst Haeussermann, damals noch Chef des Theaters in der Josefstadt. Seine Frau, Susi Nicoletti, war eine von Sentas Dozentinnen am Max-Reinhardt-Seminar, sie macht ihn auf die junge Schauspielerin und ihre Misere aufmerksam. Haeussermann bietet ihr eine Rolle in Luigi Pirandellos HEINRICH IV. an. Das ist nicht Shakespeare, aber immerhin: Senta Berger kommt für eine Spielzeit an das traditionsreiche Wiener Theater. Mit 17 Jahren ist sie das jüngste Ensemblemitglied. Man ist ihr geneigt, sie kann viele kleine Rollen spielen, doch so hundertprozentig wohl fühlt sie sich da nicht – nicht nur weil der gestrenge Kritiker Hans Weigel ihre Frieda zerreißt.

Die Arbeitsatmosphäre hinter den Kulissen fand ich ernüchternd, beneidete meine ehemaligen Mitschüler vom Seminar ob ihres unbeschwerten Alltags, vermisste eine pädagogische Hand. Nach einem Jahr würde man ihr Engagement verlängern, doch Senta zieht es mehr zum Film – so jedenfalls erfährt man es von ihr.

Von der Wiener Bühne via München zu Atze Brauner

In den Theaterferien trampt Senta Berger nach München und stellt sich bei einer Agentur vor. Im Sommer 1959 spielt sie unter der Regie von Wolfgang Liebeneiner in der Komödie ICH HEIRATE HERRN DIREKTOR. Heidelinde Weis und Gerhard Riedmann stehen in den Hauptrollen vor der Kamera und als der Film auf das Festival von Mar del Plata nach Argentinien eingeladen wird, trifft Senta Berger dort unter anderem Bernhard Wicki, der seinen Film DAS WUNDER DES MALACHIAS vorbereitet. Für die weibliche Hauptrolle hält Wicki Senta zwar für zu jung, schreibt ihr aber eigens eine kleine Rolle ins Drehbuch.

»Das war ein forsches junges Talent, sie sah blendend aus und war in der Lage, eine so kleine Rolle mit ganz viel Leben zu erfüllen. Ich habe später – abgesehen von einem Dokumentarfilm über Curd Jürgens – nie mehr mit ihr gearbeitet, leider«, sagte Bernhard Wicki später über Senta Berger.

Doch bevor dieser Film gedreht wird, kommt Artur »Atze« Brauner zum Zug. Seine »Entdeckung« verläuft *zwar nicht ganz so, wie er sie in seinen »Erinnerungen« wiedergibt, aber so ähnlich. Das ist immer so: Hat man eines Tages die Hürden nach oben geschafft und behauptet sich in der dünnen Luft dort, melden sich viele, die für den ganz großen Schub uneigennützig gesorgt haben wollen.* Doch Atzes Schub bezeichnet Senta Berger als entscheidend wie auch die Fotos, die nach Berlin zur Managerin Elli Silman geschickt werden. Bei den Berliner Filmfestspielen 1960 begegnen sich Senta Berger und Atze Brauner zum ersten Mal. Er ist von ihr beeindruckt. Er bereitet gerade seinen SCHWEJK vor und sieht in ihr die ideale Gretl. Regisseur Axel von Ambesser und Heinz Rühmann sind einverstanden und Senta bekommt die Rolle in dem Film DER BRAVE SOLDAT SCHWEJK.

Als nächste Station auf der Karriereleiter gibt es ein Interim mit Richard Widmark, der *in Wien aufgekreuzt war und mich*

Als Gretl mit Oberstleutnant Lukas (Ernst Stankowski) 1960 in ›Der brave Soldat Schwejk‹

für seinen Film GEHEIME WEGE *als erblondetes Gretchen des donaustädtischen horizontalen Nachtschwalben-Geschwaders übers Zelluloid trippeln ließ.* Danach kommt ein langfristiger Vertrag mit Atze Brauner.

»Senta war damals ein hoch begabtes Mädchen, ein Star, etwas Außergewöhnliches; sie hatte das gewisse Etwas. Ich war sehr glücklich, dass ich sie engagieren konnte«, sagte Brauner später und dreht mit ihr vor allem Musikfilme, die meist um einen Schlager herum geschrieben werden, oft vom gleichen Autor, mit wenig Variationsbreite.

Senta Berger, die sich anfangs in der neuen Familie gut aufgehoben fühlt, vermisst mit der Zeit die Abwechslung. Für anspruchsvollere Filme, die Brauner auch dreht, besetzt er sie

Als »erblondetes Gretchen« mit US-Star Richard Widmark in dem Agentenfilm ›The Secret Ways/Geheime Wege‹ (1960)

nicht, etwa Kurt Hoffmanns Friedrich-Dürrenmatt-Verfilmung DIE EHE DES HERRN MISSISSIPPI, den Gerichtsfilm UNTER AUSSCHLUSS DER ÖFFENTLICHKEIT, den Harald Philipp inszeniert, den John-Knittel-Film VIA MALA von Paul May oder den aufwändigen Axel-Munthe-Film mit O. W. Fischer. Dagegen ist Maria Brauner, die Frau des Produzenten, für die junge Schauspielerin eine große Hilfe.

Undankbar nennt Brauner seine »Entdeckung« bald, als sie – entsprechend ihrer Erfolge – eine höhere Gage verlangt. Ihre Managerin Elli Silman hat das auf die Bahn gebracht, als Senta an der Seite von O. W. Fischer und Eva Bartok in dem Mario-Simmel-Zweiteiler ES MUSS NICHT IMMER KAVIAR SEIN und DIESMAL MUSS ES KAVIAR SEIN vor der Kamera steht, wo sie den damals ebenso prominenten wie erfolgreichen Star Eva Bartok an der Seite von O. W. Fischer glatt an die

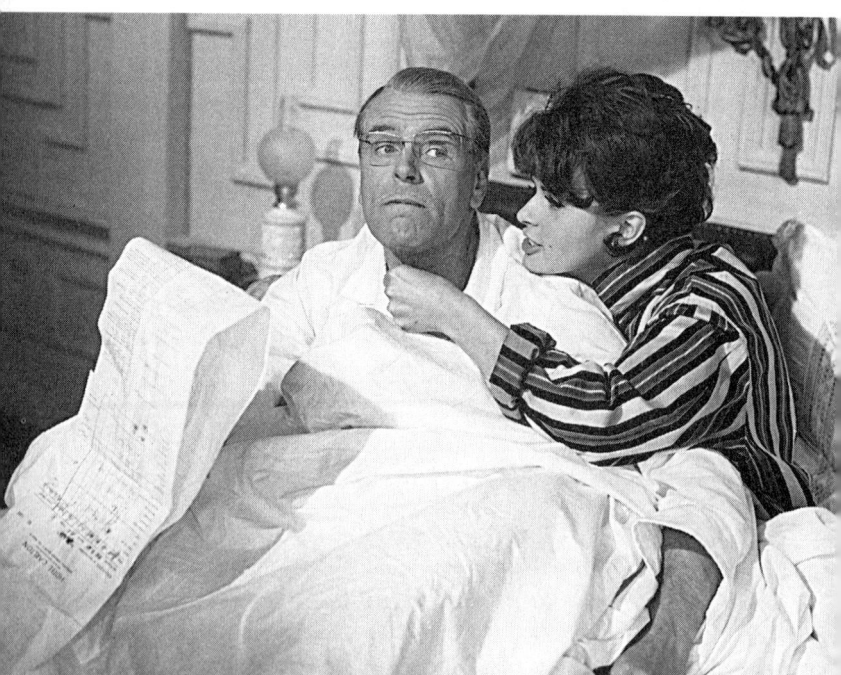

›Diesmal muß es Kaviar sein‹: Senta Berger und O. W. Fischer

›Ramona‹: Senta Berger und Judith Dornys

Wand spielt. Der Film bringt dem Produzenten sehr viel Geld ein. Dank Elli Silmans Beharrlichkeit kassiert Senta im gleichen Jahr für RAMONA statt drei- bis fünftausend stolze 20.000 DM.

Mit den Simmel-Filmen und zwei Krimis von Werner Klingler (DAS GEHEIMNIS DER SCHWARZEN KOFFER und DAS TESTAMENT DES DR. MABUSE), einer britisch-deutschen Produktion inszeniert von Terence Fisher (SHERLOCK HOLMES UND DAS HALSBAND DES TODES), sowie dem erfolgreichen Ärztefilm FRAUENARZT DR. SIBELIUS an der Seite von Hollywood-Tarzan Lex Barker gehört Senta Berger 1962 zu den meistbeschäftigten deutschsprachigen Schauspielerinnen.

Doch der Vertrag bei Atze Brauner hat nicht nur positive Seiten, er engt sie immer mehr ein und ist in manchen Fällen ausgesprochen hinderlich, blockiert und verhindert er doch manches andere Engagement. Die Schauspielerin versucht

Ein Star tritt auf: ›Lange Beine, lange Finger‹ (1966)

aus der Bindung herauszukommen, aber Brauner reagiert unverständig, beleidigt, schließlich rigide: Er verklagt sie 1963 auf 400.000 DM Schadenersatz.

Da lenkt sie ein und geht noch einmal ins Atelier von Brauners Produktionsfirma CCC: 1966 für den Alfred-Vohrer-

Film LANGE BEINE, LANGE FINGER. Brauner ist zufrieden gestellt – und Senta kann ebenfalls mit diesem Film leben. Sie spielt Dodo, Baronesse von Halberg, die an der Seite ihres Vaters – der wunderbare Martin Held spielt ihn – »mit langen Fingern« Smaragde, Brillanten, Perlen und anderes Glitzerzeug in ihren Besitz bringt. Dabei ist diese Dodo so geschickt und erfolgreich, dass Herr Papa jede Gefahr, seine Tochter könne auf andere Gedanken kommen oder sich gar in einen Mann verlieben, argwöhnisch beobachtet und notfalls zu verhindern versucht. Aber all das nutzt wenig: Schließlich kommt doch Joachim Fuchsberger in der Rolle eines erfolgreichen Waffenfabrikanten und die Sache ist gelaufen.

Damals war der Höhepunkt des 50er-/60er-Jahre-Kinos, in dem sich nichts widerspiegelte, was uns wirklich betroffen hat, schon überschritten. Die Produzenten begannen sich zu fragen: Warum gehen die Leute nicht mehr ins Kino? Wir Jungen aber schauten uns französische Filme an und sagten: »Kinder, das müsst ihr euch anschauen, die halten die Kamera einfach auf uns Menschen, auf unsere Gegenwart, weg mit dem Mief!« Doch es gab keine Alternative für ein junges Mädchen, das Schauspielerin werden will und das es hinausdrängt aus der Enge der elterlichen Wohnung. Und so dreht sie weiter.

Von Walt Disney in Wien
nach Hollywood

Mitte des Jahres 1962 rückt die Walt Disney Production in Wien ein. Regisseur Steve Previn arbeitet an einem Film über den Walzerkönig Johann Strauß und natürlich sucht er österreichische Darsteller. *Ich sang etwas vor und wurde Frau Strauß. Für Amerika, wie gesagt. Aber dort dauerhaft.* Der Film heißt THE WALTZ KING und hier ist Senta Berger einer der Stars.

Später arbeitet Carl Foreman in Europa an seinem Weltkrieg-II-Epos DIE SIEGER, dessen Inszenierung er, weil er sich mit

Dreharbeiten zu ›The Waltz King‹: Senta Berger mit Regisseur Steve Previn

Ein Indianerpfeil stört unsanft die Idylle. Für Major Amos Charles Dundee (Charlton Heston) und Teresa Santiago (Senta Berger) gibt es nur ein kurzes Glück: Szene aus Peckinpahs ›Major Dundee/Sierra Charriba‹

den von ihm gewünschten Regisseuren nicht einigen kann, schließlich in letzter Minute selbst übernimmt. Es ist kaum eine Überraschung, dass neben Romy Schneider und Elke Sommer auch Senta Berger besetzt wird.

Leider hat HIGH-NOON-Autor Carl Foreman bei seinem ehrgeizigen Projekt selbst (zum ersten Mal) Regie geführt und dabei die Episoden aus den letzten Kriegstagen dramaturgisch nicht so recht in den Griff bekommen. Das geht vor allem auf Kosten der Schauspielerinnen. Während Jeanne Moreau als verängstigte Französin ebenso überzeugt wie

Romy Schneider in der fast stummen Rolle einer belgischen Geigerin, haben es die anderen Frauen schwer: Die italienische Episode mit Rosanna Schiaffino ist sehr rührselig inszeniert und auch die Berlin-Szene bleibt Klischee, wenn Elke Sommer als Helga mit den Amerikanern fraternisiert, während Senta Berger als deren Schwester immerhin ein paar starke Momente zugebilligt werden.

Wie Alice im Wunderland fühlte ich mich während der Londoner Uraufführung, der Pressekonferenz und der anschließenden Audienz bei der Queen. So viele Fotoapparate hatten sich noch nie auf mich gerichtet.

Die Rolle der Trudi in DIE SIEGER ist nach dem Auftritt in Anatole Litvaks DIE REISE und der Disney-Produktion der dritte amerikanische Film für Senta Berger; er bereitet ihre Hollywood-Karriere vor, die sie zwei Jahre später mit David Samuel Peckinpahs Western MAJOR DUNDEE (SIERRA CHARRIBA) beginnt. Für Peckinpah und seinen Freund Arnold Laven, der Senta Berger im gleichen Jahr in THE GLORY GUYS (DIE GLORREICHEN REITER) an der Seite von Tom Tryon besetzt, ist sie einfach ein Profi.

Die Krankenschwester

Bei Sam Peckinpah spielt Senta Berger zweimal die Rolle einer Krankenschwester – in MAJOR DUNDEE und in STEINER – DAS EISERNE KREUZ. Sie ist in beiden Fällen sehr präzise mit einem ganz bestimmten Image ausgestattet, als Frau in einer Männerwelt klar konzipiert und eingesetzt.

In MAJOR DUNDEE steht sie zwischen dem Haudegen Charlton Heston und dem eher intellektuellen Richard Harris, eine Frau zwischen zwei Helden, dem Major der Konföderierten und dem Gefangenen der Südstaaten-Truppe. Die Kontrahenten sind in Großaufnahmen zu sehen, ihr Ausdruck ist karg und kernig, kaum etwas spielt sich in den Gesichtszügen ab. Senta Berger dagegen ist eine Frau, die eine Zeit lang

Mit Regisseur Sam Peckinpah bei den Dreharbeiten zu ›Major Dundee‹

einen eigenständigen, jedoch nicht ebenbürtigen Part spielen kann. Auch ihr Gesicht bleibt so unbeweglich wie das der Soldaten, nur ist es schön und von den Augen geht Strahlkraft aus.

Sie ist nicht bildbeherrschend, auch kaum in Großaufnahmen zu sehen, eher zierlich und klein wirkt sie neben den Recken, aber dennoch niemals zart, zerbrechlich, niedlich. Aber ihre spielerische Bewegungsfreiheit ist eingeschränkt, sie darf hier nicht eine der großen, markanten, selbstständigen Frauen sein, wie sie von amerikanischen Stars verkörpert werden. Dazu ist sie mit einem – erst erworbenen – mexikanischen Flair ausgestattet, sie bewegt sich zu mexikanischen Rhythmen und ihr eher distanziertes Spiel wird von der Herkunft der Figur erklärt: Sie ist eine Österreicherin, die einen mexikanischen Arzt geheiratet hatte, der inzwischen verstorben ist.

Peckinpahs Filme spielen immer in einer Männerwelt, doch die Frauen sind nie nur Randfiguren. So hat er auch hier mit Distanz und Kühle eine Figur konstruiert und sie gemeinsam mit den beiden unterschiedlichen, konkurrierenden Männern überraschend genau zu einem »Gruppenbild« geformt.

Senta Berger repräsentiert mit diesem Part der Krankenschwester einen Beruf, der vor allem in keiner Konkurrenz zur Männerwelt steht und in seiner sozialen Funktion eine eigene Aussage machen kann. »Warum müsst ihr Männer immer kämpfen?«, fragt sie Heston nach einem kühlen Bad – einem Bad, das nur wie auf Hochglanz einen erotischen Hauch einbringt. Nichts weht an wirklicher Erotik herüber, da ist kein Schmelz, diese Frau hat gewissermaßen den Ruf eines Predigers in der Wüste, denn natürlich kämpfen sie weiter, diese Männer.

Sicher ist es kein Zufall, dass Senta Berger auch in Peckinpahs STEINER später wieder als Krankenschwester vor der Kamera steht und der Regisseur ihr eine ähnliche Funktion gibt wie in MAJOR DUNDEE (SIERRA CHARRIBA). Auch hier spricht sie das Gleiche an: die Unsinnigkeit des Kämpfens, den kurzen schönen Traum von einem anderen Leben, von einem Leben ohne Krieg, ohne Sterben, ohne Tote.

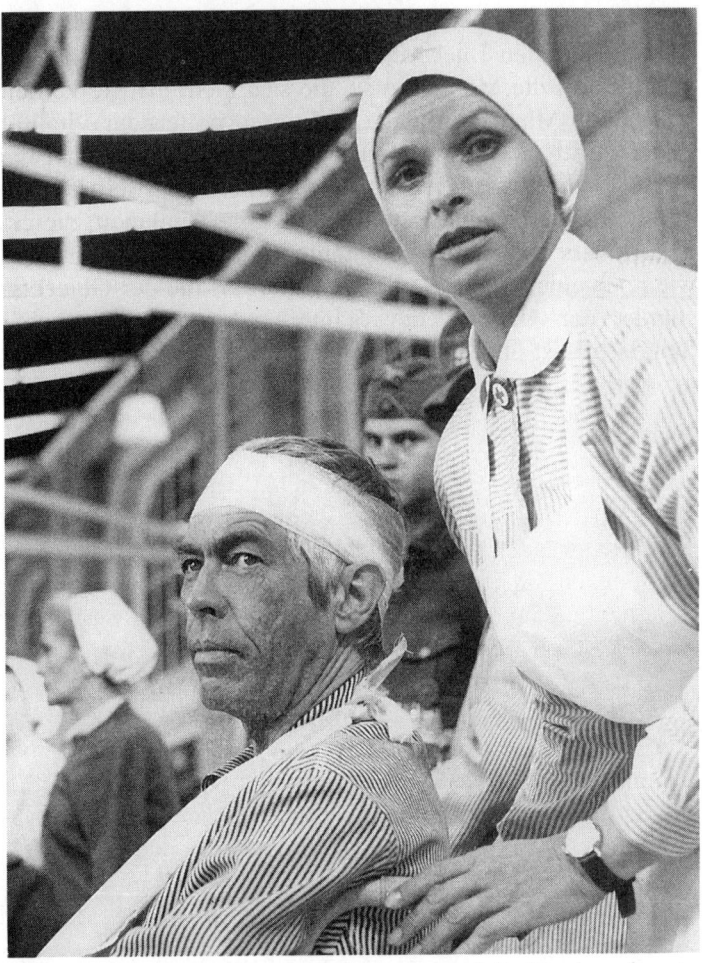

›Steiner – Das eiserne Kreuz‹: der Feldwebel und die Krankenschwester (James Coburn und Senta Berger)

Auch hier begegnet man wieder den verschiedenen Personentypen in den unterschiedlichsten Schattierungen: Maximilian Schell, Klaus Löwitsch, James Coburn. Und diesen Männern setzt Peckinpah nicht eine jener dominierenden Frauengestalten gegenüber, sondern wieder Senta Berger in einer Rolle, die so »neutral« wie möglich ist, wieder mit dem offenen, geraden Blick, eher im Hintergrund, etwas kleiner gehalten als die Männer; eine, die sich nicht erregt, die den markanten Männersprüchen und deren polternder Vitalität im Lazarett gelassen entgegentreten kann und soll. Eine Figur, die auch keine eigene Entwicklung, und sei sie auch noch so klein, zugebilligt bekommt, eine Schönheit, die ermahnt, dass neben dem Soldatentum und dem Krieg irgendwie noch eine andere Realität existiert als die der Gefechtsstände, der Gräben, der Kämpfe, aber eher wie eine Standarte, fast ohne Emotion.

... nicht zickig, sie ist cool, sehr zuverlässig ...

»Senta ist nicht zickig, sie ist cool, sehr zuverlässig. Sie macht ihren Job routiniert und weiß sehr genau, wie sie vor der Kamera wirkt. Im Unterschied zu vielen amerikanischen Schauspielerinnen hat sie es nicht nötig, das zu demonstrieren. Bei ihr passiert das ganz nebenbei – und das ist ein Glück für einen Regisseur: Man kann sich hundertprozentig auf sie verlassen.« (Sam Peckinpah bei einem Gespräch in Pula, Juli 1975)

Mit dem Start in Hollywood gehört Senta Berger zu den Weltstars. Sie spielt an der Seite von Charlton Heston, Robert

Stars unter sich: Senta Berger mit Dean Martin in einer Drehpause des Agentenfilms ›Wenn Killer auf der Lauer liegen‹ (1967)

Vaughn, Kirk Douglas, Frank Sinatra, Yul Brynner, John Wayne, Alec Guinness, Dean Martin und anderen berühmten Schauspielern und Hollywood-Größen. Sie ist ein beliebter Gast in Johnny Carsons berühmter Talkshow. Johnny Carson hat diesen Typ Talkshow erfunden und sich immer auf seinen Charme und seine Ironie berufen und beides hat er trotz all seiner skandalträchtigen Themen nie aufgegeben. Carson ist bekannt dafür, dass er sein Gegenüber attackiert, dennoch schafft er es immer wieder, eine Brücke zu schlagen zu einem schönen Gespräch, wo sich der Gast auch ein bisschen fallen lassen darf.

Ich habe mich bei ihm sehr aufgehoben gefühlt. Er hat mich oft eingeladen, vielleicht weil ich so mutig war, weil ich jung war, weil ich hübsch war, weil ich mich sogar getraute, live zu singen. Dabei hatte ich gut Englisch gesprochen, aber immer auch mal ganz furchtbare Aussetzer gehabt. Ich habe ja damals geglaubt, ich muss Amerikanisch sprechen, amerikanischer als alle anderen, und wenn dann ein Satz mal nicht stimmte, hat Carson auch seine Witze über mich gemacht und ich habe mir das gerne gefallen lassen. Allein schon die Tatsache, dass da eine kleine europäische Schauspielerin nach Los Angeles kam, das war eigentlich allein schon Geschichte genug.

Die Idee, europäische Schauspieler mit amerikanischen Stars auf der Leinwand zusammenzubringen, hat eine ganz lange Tradition. Bereits in den 20er-Jahren des letzten Jahrhunderts werden europäische Schauspieler und Regisseure wie Marlene Dietrich, Emil Jannings und Josef von Sternberg nach Los Angeles eingeladen. In den ersten Tonfilmjahren braucht man europäische Regisseure und Darsteller für die fremdsprachigen Fassungen der Filme, die man damals noch nicht synchronisiert. Diese Tradition wird durch den Zweiten Weltkrieg dann jäh unterbrochen.

Doch gerade in den 50er- und 60er-Jahren knüpft man hier wieder an: O. W. Fischer soll 1956 in Douglas Sirks DER LETZTE AKKORD spielen, aber nach den ersten Arbeitstagen kommt es zum Bruch mit dem deutschen Schauspieler. Der hollywoodbewährte Italiener Rossano Brazzi übernimmt die

Mit Tony Randall in dem Abenteuerfilm ›Our Man in Marrakesh‹ (1966)

Rolle des berühmten europäischen Dirigenten anstelle von Fischer. Dann avanciert Maria Schell zum Hollywood-Star. Richard Brooks gibt ihr die Hauptrolle in DIE BRÜDER KARAMASOW, Delmer Daves in DER GALGENBAUM, Anthony Mann in CIMARRON.
Curd Jürgens spielt bei Dick Powell in DUELL IM ATLANTIK, Horst Buchholz in DIE GLORREICHEN SIEBEN und schließlich drehten die Regisseure Bernhard Wicki und Helmut Käutner

amerikanische Filme. Die beiden Filme von Käutner allerdings, ZU JUNG (1957) und EIN FREMDER IN MEINEN ARMEN (1958), wurden weder für den Regisseur noch für die amerikanische Universal als sehr erfolgreich angesehen.

So begann Senta Berger ihre amerikanische Epoche gerade in jenen Jahren, als Europäer in Hollywood wieder gefragt waren, als deutsche Schauspieler und Regisseure sich dort orientierten und teilweise stärkere Beachtung fanden als im eigenen Land – Elke Sommers Hollywood-Karriere ist dafür ein besonders typisches Beispiel: Nach dem Start in Carl Foremans DIE SIEGER vermarktete man in mehr als einem Dutzend Filmen ihren Sex-Appeal.

Damals hatte ein Mann eine wichtige Rolle gespielt, der während der Kriegsjahre eine große Hilfe ins Leben gerufen hat für jüdische Mitbürger, um ihnen das Verlassen Europas zu erleichtern. Es war Paul Kohner. Er hat Leute wie Alfred Polgar und Friedrich Thorberg und viele andere untergebracht. Und er hat zusammen mit anderen arrivierten Emigranten, unter ihnen Ernst Lubitsch, Marlene Dietrich und der berühmte Rechtsanwalt Guggenheim, so einen Kreis gebildet. Ich habe diese Leute damals alle kennen gelernt, war quasi Paul Kohners Kindl, das jüngste Mitglied in seinem Klientenstall, und das Wiener Kindl hat jeden Sonntag eine Wiener Kaffeejause in Stone Canyon bekommen mit einem wunderbaren selbst gebackenen Apfelstrudel. Ich habe mich da wohlgefühlt, war zu Hause, und was ich damals gar nicht gewusst habe, war, was viele dieser Menschen, die so unendlich freundlich und gütig zu mir waren, an Schicksal erlitten hatten. Hanna Kohner zum Beispiel, Pauls Frau, hatte das Konzentrationslager Mauthausen überlebt, aber sie hat mir davon niemals erzählt. Man begegnete mir in diesem Kreis auch nie mit Ressentiments. Ich glaube, sie haben geschwiegen, um uns jungen Menschen nicht die Lebensfreude zu nehmen. Jetzt im Rückblick habe ich das Gefühl, ich bin geschont worden. Ich habe dann später von mir aus gefragt und auch Antworten bekommen.

Hollywood blieb Episode. Auch wenn Senta Berger inzwischen immer wieder bei internationalen Produktionen gefragt und besetzt wurde, blieb sie nicht in den USA. Nach den beiden Peckinpah-Western MAJOR DUNDEE und THE GLORY GUYS (den zweiten Film drehte dann aber Peckinpah-Freund Arnold Laven), dem Palästina-Abenteuer CAST A GIANT SHADOW und den Polit-Spionage-Krimis OUR MAN IN MARRAKESH und THE POPPY IS ALSO A FLOWER hatte sie ein paar Gastrollen in beliebten Fernsehserien wie NAPOLEON SOLO und AL MUNDY. *Das waren kommerziell immer erfolgreiche Filme – für die Produzenten. Aber nie Filme, mit denen ich mich manifestieren konnte.*

In Wien hat sie einen hübschen kleinen Cameo-Auftritt neben Orson Welles in dessen liebevoll ironischer Hommage an die österreichische Metropole: VIENNA (1968). Das kuriose

›Mohn ist auch eine Blume‹: Szene mit Trevor Howard, Laya Raki und Senta Berger

41

Auf den Spuren von skrupellosen Neonazis in Berlin: Senta Berger und George Segal in ›Das Quiller-Memorandum: Gefahr aus dem Dunkel‹

Filmchen wird erst Jahrzehnte später neben anderen Kuriositäten des großen Filmmanns in dessen Nachlass entdeckt und rekonstruiert. Es findet erst im Münchner Filmmuseum und später bei den Westdeutschen Kurzfilmtagen in Oberhausen Beachtung.

Dann bietet man Senta Berger eine attraktive Titelrolle in einer neuen amerikanischen Fernsehserie an. Doch sie müsste sich für fünf Jahre verpflichten, und das empfindet sie damals als eine viel zu lange Zeit. Senta Berger dreht noch unter der Regie von Michael Anderson in Berlin den US-Agententhriller THE QUILLER MEMORANDUM – und damit ist ihr Hollywood-Interim abgeschlossen.

Um diesen Film, der bei uns dann unter dem Titel GEFAHR AUS DEM DUNKEL ins Kino kommt, gibt es noch einige Aufregungen. Denn als die im Grunde haarsträubende Geschichte um eine Gruppe von Neo- und Altnazis, die in den Berliner Katakomben ihr Unwesen treiben, bei uns ins Synchronstudio geht, soll Senta Berger die braunen Teufel als Kommunisten umdeuten.

In den 50er-, 60er- und 70er-Jahren nehmen die amerikanischen Major Companies ganz besondere Rücksicht auf die Gefühle der Deutschen. Nazis, die ja meist die Bösewichter in den Actionfilmen sind, werden eliminiert oder – wenn es geht – umsynchronisiert. Das führt zu kuriosen Umdeutungen, etwa wenn aus Michael Curtiz' Kultfilm CASABLANCA die Hauptrolle des SS-Major Strasser, gespielt von Conrad Veidt, eliminiert wird oder die Altnazis in Lateinamerika aus Alfred Hitchcocks NOTORIOUS – bei uns hieß der Film WEISSES GIFT! – zu Rauschgifthändlern umsynchronisiert werden. Weil Senta Berger solchen Betrug ablehnt, lässt man ein Sprachdouble die entscheidenden Passagen sprechen.

Die dunkle Seite der Traumfabrik

Auf die amerikanische Filmmetropole schaut Senta Berger mit gemischten Gefühlen zurück. Manche Rolle haben ihr Produzenten und Kollegen vermiest, manches Idol ist zusammengefallen, als sie es live erlebt hat.

Dass sie als Österreicherin nicht Ski laufen konnte, hat ihr beim ersten Film Schwierigkeiten bereitet. Sie sollte eine Tschechin neben Walter Matthau spielen; doch die Unfähigkeit, Ski zu laufen, hat ihr erhebliche Probleme beschert, denn sie soll als Skilehrerin in die Berge gehen.

Keine Probleme mit Kirk Douglas und Yul Brynner: Drehpause bei › Der Schatten des Giganten ‹

Darryl F. Zanuck, einer der mächtigen Tycoons Hollywoods, hat Senta Berger sehr geschockt. Sie sollte eine Rolle in dem Film DIE TOLLKÜHNEN MÄNNER IN IHREN FLIEGENDEN KISTEN erhalten, doch vor der Vertragsunterzeichnung macht ihr der Produzent ein eindeutiges Angebot, das Senta dankend ablehnt – mit einer Träne im Auge.

Das Idol Frankie Boy Sinatra war ihr Jungmädchenschwarm bis zu dem Zeitpunkt, als sie – nicht als seine Partnerin, doch im gleichen Film – mit ihm auftritt. DER SCHATTEN DES GIGANTEN wird für sie zu einer bitteren Erfahrung – bei allen guten Erinnerungen, die sie vor allem mit Partner Kirk Douglas bei dieser Arbeit hat.

Aber nicht nur die Amerikaner haben sich in ihren Augen als unangenehme Machos erwiesen, an eine Talkshow im deutschen Fernsehen bei Hansjürgen Rosenbauer, JE SPÄTER DER ABEND, erinnert sich Senta ebenfalls mit unguten Gefühlen.

Später sagt Senta Berger über ihre Hollywood-Zeit: *Auch in Amerika bin ich genau zu einem Zeitpunkt angekommen, wo ein altes System überrollt worden ist. Als das Kino erneuert und interessant wurde in Amerika, habe ich wieder nicht dazugehört. Die Leute kannte ich gar nicht. Und sie kannten mich nicht. Was hätte ich denn da spielen sollen – was für Drehbücher hätte man für mich konstruieren müssen, um meinen Platz da zu finden? Marlene Dietrich ist systematisch geführt und aufgebaut worden. Für sie hat man Bücher geschrieben, man hat überlegt, was kann sie sein, woher kann sie kommen. Diesen Status hatte ich nie.*

Fernsehen zu Hause – Kino in Italien

1968 macht Senta Berger ihre erste Fernsehshow im deutschen Fernsehen und man sieht es ihr an, dass sie von dem gesellschaftlichen Umbruch jenes Jahres beeinflusst ist.

Als ich Deutschland 1963 verlassen habe, war es noch sehr geprägt von den 50er-Jahren, und das war eigentlich eine Zeit des Verschweigens – nicht nur in Deutschland, sondern auch in den anderen europäischen Ländern, die sich mit ihrer Rolle während der Zeit des Faschismus auseinander zu setzen hatten, Frankreich, Holland, Polen, aber eben auch die Vereinigten Staaten. Und gerade als ich in Amerika war, war ja auch dieser unfassbare Krieg, der Vietnamkrieg, und uns Europäern und gerade den Deutschen war ja Kritik offiziell verboten, weil wir doch gesagt haben, wir sind ja die Kinder Amerikas, die Amerikaner hatten uns ja mit ihren Carepaketen hochgefuttert, und das stimmt ja auch.

Aber ich finde, wenn uns ein Land interessiert und ich es liebe, dann habe ich auch das Recht, dieses Land zu kritisieren, und damals war ja immer die Alternative: Geh doch rüber in die DDR oder geh gleich nach Russland, schau doch, was die gemacht haben, Stalinismus und so. Mich interessiert mein Land und natürlich auch das westliche Lager, weil dieses Lager den Anspruch ja hat. Und deshalb habe ich diesen Anspruch auch an dieses Lager als Mensch – nicht nur als politischer Mensch.

Da es in Deutschland mit der Filmindustrie in den 60er-Jahren nicht bergauf gehen will, ist auch Senta Berger – wie viele andere prominente deutsche Schauspieler – in den Folgejahren mehr im Ausland als in Österreich oder Deutschland tätig. Ähnlich wie Mario Adorf baut sie in Italien eine zweite Karriere auf. Bereits 1964 hat Mario Camerini sie an der Seite von Lex Barker, ihrem Partner aus FRAUENARZT DR. SIBELIUS, für den zweiteiligen Abenteuer-Kostümfilm KALI YUG engagiert. 1967 spielt sie gemeinsam mit Nino Manfredi und Toto in Dino Risis hintergründiger Krimi-Komödie UNSER BOSS IST EINE DAME – Originaltitel OPERAZIONE SAN GENNARO. Der

›Unser Boß ist eine Dame‹: Senta Berger 1967 in den Straßen von Neapel in Dino Risis Gaunerkomödie

Film wird im Sommer 1967 bei den Internationalen Filmfestspielen in Moskau vor einem begeisterten Moskauer Publikum uraufgeführt. Das italienische Kino floriert zu jener Zeit noch gut. Es gibt neben Klamotten und Abenteuerfilmen eine ganze Reihe viel versprechender Filme, von denen aber die meisten bei uns nicht zu sehen waren.

Am 26. September 1966 heiratet Senta Berger den Schauspieler, Arzt und Filmregisseur Michael Verhoeven, Sohn des

Senta 1963 in ›Jack und Jenny‹

Schauspielers und Regisseurs Paul Verhoeven, der durch seine Arbeit an deutschen Bühnen und in Filmateliers berühmt war. Senta und Michael haben sich vor der Kamera kennen gelernt bei dem Film JACK UND JENNY, den ursprünglich Steve Previn drehen wollte. Previn war von Senta Berger sehr angetan – wie er allerorts erklärte; was die Schauspielerin selbst indes empfand, bleibt ein Geheimnis – auch wenn die Schlagzeilen es über Gebühr auswälzten. Zu dieser Zeit erscheint Michael auf der Bildfläche.

Ich hatte Michael in meinem VW ins Studio mitgenommen. Und wir hatten die ganze Zeit gestritten über 8½ von Fellini. Und ich habe aus lauter Verwirrung – oder weil er mir wahnsinnig gut gefiel – jede rote Ampel auf dem Ku'damm überfahren … Inzwischen kennen wir uns seit dreiunddreißig Jahren, dreißig davon sind wir verheiratet. (Senta Berger, 1996)

Michael Verhoeven und Senta Berger hatten bereits 1965 die Sentana Filmproduktion gegründet: *Wir haben diese Firma gegründet, weil wir Filme machen wollten, die uns selber gefallen. Wir stehen beide für die Finanzierung unserer Projekte ein. Ich suche mit Michael Stoffe aus, wobei unwichtig ist, ob ich da selbst mitspiele.*

Gemeinsam produziert das Ehepaar Michael Verhoevens Debütspielfilm PAARE – später heißt er dann PAARUNGEN – nach August Strindbergs Schauspiel DER TOTENTANZ mit Lilli Palmer und Paul Verhoeven in den Hauptrollen. 1970 tritt Senta Berger erstmals in einer eigenen Produktion auf, in Michael Verhoevens WER IM GLASHAUS LIEBT. Senta Berger ist ebenfalls Darstellerin in ihren eigenen Produktionen MITGIFT und LIEBE MELANIE, produziert aber auch – gemeinsam mit ihrem Mann – einige seiner Filme wie DIE WEISSE ROSE und DAS

Das Ehepaar Berger/Verhoeven bei den Dreharbeiten zu ›Killing Cars‹ (1985)

Mit Mario Adorf in der mörderischen Komödie ›MitGift‹ (1975)

SCHRECKLICHE MÄDCHEN sowie MUTTERS COURAGE, in denen sie nicht selbst auftritt.

Die Mörderkomödie MITGIFT, ein Schmunzelstück von makabrem Humor, gibt Michael Verhoeven gute Gelegenheit, Senta Berger wieder zu besetzen. Sie ist die schöne, junge Alice, die in einer Laune ihren Geliebten animiert, den alten, reichen, unnützen Gemahl aus dem Weg zu räumen. Zwar heiratet sie das blonde Knäblein, will es aber bald – seiner überdrüssig – wieder loswerden; eifersüchtig sinnt der Gatte auf Rache.

Ist das ein makabrer Spaß, ein Grande-Guignol-Spiel, so ist das Fernsehspiel LIEBE MELANIE ein ganz ungewöhnliches, meisterhaftes Stück Lebensverfremdung, in dem Senta Berger eine zart fühlende Ärztin spielt, die sich um eine alte Dame kümmert.

Nicht zu vergessen – das Theater

Doch das Theater gerät nicht in Vergessenheit. Senta Berger wird später am Burgtheater, am Salzburger Landestheater und bei den Salzburger Festspielen auf der Bühne stehen, wo sie mehrere Jahre die Buhlschaft im JEDERMANN spielt – neben Curd Jürgens und danach Maximilian Schell in der Titelrolle.

Das war sicherlich das Entscheidendste in meinem Leben, dass ich damals 1974 in Salzburg – ich spielte die Buhlschaft in JEDERMANN – als erwachsener Mensch wieder zum Theater zurückgekommen bin. Ich fand das wunderbar, so ein körperliches Gefühl für einen Raum wiederzubekommen.

In diesem Zusammenhang war die Arbeit mit Rudolf Noelte am Burgtheater für mich sehr wichtig. Theater ist Form, die man suchen muss, Filmarbeit ist Flexibilität, in die du hineinspringst, sagt sie 1987 in einem Gespräch.

Senta Berger 1980 als Buhlschaft in ›Jedermann‹

MÄNNER, WIR KOMMEN –
TV-Unterhaltung mit Engagement

Im November 1970 steht sie im Studio A des Westdeutschen Rundfunks in der Fernsehshow MÄNNER, WIR KOMMEN vor den Kameras. An der Konzeption der Sendung, mit provokativen Tableaus Denkanstöße zu geben, eine Unterhaltungs-

Hoppla, eine Hexe: Senta Berger in ›Männer, wir kommen‹

schau mit gesellschaftspolitischen Gedanken zu erweitern, ist sie beteiligt. Mit ihrer Produktionsfirma hat sie dem Kino mit auf die Sprünge geholfen, aber schon damals antwortet sie auf die Frage, ob sie im Fernsehen andere Aufgaben als im Kino sähe: *Wenn es hier bei uns mit der Filmpolitik so weitergeht, ist das deutsche Kino bald am Ende.*

Ihre Antwort auf die Frage nach dem deutschen Film ist 20 Jahre später nicht viel anders, wieder gibt es eine Hoffnung, wieder ein Interesse an deutschen Themen; Fernsehspiele wie der von Frank Beyer inszenierte Klaus-Poche-Stoff SIE UND ER und Michael Verhoevens mehrteiliger Fernsehfilm LILLI LOTTOFEE sind der Gegenwart näher als deutsche Kinofilme, die vom Publikum gemieden werden – abgesehen von den neuen Komödien von Regisseuren wie Sönke Wortmann und mit Schauspielern wie Katja Riemann, Til Schweiger und Jürgen Vogel.

DIE MORAL DER RUTH HALBFASS

Die gut aussehende Industriellengattin, die ohne Wissen ihres tüchtigen Ehemannes, eines smarten Fabrikanten von Miederwaren, ein Verhältnis mit dem Zeichenlehrer ihrer Tochter unterhält, gehört zu den schönsten Kinorollen von Senta Berger. Das ist ein hintergründig böses Stück Gesellschaftskritik, eine Geschichte um Moral und Scheinmoral, und Regisseur Volker Schlöndorff zieht genüsslich alle Register des intellektuellen Kinos – und beherrscht das aus dem Effeff.

Senta Berger ist in dieser Rolle so locker und unverkrampft wie selten. Es sind kleine, oft skurrile Momente, die das Besondere an dem Film ausmachen: Wenn Schlöndorff-Entdeckung Marian Seidowsky – er war der Basini in seinem De-

Reich und dekadent: Senta Berger in Volker Schlöndorffs ›Die Moral der Ruth Halbfass‹

›Die Moral der Ruth Halbfass‹: Senta Berger und Helmut Griem

bütfilm DER JUNGE TÖRLESS – in der Rolle des Friseurs ihr eine Zeitung gibt, in der zu lesen ist, dass ein Textileinkäufer (!) den Ehemann seiner steinreichen Geliebten verschwinden lassen will; wenn der Fabrikant im heimischen Swimmingpool versonnen Lieder von Joseph Schmidt und Richard Tauber hört oder wenn Doris Vogelsang, die betrogene Frau des Lehrers, es ausgerechnet auf Erich Halbfass anlegt und sich später im Gefängnis erhängt.

Schlöndorff hat seine »ironische Gesellschaftskomödie« ähnlich wie den Stoff zu MORD UND TOTSCHLAG einer Zeitungsnotiz entnommen: Die Düsseldorfer Industriellengattin Minouche Schubert wird 1971 wegen Mordes an ihrem Ehemann Theo angeklagt.

John Sandford, Autor von *The New German Cinema*, schreibt: »Wenn Straub der Godard des deutschen Films ist (oder war), dann ist Schlöndorff sein Chabrol.« Und tatsächlich haben Filme wie MORD UND TOTSCHLAG und DIE MORAL DER RUTH HALBFASS mehr mit der französischen Nouvelle Vague zu tun als mit dem jungen deutschen Film der 60er-Jahre.

Der scharlachrote Buchstabe

Salem, eine Puritanersiedlung in Neuengland gegen Ende des 17. Jahrhunderts. Die Sittenstrenge hat ein ehernes Gesetz: Hester Prynne, eine junge Frau mit einem unehelichen Kind, muss den »Scarlet Letter«, den scharlachroten Buchstaben tragen, das A ist das Mal der Schande. A steht für Adultery, das heißt Ehebruch. Seit sieben Jahren wird diese Frau jährlich einmal nach dem Namen des Kindsvaters befragt und jedes Mal verschweigt sie ihn beharrlich.

Regisseur Wim Wenders ist damals 27 Jahre alt. Erst ein Jahr vorher hat die ARD seinen ersten Spielfilm DIE ANGST DES TORMANNS BEIM ELFMETER nach dem Roman von Peter Handke gezeigt. Darauf folgt dieser große, aufwändige Kostümfilm mit Stars und gigantischen Naturkulissen. Der kleine Fischerort an der Westküste, wo wirklich Menschen leben, ist einer der Schauplätze, der andere ist eines von jenen zehn Filmdörfern, die in Spanien errichtet wurden als Schauplatz internationaler Filme. Amerikaner aus Hollywood, Italiener aus Cinecittà finden hier ihre Kulissen.

Die Menschen aus dem Fischerdorf fühlen sich unter den Filmleuten nicht wohl in ihrer Haut, doch viele verdienen sich ein bisschen Geld, wenn die Filmmenschen kommen. Auch für Wim Wenders ist das nicht die Traumkulisse, er hat Schwierigkeiten damit und überhaupt mit dieser neuen Aufgabe. Daher wird sein Film am Ende sehr unpersönlich aussehen, exakt kalkuliert, sehr ökonomisch, aber irgendwie ohne Eigenleben, ohne Wärme.

Der nordamerikanische Schriftsteller Nathaniel Hawthorne (1804–1864) hat sich in seinen Werken mit der puritanischen Vergangenheit Neuenglands auseinander gesetzt, Tankred Dorst und Ursula Ehler haben ein Drehbuch daraus gemacht und Wenders hat das Ganze noch einmal umgekrempelt. Als Modell für die geschlossene Gesellschaft sieht Dorst die Geschichte, doch für unsere Zeit hat diese puritanische Saga kaum etwas zu sagen.

Wim Wenders sagte damals: »Mich hat gereizt, einmal das Buch eines anderen zu drehen, etwas mit großem Aufwand und vielen Leuten; inzwischen würde ich keinen Kostümfilm mehr machen, keinen Film, der nicht heute spielt. Bei den Außenaufnahmen in Spanien störte mich, dass man nicht einfach eine Straße filmen konnte, weil es im Buch keine Straßen geben darf, weil zu der Zeit, in der der Film spielt, keine Autos fahren dürfen. Diese totale Künstlichkeit, bei der alles hergestellt wird – ich habe zu spät gemerkt, dass mich so etwas gar nicht interessiert.«

Wenders hatte mit Schwierigkeiten zu kämpfen, an die er nie gedacht hatte: Die Sonne war zu schmeichlerisch für die Grau-in-grau-Stimmung, man konnte das Meer nicht filmen, solange Dampfer am Horizont zu sehen waren. Für Wenders war es sehr schwierig, dass sich während der Produktion vieles geändert hatte. Ursprünglich war Geraldine Chaplin für die Hauptrolle vorgesehen, dann besetzt man neben Hans Christian Blech Senta Berger. Aber der Regisseur lobt dennoch die Besetzung: »Der Blech ist einfach ein ausgezeichneter Kinoschauspieler, das ist in Deutschland sehr selten, und Senta Berger ist ganz einfach ein Star. Es war sehr schön, mit ihr zu arbeiten. Sie hat sich unheimlich bemüht und ist sehr nett. Und dann kommt da etwas dazu, das über die Person hinausgeht: Sie bleibt der Star, der sie ist. Deshalb ist es für sie schwierig, etwas anderes zu sein.«

Drehbuch und Dramaturgie sind so konzipiert, dass es die Liebe bzw. der Rausch der Hester Prynne war, der alles bewegt. Er ist Vergangenheit, jetzt ist sie eine Statue von Frau, die klar und aufrecht den Buchstaben A als das Zeichen der Ausgestoßenen und Verworfenen trägt. Sie zeigt keinerlei Bewegung oder Emotion, sie begegnet in gewisser Erhabenheit dem Raunen und Hetzen um sie herum, und diese Rolle in ihrer Distanz ihrer schönen, nur in der Vorstellung des Zuschauers existierenden Leidenschaft – das ist bei aller Kühle anrührend.

Auch der frühere Liebhaber und Kindsvater, der Pfarrer, wirkt in der Distanz gar nicht so feurig, eher ist er langweilig.

Auch er steckt vom Drehbuch her in einer eher statuarischen Rolle. Denn das Buch ist auf das Kind hin konzipiert, ein Mädchen, das unter extremen Bedingungen aufgewachsen ist, das – obwohl es den Vater nicht kennt – Eigentümlichkeiten seines Verhaltens zu haben scheint. Etwas Statuarisches liegt in der Dramaturgie, in der Konzeption und – auch in der Regie von Wim Wenders, für den Frauen in seinen Filmen schon immer etwas Fernes gewesen sind. Wenders lässt ihnen keine Nähe und so fügt sich das alles zusammen, dass diese »Kopf-hoch«-Rolle auch so gespielt ist und dieses »Sich-nach-außen-nichts-anmerken-Lassen« ebenso.

Weißblau, rautiert – KIR ROYAL

Hat sie auch so empfunden wie viele andere, die ihre Auftritte in Helmut Dietls TV-Serie KIR ROYAL als Comeback gepriesen haben? Wie kann man eines haben, fragt sie mit heiterem Sarkasmus dagegen, wenn man nie da war? Sie hat schon Recht, die Schauspielerin Senta Berger, wenn sie sich dagegen verwahrt.

Angemessener wäre es, von einem »coming loose« zu sprechen, von einem »Ablösen«. Ablösen sollte sich von ihrer Person das Klischee, das ihr hierzulande immer noch anhängt, das einer ganz bestimmten Richtung von »Leinwandschönheit«. Das wurmt eine wie sie, die sich als besessene Schauspielerin fühlt, die viel arbeitet und der ihre Filmerfolge in Amerika, Italien, Frankreich, ihre Theatererfolge in Österreich und Berlin Recht geben. Dass sie mit ihrer Schönheit Probleme bekommen würde, hätte sie nie gedacht, sagt sie, denn eigentlich findet sie eher andere Leut schön und sieht Schönheit ohnehin als Gesamtausdruck von Ausstrahlung, Haltung, Befindlichkeit ...

Etwas von der Anerkennung, die sie als Schauspielerin im Ausland genießt, dürfte sich nun nach KIR ROYAL doch auch hier bestätigen und mit ihrer Gestaltung der Rolle der Mona dürfte sich auch die Beschränktheit jener Klischees endgültig entlarvt haben: Denn mit Dietls Serie hat es ja die eigentümliche Bewandtnis, dass man dauernd über sie redet. Gleichgültig ob man zum Lager derjenigen gehört, die deren Bitternis nach wie vor gemächlich schlürfen, oder zum gegnerischen Feld, dessen Vertreter den Genießern vorwerfen, sie seien »besoffen« von diesem Serien-Getränk – die beiden Parteien versuchen einander unermüdlich zu beweisen, wie hervorragend oder unmöglich der Schimmerlos, der Haffenloher, die Geschichte mit Babys Mutter oder mit der Ballerei der Königin Katharina sei ...

Allerdings rühmen auch die, die den Inhalt »beschissen« finden, die Form in höchsten Tönen, die Kamera, den Schnitt, das Licht, die Musik und eben natürlich auch die Qualität der Darstellung und der Darsteller.

Die Senta als Mona macht nicht nur äußere Entwicklungen modischer Art durch, sie häutet sich auch, ist ein Mädchen aus der Vorstadt, hat ihre Gläubigkeit noch nicht abgelegt, fällt immer wieder auf die Schnauze, glaubt immer ans Happyend, wie Senta das liebevoll umschreibt.

Dass Mona am Ende eine Karriere als Sängerin startet, anstatt vielleicht doch ein Kind zu kriegen oder auf einen Intellektuellen hereinzufallen, war eine der Entwicklungen, die sich im Laufe der langen Zusammenarbeit zwischen Autor und Darstellern ergeben hat. Nicht nur diese Darsteller selbst haben sich verändert, während die Jahre ins Land gingen, ihre Veränderungen sind auch in die Serie eingegangen.

Mit Kroetz, das war ein wunderbares Gebräu, sagt Senta Berger, und als der blonde Franz für seine Rolle das blonde Haar immer in Locken gelegt bekam, da habe sie ihn einmal angesungen: »Mein blondes Baby«. Das wiederum hat Monas Karriere als Sängerin ins Spiel gebracht.

Tanzen und Singen hat für das Madl Senta aus der Wiener Vorstadt schon als Kind dazugehört. Der Vater war Musiker, sie hat oft vorgesungen, und als sich ergab, dass die Stimme für die Oper nicht reichen würde, wurde eben der Ballettunterricht weiter gepflegt, ehe die Schauspielerausbildung dazukam. Sie war schon in deutschen Shows und im englischen Fernsehen mit ihren Songs im Programm, sie hat selbst Texte geschrieben, sie hat nach eigenen Angaben zwei »grauenvoll schlechte« Singles gemacht und natürlich wird es von KIR ROYAL die Musik auf LP geben. Wenn der Sammy Drechsel noch lebte, dann hätte Senta Berger unter seiner Regie das gemacht, was er ihr fürs wirkliche Leben vorgeschlagen hat: Sie wäre in der »Lach und Schieß« mit ihren Songs und Chansons aufgetreten.

Wenn Mona nun in KIR ROYAL Karriere macht als Sängerin, emanzipiert sie sich nicht als unaufhaltsames Aufsteigergirl, sie nabelt sich ab, auch deshalb, weil sie muss, obwohl sie es vielleicht gar nicht so ganz will, sie bleibt da unsicher …

»Ein wunderbares Gebräu«: Senta Berger und Franz Xaver Kroetz in Helmut Dietls ›Kir Royal‹

Dass man nachher nur von ihr sagt: »Mensch, die kann singen!«, das hätte sie eigentlich nicht so gerne, meint Senta Berger. Lieber wäre es ihr schon, dass ihre schmalzigen und sehnsüchtigen Töne als ein Teil jenes Ganzen erklingen, das sie in der Mona verkörpern wollte. In der steckt auch eine Kämpfernatur – so etwa, wenn sie den feigen Baby Schimmerlos endlich zur gerechten Tat anstiftet, den Skandal mit der Waffen kaufenden Königin an die große Glocke zu hängen.

Etwas von diesem im Film gnadenlos auf den Gipfelpunkt getriebenen Impetus hat die Senta Berger schon auch. Wer sie aus Gesprächsrunden oder Talkshows kennt, weiß, dass sie

»Störfaktor im Getriebe des Fernsehalltags«: Senta Berger, Corinna Drews, Dieter Hildebrandt und Franz Xaver Kroetz in einer Szene aus ›Kir Royal‹

sich auch politisch äußern will. Ein bisserl was will sie getan haben, wenn ihre Kinder später fragen sollten – was hast du gemacht?

Sie wird auch intensiv etwas für die Belange krebskranker Kinder tun, gibt auch durchaus zu und äußert es öffentlich, dass es prekär sei, die Spendenfreudigkeit des Publikums zu aktivieren und damit Gelder zu mobilisieren, die eigentlich vom Staat kommen müssten. Ähnlich wie sie mit solchen Äußerungen einen kleinen Störbeitrag gegen Bequemlichkeit und Gedankenlosigkeit leistet, könnte man sagen, dass sie KIR ROYAL als Störfaktor im Getriebe des Fernsehalltags sieht. Solche Verstörungen, sagt sie, seien wichtig, und dass die Serie kontrovers diskutiert werden würde, war allen klar, das konnte nicht anders sein, wenn Ereignisse, Wünsche, Eitelkeiten, Karrieren in den Griff der bissigen Satire und Groteske genommen werden.

Und so wird auch, wenn Mona vom »Regenbogen« singt, kein eitel Dahinschmelzen in Traumkarriere-Welten möglich sein, denn da ist auch viel unerfüllte Sehnsucht im Lied, und die Vorahnung neuer Abhängigkeiten deutet sich an. Kein Happyend.

Die weiteren Pläne der Schauspielerin? Kein Ausruhen auf Lorbeeren, obwohl sie es momentan genießt, sich mehr Zeit zu lassen als bisher, sondern: *Ich werd schon wieder unruhig werden.* (Birgit Weidinger, 27.10.1986)

Taxifahrerin mit Charme –
DIE SCHNELLE GERDI

Gerdi, die sich ihren Lebensunterhalt mit Taxifahren verdient, ist eine Frau gestandenen Alters. Das erklärt Senta Berger, die Darstellerin Gerdis, in der von ihr selbst besorgten Ansage zu dem »Film in sechs Folgen«, dessen Protagonistin sie ist. Gestandenes Alter? Von dessen Ruhe oder gar von Abgeklärtheit ist nichts zu spüren. Gerdi, viel zu jung noch, um bereits in diesem Alter sein zu können, knapp über 40 Jahre alt nämlich und Mutter einer Tochter, die eben die Universität bezogen hat, ist noch immer höchst umtriebig.

Sie lobt sich dafür, dass sie zügig Auto fährt; andere, vorab die Polizei, meinen, sie steuere ihren Wagen zu waghalsig durch Münchens dichten Verkehr. Als »schnelle Gerdi« jedenfalls hat sie ihren Ruf auch unter den Kollegen weg, mit ruppigem Charme jagt sie ihnen sogar die Kunden ab. Gestandenes Alter?

Gerdi ist hübsch, ja, sie ist unbestritten schön, mit ihrem rötlichen Haar, ihren schwellenden Lippen, den sinnlichen Augen wirkt sie verführerisch. Liebe will sie, obwohl sie eine verpfuschte Ehe hinter sich hat, nicht entbehren; und dass sie für einen weit jüngeren Liebhaber attraktiv ist, erfüllt sie mit Stolz und Spaß. Als sie, nachdem sie einem Türkenkind als unfreiwillige Hebamme in ihrem Taxi auf die Welt geholfen hat, im Boulevardblatt zur »Heldin des Tages« – so der Titel der ersten Folge des Sechsteilers – ausgerufen wird, wäre sie beinahe übergeschnappt.

Senta Berger, so heißt es, habe die Figur dieser Gerdi Angerpointer aus eigener Fantasie entworfen. Zur eigentlichen Persönlichkeit geformt habe Gerdi dann aber Michael Verhoeven, ihr Mann, als Filmemacher in der Szene bekannt indessen eigentlich erst seit DIE WEISSE ROSE, einer ebenso strengen wie empfindsamen Aneignung des Schicksals der Geschwister Scholl. Doch im Grunde neigt Michael Verhoeven, wie schon sein Vater Paul Verhoeven, eher dem Leichten zu. Derartiges nun ist DIE SCHNELLE GERDI, nicht die erste Arbeit, die er zusammen mit seiner Frau bestreitet.

Senta Berger, gebürtige Wienerin, nach ihrem Debüt im österreichischen Film bald zum internationalen Star geworden, als Schauspielerin also kosmopolitisch und jetzt auch polyglott, hat in München, wo sie jetzt lebt, zu einer Art Häuslichkeit in ihren Rollen zurückgefunden. Ihre sinnliche Attraktivität ist unverändert, trotz den Jahren, die sie seit ihrem ersten internationalen Erfolg in THE SECRET WAYS von Phil Karlson zugelegt hat.

Reifer allerdings ist sie geworden, gesättigter gleichsam und ihrem eigenen Alter sich nicht versagend, befreit also von jenem Glamour des Zweideutigen, der ihr, stets auf die Gefährlichkeit einer Fremdländischen gebügelt, früher vielfach angehaftet hat. Nun kann sie – man möchte sagen – natürli-

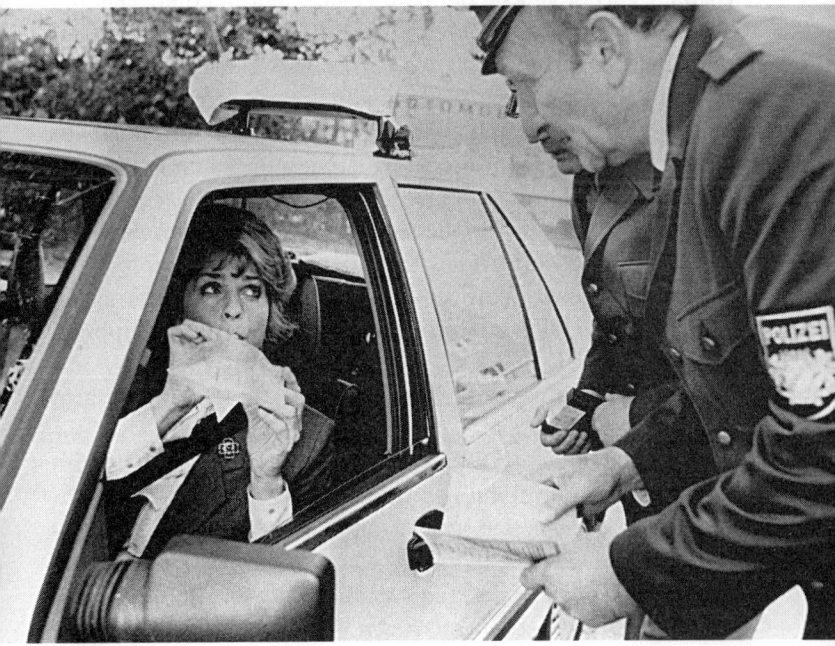

Während des Oktoberfests müssen auch Taxifahrerinnen pusten: ›Die schnelle Gerdi‹

cher spielen und sie spielt in dieser Rolle der »schnellen Gerdi« mit unverkennbarer komödiantischer Lust.

Die Widersprüchlichkeit der von ihr verkörperten Figur ist nicht im Exotischen angesiedelt, wie das einst häufig der Fall gewesen war, hat nichts mehr auch von jener seltsamen Unmotiviertheit an sich, die sie, nur damit sie rätselhaft wirke, in älteren Filmen oft gehabt hat. Als diese Taxichauffeuse, der selbstverständlich – anders könnte es in einer Bildschirmserie ja gar nicht sein – allerlei Abenteuer, kuriose und gefährliche, bevorstehen, ist sie gewissermaßen auf ein Normalmaß des Weiblichen zurückgebunden.

Gerdis Leben ist verwickelt, sie kommt, offenbar weil die Scheidung sie doch aus der Bahn geworfen hat und weil sie sich beruflich selbst durchsetzen will, mit ihren Erfahrungen und Wünschen nicht immer zurecht; und es scheint, dass Michael Verhoeven sie denn auch gar nicht in einen sicheren Hafen zu führen gedenkt. So ist Gerdi – soweit das in einer Unterhaltungsproduktion des Fernsehens überhaupt möglich ist – eine alltägliche Frau, gerade auch dadurch, dass sie dem einen und dem anderen, nicht nur im Film, sondern auch vor dem Bildschirm, gründlich auf die Nerven gehen kann. Das bedeutet, dass DIE SCHNELLE GERDI in die von Idyllisierung längst stickige Luft der (deutschen) Bildschirmserien so etwas wie frische Luft bringt. Nach dem Pilotfilm zu schließen, unterstützt Michael Verhoeven diesen Luftzug auch fernerhin mit einer beweglichen »mise en scène«. (Martin Schlappner, 19.11.1989)

Senta Berger über eine Fernsehfigur – und wie es dazu kam …

Beim Ausdenken und Erfinden der Gerdi habe ich mich erinnert gefühlt an die Senta von früher, als sie so achtzehn, neunzehn Jahre alt war. Ich war ein sehr naiver Mensch und dadurch wahrscheinlich sehr stark. Ich habe wenig gewusst und bezog ein Gutteil meines Bewusstseins aus dieser Unwissenheit. Und ich war – ohne zu wissen warum – unendlich lebensfroh und optimistisch. Das sind sicher Züge, die in die Gerdi eingeflossen sind.

Das andere ist, dass ich mit Frauen aufgewachsen bin, wie eben meine Generation nach dem Krieg, und ich mich stark an diesen Frauen orientiert habe. Ich habe einen immer schärferen Blick dafür bekommen, welche Zivilcourage diese Frauen hatten, gepaart mit Überlebenswillen und einer dazugehörigen Aggressivität. Die haben organisiert für die Kinder, haben gehamstert, geschmuggelt, waren auf dem Schwarzmarkt. Da wurden Strümpfe getauscht, Strümpfe geflickt. Aus einem verbrannten Sofakissen noch einen Hut machen oder eine Weste, aus einem Schuh zwei kleine. Und davon hat die Gerdi eine ganze Menge.

Sie heißt die schnelle Gerdi, weil sie in mehrerer Hinsicht schnell ist, manchmal zu schnell. Sie ist nicht nur eine rasante Fahrerin, sondern überhaupt sehr spontan, voreilig, ja vorwitzig. Sie macht sich nie ein Konzept. Und wenn sie eines machen würde, dann ginge das bestimmt schief. Sie möchte immer ein »starker Kerl« sein, aber sie ist eigentlich ein sehr weiblicher, anständiger, couragierter Mensch.

Bei den Recherchen im Taxifahrermilieu stellte ich fest, dass da viele Frauen dabei waren, die auf merkwürdige Art und Weise zu diesem Beruf gekommen sind. Die meisten haben irgendwo in einem Büro angefangen, haben diesen grauen Alltag nicht ertragen, dieses ewige Einerlei, das Voraussehbare. Sie wollten »ihr eigener Herr« sein, den eigenen Tagesablauf bestimmen. Das sagt die Gerdi auch immer wieder: »Ich bin schon mein eigener Herr, das ist mein Taxi und mir braucht niemand was sagen!« Sie verteidigt leidenschaftlich ihre Unabhängigkeit.

Sie ist überhaupt ziemlich direkt und auch ungeschützt, eben ganz spontan. Leidenschaftlichkeit, so etwas Wildes, Ungezügeltes ist ja heute ungewöhnlich für eine Frau in meinem Alter. Und solche Rollen muss man sich bei uns selbst entwickeln, die kriegt man als Schauspielerin nicht angeboten, weil sich die niemand ausdenkt. Höchstens in Italien. Da habe ich solche Frauen gespielt, ähnlich widersprüchliche und vitale Frauen wie die Gerdi. In Deutschland hatte ich solches Glück eigentlich nur am Theater, mit dem russischen Regisseur Georgi

Hoffen auf ein Happyend: Senta Berger mit Michael Roll in ›Die schnelle Gerdi‹

Towstongow zum Beispiel, bei dem ich am Schillertheater in Ostrowskis EINE DUMMHEIT MACHT AUCH DER GESCHEITESTE gespielt habe, oder mit Rudolf Noelte, mit dem ich an der Burg im TARTUFFE und in DANTONS TOD gespielt habe.
Gerdi hat eine unendliche Sehnsucht nach Zärtlichkeit und Liebe. Und aus dieser ungeschützten, eben kindlichen Sehnsucht heraus ist sie bereit, eine Illusion zu nähren. Natürlich weiß sie von Anfang an, dass es eigentlich nicht gut gehen kann. Und sie verletzt sich mit dieser Erkenntnis ja auch selber und bohrt ständig in der Wunde herum. Aber andererseits hofft sie eben auch, dass es vielleicht doch funktioniert und dass es ein

*Happyend gibt. So ein Märchentraum ist das, an dem sie fest-
hält, solange es geht.*

*Außer dem Herbert sind für die Gerdi Tochter Jennifer und die
Mutter ganz wichtige Personen. Die Gerdi ist von den dreien
die Mutigste, Originellste, aber niemand nimmt das wahr, am
wenigsten sie selbst. Sie muss sich auch für diese Originalität
immer entschuldigen, weil sie pausenlos damit aneckt. Die
Elena haben wir für die Rolle der Jennifer ausgewählt, weil sie
vom Typ und von den Farben her ein Kind von mir und Friedrich von Thun sein könnte. Aber auch, weil sie viel größer ist als
ich. Und wenn ich so in meiner Generation Frauen sehe, die
Kinder haben, die sind alle einen Kopf größer als die Mama. In
diese Kinder wurde unheimlich investiert; die beste Schule,
Markenklamotten, mit achtzehn den Führerschein und gleich
ein Auto und so weiter – man rackert sich ab, um sich in einem
anderen verwirklicht zu sehen. Das tut auch die Gerdi für ihre
Tochter und sie ist unendlich stolz, dass die Jennifer Medizin
studiert und mal was Besseres wird. Ihre eigene Mutter wiederum sieht in Gerdis Leben die eigenen Träume nicht verwirklicht und ist immer so ein bisschen ein Stachel im Fleisch
der Gerdi, vor allem weil sie eigentlich findet, dass das Taxifahren nicht das Angemessene für ihre Tochter ist.*

*Natürlich hat sie auch ihre Schattenseiten. Gerdis Vorbehalte
gegen Ausländer etwa sind ganz irrationale Reflexe, die aus
dem Existenzkampf kommen, aus der Überlebensangst. Emotional gibt ihr die nähere Begegnung mit dieser türkischen Familie sehr viel. Sie wirft Vorurteile über Bord, weil sie zum Beispiel mit Ausländern gute Erfahrungen macht, dafür werden
sich dann bestimmte andere Vorurteile einnisten.*

Sie und Er – Zweierlei Deutsche am Set

Als die Westdeutsche Universum im Auftrag des WDR Köln vom 18. Februar bis zum 10. Mai 1991 in und um Köln, in Paris und in einem kleinen Dorf an der holländischen Grenze den zweiteiligen Fernsehfilm Sie und Er dreht, hat sich ein recht eigenwilliges Filmteam zu einem ersten wirklich deutsch-deutschen Doppelspiel zusammengefunden: aus dem Westen die konkurrierenden Damen Senta Berger als Ehefrau Charlotte und Maja Maranow als Georgs Geliebte Hanna, aus der ehemaligen DDR der Bühnendarsteller Reimar Johannes Baur als Ehemann Georg sowie Katrin Saß, Marga Legal und Jutta Wachowiak, außerdem der auch bei uns im Westen schon lange bekannte Schauspieler und Regisseur Michael Gwisdek.

Auch der technische Stab war gemischt: Aus der alten DDR hatte Frank Beyer seine langjährige Regieassistentin Doris Borkmann, die eigentlich Koregisseurin ist, und Kameramann Peter Ziesche mitgebracht, die meisten anderen waren vom Produzenten, der Westdeutschen Universum, oder vom Auftragssender, dem WDR, eingebracht worden. Nicht nur das deutsch-deutsche Sprachengemisch fiel am Set auf, es gab zu Beginn der Dreharbeiten auch durchaus Verständigungsschwierigkeiten.

Für Kameramann Peter Ziesche war es ein anderes Arbeiten, denn in der DDR hatte man zwar sehr viel mehr Zeit zum Drehen, musste aber mit wesentlich weniger Material auskommen. »Das ist natürlich auch ein Vorzug«, sagt Ziesche. »Wenn man zu viel Material verdreht, verleitet das auch wieder zur Unachtsamkeit.« Frank Beyers Arbeitsweise war durch den Wechsel zwischen Ost und West nicht beeinflusst, er arbeitete schon sehr lange gleichermaßen im Westen und in Babelsberg im Osten.

Beyer, Jahrgang 1932, ging nach dem Studium der Theaterwissenschaft fünf Jahre an die Prager Filmhochschule. Sein Abschlussfilm ist zugleich das Spielfilmdebüt: Zwei Mütter von 1957. Frank Beyer assistiert bei Kurt Maetzig, dreht anti-faschistische Filme wie NACKT UNTER WÖLFEN (1963) und JAKOB, DER LÜGNER (1974); spätestens seit KARBID UND SAUERAMPFER (1964) hat er sich auch als Komödienregisseur etabliert. Neben Gerhard Klein, Joachim Kunert und Konrad Wolf war er der wichtigste Regisseur der DDR; mit dem Film DER AUFENTHALT, der aufgrund von polnischen Protesten aus dem Berlinale-Wettbewerb zurückgezogen wurde, und der Komödie DER BRUCH, die in Zusammenarbeit mit Wolfgang Kohlhaase entstand, war Beyer in den 80er-Jahren des letzten Jahrhunderts international im Gespräch.

Senta im TV-Zweiteiler ›Sie und Er‹

Als er in den 70er-Jahren DAS VERSTECK gedreht hat, gemeinsam mit Jurek Becker, Jutta Hoffmann und Manfred Krug, war das eine sehr persönliche Arbeit, eine gemeinsame Erfahrung von Regisseur, Autor und den Darstellern, die sie da verarbeitet haben. In Stoff und Arbeitsweise ist das bei SIE UND ER etwas anderes, doch in den Grundzügen ist einiges sehr ähnlich.

Frank Beyer hat es immer verstanden, sich auf die jeweilige Situation einzustellen. Er gibt präzise Anweisungen, diskutiert dennoch jede Einstellung mit den Schauspielern und Mitarbeitern – und, wenn er mit vor Ort ist, mit seinem alten Freund Klaus Poche. Poche bleibt im Hintergrund, aber wenn er gefragt wird, steuert er seine Ideen bei: »Oft sieht eine Szene am Set ganz anders aus, als man sie sich beim Schreiben vorgestellt hat, und dann ist es ja oft schon ganz gut, wenn man spontan etwas abändert, damit es flüssiger wirkt.«

Nach dem Verbot von GESCHLOSSENE GESELLSCHAFT in der DDR und der Unmöglichkeit, weitere Stoffe zu realisieren, ist Klaus Poche 1979 in die Bundesrepublik gegangen und hat hier über ein halbes Dutzend Drehbücher und zwei Romane geschrieben. »SIE UND ER war ursprünglich einmal als kleine Serie geplant, dann hatte man sich aber sehr bald auf die Form des Zweiteilers geeinigt«, sagt Klaus Poche.

»Mit Poche verbindet mich«, so Frank Beyer, »eine lange Freundschaft und auch ein Großteil meines Ensembles gehört zu meinem eigenen Erfahrungsbereich und ich habe ja immer mit anderen Leuten gearbeitet, quasi mit Leuten von ›außen‹, wenn man das mal so sagen darf.«

Beyer ist es ja eigentlich gewohnt, mit 35 mm, also im klassischem Spielfilmformat zu arbeiten, denn bei der DEFA wurden ja auch die Fernsehfilme auf Kinoformat gedreht. Ist das eine große Umstellung?

»Nun, ich hatte ja 1980 DER KÖNIG UND DER NARR von Ulrich Plenzdorf mit Wolfgang Kieling und Götz George auf 16-Millimeter-Format gedreht und später auch ENDE DER UNSCHULD für den WDR, alles auf 16 Millimeter. Aber das wird ja möglicherweise nicht so bleiben, wenn das HDTV sich durchsetzt. Und wenn man jetzt das Kodak-Material, auf dem wir drehen, auf der Leinwand zeigt, dann sieht das aus wie das frühere Ultrarapid, also ganz flimmernd, grobkörnig, aber fürs Fernsehen, für den normalen Schirm reicht 16 Millimeter schon aus.«

Und wie ist das mit der magnetischen Aufzeichnung?

»Ich habe da ganz in den Anfängen schlechte Erfahrungen gemacht, ich habe damals vor dem Bildschirm gesessen wie das Kaninchen vor der Schlange und habe nicht gewusst, soll ich das noch einmal drehen oder war es so gut. Ich bin damit nicht fertig geworden und hatte mir damals geschworen, nie mehr damit zu arbeiten. Bei Film wird das in kleinen Stücken gemacht, man kann das beliebig wiederholen, damit ist für mich das so ein Zwitter gewesen zwischen Theater und Film, aber man arbeitet ja heute viel damit.

Eine Reihe von Kollegen haben ja auch einen Fernsehschirm an der Kamera. Ich mag das auch nicht, ich brauche immer den direkten Kontakt zu den Schauspielern. Ich kann nicht auf den Bildschirm gucken, während die etwas spielen. Aber das besagt alles gar nichts, wenn man das viele Jahre gemacht hat, ist man halt unbeweglicher, sich an etwas Neues zu gewöhnen. Aber ich muss es ja gar nicht, weil diese Filmtechnik sich auch im Fernsehen hält und möglicherweise sogar verstärkt. Es ist ja auch technisch alles noch so unfertig, weil die Entwicklung ja noch fast so ist wie bei den Lichtton-Zeiten, wo man den Ton auch erst hörte, wenn er durchs Kopierwerk gegangen war. Aber auf der anderen Seite bin ich doch schon geübt genug, um in diesem Ausschnitt zu denken, wenn ich durch die Kamera gucke.«

Was hat Sie an dieser Geschichte gereizt?

»Ja, dass das etwas ganz Normales und Natürliches und Verständliches ist, wenn die Kinder aus dem Haus gehen und einen Sog hinterlassen. Wir erzählen das ja ganz differenziert, denn bei uns freuen sich die beiden ja erst mal auf den Zustand, dass sie jetzt Dinge machen können, die sie früher nicht machen konnten, aber sie übersehen eben auch, dass sie in der Familie eben auch verschiedene Dinge verdrängt haben.

Durch die Anwesenheit der Kinder sind Konflikte verdrängt worden und das kommt zum Ausbruch. Der Mann hat da zusätzlich noch eine Krise in der beruflichen Entwicklung und so kommt eins zum anderen und so wird das doch eine sehr konfliktreiche Geschichte.«

Bei Begegnungen während der Dreharbeiten in Köln und Umgebung sowie in Paris sprach Senta Berger über ihre Arbeit mit Frank Beyer, dem deutsch-deutschen Team und darüber, was daran anders war als bei bisherigen deutschen Produktionen.

Das ist die Geschichte eines Ehepaares, dessen Kinder aus dem Haus sind und das jetzt eine Leere verspürt. Es hatte sich eine Routine eingestellt, bislang konnte man die Probleme, die man miteinander hatte, ganz gut verdrängen, nun fällt dieser Rhythmus, fallen diese alltäglichen Regeln weg und man ist auf sich selbst zurückgeworfen. Und daraus ergibt sich – wie ich meine – ein spannendes Drama mit allen Lächerlichkeiten, die in einem menschlichen Drama enthalten sind. Sie und er bemühen sich, haben Schwierigkeiten, mit der neuen Situation zurechtzukommen, und das hat seine schönen und seine schmerzlichen Seiten, ist durchaus auch komisch für die Zuschauer: das Hin und Her, zusammenbleiben zu wollen und auseinander gehen zu müssen, einmal von außen zu erleben.

Und bei alldem ist es so, dass der Autor auch nicht klüger ist als die beiden, und am Ende gibt es keinen eindeutigen Schluss, jeder kann und soll und muss aus seiner Warte die Geschichte klären.

Konnte man Unterschiede in der Arbeitsweise bei diesem gemischten Team feststellen?

Das Beruhigende an diesem unwägsamen Beruf ist es, dass jede Theatergarderobe gleich aussieht und letztlich auch das Filmemachen überall gleich betrieben wird. Das hat etwas Beruhigendes. Trotzdem gibt es im Ganzen kleine Veränderungen in Ansichten, in Haltungen und auch in der Ausführung der Arbeit. Frank Beyer war schon in der früheren DDR ein bedeutender Regisseur und er ist jemand, der sich auch hier sehr gut zurechtfindet. Da ist natürlich eine wich-

Eine Reise nach Paris wird kein Triumph: Szene aus ›Sie und Er‹

tige Voraussetzung, dass der Rahmen stimmt, dass in so einem Team Ruhe geschaffen wird, dass sich der Einzelne entfalten kann.

Natürlich hat es am Anfang gewisse Schwierigkeiten gegeben, die ich vielleicht besonders genau beobachtet habe, da ich das durch meine Arbeit unter ganz unterschiedlichen Produktionsbedingungen in Frankreich, Italien, den USA oder hier kenne, und ich weiß ja, dass die erste Drehwoche immer damit ausgefüllt ist, dass man sich kennen lernen muss, dass das Terrain abgesteckt werden muss, dass einfach Vertrauen untereinander, Vertrauen zwischen Schauspieler und Regisseur wachsen muss. Das braucht – wie gesagt – seine Zeit.

Frank Beyer hat sein Team aus der ehemaligen DDR mitgebracht, seinen Kameramann, seine Regieassistentin, eine Reihe hervorragender Schauspieler.

Es war ganz lustig, so auf einer Berliner Insel zu leben, denn du hast den ganzen Tag nur Berlinerisch gehört. Es machte Spaß, mit diesen Leuten zu arbeiten, und es machte Spaß, die Unterschiede zu beobachten. Ich war über jeden kleinen Unterschied zwischen Westdeutschen und Ostdeutschen überrascht, man weiß, dass Deutsche und Spanier sich sehr unterscheiden, Deutsche und Japaner ganz unterschiedlich reagieren, aber dass Deutsche und Deutsche auch so ganz anders sein können, hatte ich gar nicht vermutet, dabei war das ja völlig klar, weil wir ja doch vierzig Jahre getrennt waren. Es gab einige sprachliche Verständigungsprobleme, denn die Sprache in der DDR war anders gewachsen. Das ist im Kleinen und im Großen abenteuerlich und überraschend und daraus kann man auch wieder etwas für die Arbeit ziehen, die eigene Biografie einbringen, die Haltung. Das finde ich ganz schön.

Reimar Johannes Baur, der den Ehemann spielt, hat eine so behutsam angenehme Art. Er legte es gar nicht so drauf an, den Macho zu spielen, obwohl es im Drehbuch durchaus einige Szenen gibt, die er so interpretieren könnte. Was er machte, war im Grunde viel hinterhältiger. Wie gesagt, ich bin es gewohnt, unter immer neuen und anderen Bedingungen zu arbeiten, aber ich bin trotzdem jedes Mal aufs Neue nervös und aufgeregt und lampenfiebrig.

Man sagt, dass man drüben für eine Produktion sehr viel mehr Zeit hatte. Das stimmt ja wohl auch, aber das kann man sich hier – kann sich auch Frank Beyer – nicht leisten. Wir waren sehr gut vorbereitet, aber das Pensum musste auch gepackt werden und man konnte einfach nicht eine Einstellung auf den nächsten Tag verschieben, denn die Zeit musste eingehalten werden. Ich finde es vor allem wunderschön, dass ich bei dem Film Schauspielerkollegen kennen gelernt habe, die fast alle aus dem früheren Ostberlin kommen und die mir zum Teil schon als Zuschauerin vom »Deutschen Theater« bekannt waren.

Du bist ja im Grunde für eine solche Arbeit eine dankbare Schauspielerin, weil du ja eine ganze Menge Erfahrung auch als Produzentin mitbringst, und dadurch sehen für dich ja manche Schwierigkeiten ganz anders aus.

Das stimmt natürlich, ich bin in dieser Hinsicht keine typische Schauspielerin, weil ich als Produzentin meine Augen und Fühler auch auf andere Perspektiven richte. Aber das finde ich das Interessante an meinem Beruf, dass ich nicht nur zurückgeworfen bin auf mein Handwerk, mein Metier, sondern ich sehe immer mehr das Ganze. Seit das so ist, bin ich wirklich gerne Schauspielerin.

Dein Mann ist ja selbst Regisseur, aber ihr habt relativ selten zusammengearbeitet?

Ja, ohne dass wir da viel darüber gesprochen haben. Ich glaube, das war so eine innere Vorsichtsmaßnahme, dass wir uns die Distanz ein bisschen erhalten. Als ich vor zwanzig Jahren mit Michael gedreht habe, da war es noch schwierig. Man muss die richtige Umgangsform finden, wenn man ein Paar

Senta Berger und Reimar Johannes Baur in ›Sie und Er‹

ist, wenn man ein Liebespaar ist und miteinander arbeitet. Diese gewisse Distanz muss gewahrt werden, und dazu war ich als junges Mädchen oder junge Frau gar nicht imstande. Ich war so emotional, wenn ich meinen Mann gesehen habe, dass ich ihn gar nicht als Regisseur respektiert habe, und umgekehrt war das auch so. Wir wussten beide, dass wir noch lange brauchen werden, um die nötige Arbeitsdistanz zu finden. Und jetzt freue ich mich jedes Mal auf die nächste Arbeit mit Michael.

Wie siehst du die Situation des deutschen Kinofilms?

Du sagst ganz richtig »Kinofilm«, denn es ist tatsächlich – wie ich meine – eher eine Kinokrise als eine Filmkrise. Wir haben ja – ganz im Gegensatz zu Italien, wo man schon in den 30er-Jahren eine Quotenregelung eingeführt hatte, um den italienischen Film zu schützen – eine vernünftige Filmförderung immer verpasst. Das eine zieht das andere nach: Filme müssen eben gespielt werden in den Kinos, in den richtigen Kinos zu den richtigen Zeiten. Und so wie das bei uns ist, kann das ganze Talent – das ja doch sicher da ist – verkümmern und auch die Presse wird sich immer mehr in diese masochistische Haltung hineinsteigern, so nach dem Motto: Der deutsche Film ist nicht da, schaut euch doch nur die Amerikaner an. Und da meine ich, wenn Bernd Eichinger in den USA eine sicher sehr respektable Literaturverfilmung wie LAST EXIT BROOKLYN zustande bringt, dann ist das kein deutscher Film, und das sehe ich nicht als die Zukunft des deutschen Films, denn wir haben ja auch wieder ein internationales Publikum, das sich gerade jetzt in dem vereinten Deutschland für den deutschen Film und deutsche Probleme interessiert.

Einmal sieht man Georg im Park in angeregtem Gespräch mit einer jungen Frau, offensichtlich der Versuch eines Ausbruchs. Doch er macht es sich nicht ganz so einfach: Beim zweiten Tête-à-tête bleibt er in letzter Minute hinter einem Baum versteckt – und geht. Er hat vor, sich und Charlotte noch einmal eine Chance zu geben. Ausgelöst wurde diese Haltung dadurch, dass er den Hochzeitstag vergessen hat.

Georg versucht, die Situation aufzufangen, doch alles wirkt ein bisschen linkisch. Man sitzt sich gegenüber, hinter Rosen verschwinden die Gesichter: der Rosenstrauß als Trennwand. Zwar rückt Charlotte ihn zur Seite, doch eine unsichtbare Wand bleibt. »Wir sollten uns ein bisschen aus dem Wege gehen, vielleicht erst einmal«, sagt Georg und macht die Tür hinter sich zu. Es ist eine Gitter-Glastür und die hat etwas Endgültiges, Ausgrenzendes.

Die Chance, die Georg sich und Charlotte geben will, nutzt er falsch und zum falschen Zeitpunkt: Er erhofft sich ein trautes Wochenende zu zweit, sie will ihre Eltern, denen sie den Besuch versprochen hatte, nicht versetzen. Charlotte weiß nicht, dass sie damit verhängnisvolle Weichen in ihrem gemeinsamen Leben stellt: Jetzt hätte Georg für seinen längst vorbereiteten Seitensprung die Legitimation. Doch er versucht noch einmal die Ehe zu kitten: Während Charlotte mit schlechtem Gewissen am Abend nach Hause fährt, will Georg ihr aufs Land folgen. Beide wollen sie das Richtige und graben dennoch den Graben tiefer. Jetzt geht nichts mehr, so scheint es.

Das ganz Alltägliche, das passiert oder noch nicht ganz passiert war, nimmt seinen unerbittlichen Lauf. Die Journalistin Hanna – es ist die Frau aus dem Park – nimmt plötzlich einen Platz in Georgs Leben ein: Man verliebt sich Knall auf Fall. Natürlich lässt sich für Georg so wenig wie für Charlotte ausradieren, was zweieinhalb Jahrzehnte war; das gemeinsame Leben hat aneinander gekettet und schließlich war es nicht nur Liebe, was sie verband und zusammenhielt.

Die Ehegeschichten – wie Klaus Poche und Frank Beyer sie sehen in SIE UND ER – erinnern an frühere Ehegeschichten des Regisseurs wie die Ehekomödie DAS VERSTECK von 1977 und die Krisenstory GESCHLOSSENE GESELLSCHAFT von 1981. Jurek Beckers VERSTECK handelt vom Versuch eines Exehemanns, seine geschiedene Frau durch eine Notlüge zurückzugewinnen, Klaus Poches GESCHLOSSENE GESELLSCHAFT zeigt ein Ehepaar, das durch tragische Umstände gezwungen wird, sich seiner Lebenssituation bewusst zu werden.

In seinem Drehbuch zu SIE UND ER setzt Poche die Geschichte von 1981 quasi mit umgekehrten Vorzeichen fort: War Elle (Jutta Hoffmann) diejenige, die die Zweisamkeit suchte, so ist es in SIE UND ER Georg (Reimar Johannes Baur), der verzweifelt nach Nähe und Wärme angelt. Georg wird wie Robert (Armin Mueller-Stahl) mit seinem Alter konfrontiert: Sie beide werden von Jüngeren mit mehr Elan und Durchsetzungsvermögen verdrängt.

Was Poche/Beyers Filme von 1981 und 1991 trennt, ist die politische Dimension: Der Wissenschaftler Robert eckte offensichtlich in der damaligen DDR auch politisch an, deshalb war seine Devise: Lieber gar keine Bewegung als eine falsche. Er hielt an der gescheiterten Ehe fest, weil er nicht mit dem Rücken zur Wand stand: »Wer bei uns seine vier Wände verliert, ist unglaublich einsam draußen.«

Ein vergleichbarer politischer Aspekt ist in SIE UND ER nicht gegeben, doch die Situation der Wissenschaftler Robert und Georg ist sich ähnlich: Beide werden von der neuen Zeit überrollt, in beiden Fällen verzichten Poche/Beyer darauf, ein Klischee der spontanen jungen Generation entgegenzusetzen, es wird in beiden Filmen nur davon gesprochen. Was die Filme von 1977 und 1981 von Frank Beyers zweiteiligem Fernsehfilm unterscheidet, sind Tempo und Dramaturgie. Sowohl in DAS VERSTECK als auch in GESCHLOSSENE GESELLSCHAFT erzählt Beyer seine Geschichte in knapp 90 Minuten, hier nun muss er die Ehegeschichte auf zweimal 90 Minuten ausdehnen. Das entspricht den Praktiken des Fernsehspiels heute. Auch die Arbeit stand früher unter günstigeren Vorzeichen: In der DDR hatte man eher mit der Materialmenge als mit den Drehzeiten Probleme; für hiesige Verhältnisse waren die drei Monate Drehzeit für den zweiteiligen Fernsehfilm SIE UND ER schon großzügig bemessen.

Weibchen mit Charme – LILLI LOTTOFEE

Fernsehserien überschwemmen den Markt, meist kommen sie aus den USA, aber immer öfter auch aus deutschen Landen. Fernsehserien sind meist Transportmittel für Stars. Nach dem Riesenerfolg von DIE SCHNELLE GERDI haben Senta Berger und Michael Verhoeven erneut eine Serie konzipiert und da konnte man schon etwas anderes erwarten: sechs Teile, jeweils knapp eine Stunde lang, eine Alltagskomödie mit Höhen und Tiefen um eine Frau aus dem Showbusiness.
Lilli Lottofee ist ganz anders als Senta Berger. Vielleicht hat es sie deshalb gereizt, in diese Rolle zu schlüpfen. Waren die

Mit Heinz Hoenig auf der Bühne: ›Lilli Lottofee‹

resolute Taxi-Gerdi und die Ehefrau in Frank Beyers SIE UND ER Personen, die selbst auf zwei festen Beinen stehen und den Männern zeigen, wo es langgeht, so ist Lilli ein schüchternes Weibchen, das trotz gestandenen Alters – eine flotte, blendend aussehende Fünfzigerin – offensichtlich ohne die starke Hand eines Mannes verloren ist.

Selbst mit ihrem zweifachen Lottogewinn wird Lilli nicht glücklich: Ehe sie sich versieht, ist ihr das Geld zwischen den Fingern zerronnen, bei den Männern hat sie stets das Glück, an den Falschen zu geraten, und im Beruf? Na ja, sie ist weder eine begabte Sängerin noch ein wirkliches Schauspieltalent und schon gar keine Akrobatin. Aber das gerade macht Lilli so liebenswert, macht sie zu einer kleinen Zauberfee aus dem Märchenland.

Lillis Charme besteht in der Mischung aus Ungeschicklichkeit und Selbstbewusstsein. Wenn sie beim Vorsprechen ihr schauspielerisches Talent anpreist, ist das zum Wimmern, und wenn sie von der Wahrsagerin Helen Vita erfahren will, welchen von den beiden Männern, die zur Disposition stehen, sie wählen soll, ist das vergnügliche Unterhaltung.

Arzt und Ärztin – DR. SCHWARZ UND DR. MARTIN

Ach, war das schön – ansehnliche Frauen-Biester, attraktive ungehobelte Männer mit Bauchansatz, bösartige Mitmenschen und höchst ernsthafte gynäkologische Probleme zwischen Stadt und Land. Und dabei dreht sich die Chose dann immer wieder um das ewig neue unerschöpfliche Thema: Sie liebt ihn und er liebt sie und jeder versteht dann doch wieder was anderes darunter. Weshalb es jede Menge Herz und Schmerz gibt und dornige Rosen dazu.

Senta Berger und Friedrich von Thun: ›Dr. Schwarz und Dr. Martin‹

Diese Melange präsentiert der Bayerische Rundfunk als ein Senta-Berger-/Friedrich-von-Thun-Special, in das man sich bald nur zu gerne einwickeln lässt. Denn hier stimmen die Ware und der Preis: eineinhalb Stunden lang Unterhaltung und Spannung und Tiefgang und Witz und Humor und Ironie. Die Drehbücher (Folge eins und zwei: Gabriela Sperl und Susanne Schneider) sitzen, die Details sind griffig und ein Quäntchen von Nimbus und Kolportage, wie sie wohlhabende Doktores in allen Arztromanen und -filmen immer umgeben hat, ist auch vorhanden.

Man nimmt sich Zeit, Menschen und ihre Geschichten vorzustellen: Die Frau Doktor ist keine Top-Feministin und egoistische Karrierefrau, sondern ein bisschen von beidem. Sie weiß meistens, was sie will, und manchmal eben nicht – Senta Berger hat es drauf, wie man so etwas spielt.

Besonderes Lob verdient der liebevolle Einsatz der Musik, die hier wirklich mehr sagt als tausend Worte. Sie prescht leitmotivisch vor oder sorgt für Streicheleinheiten im Hintergrund.

Eine Rose ohne Dornen geht an Xaver Schwarzenbergers Kamera und Regie. Die kümmert sich um herrliche Kleinigkeiten wie das kaum merkliche Achselzucken der Frau Dr. Martin, als sie bei Dr. Schwarz zu nachtschlafender Zeit nach einem Bett anfragt, oder Schwarzens fassungsloses Staunen darüber, dass das eintritt, worauf er sich kaum zu freuen getraut hat.

Wer sich sentimental an gute alte Fernsehzeiten erinnern möchte, spürt in diesen Ärztegeschichten einen Hauch von KIR ROYAL und Mona. Und wem sich bei der Inhaltsangabe zur zweiten Folge die Haare sträuben, wie er da von einer schwangeren Trinkerin las, der merkt schnell, dass diese Cornelia, von Sona MacDonald beängstigend gut gespielt, genau an all den hanebüchenen Klischees vorbeisegelt, wie sie das Reality-TV oft präsentiert. Es gibt noch weitere Folgen, auf die sich der Zuschauer freuen kann: Fernsehen kann eben doch richtig gut sein! (Birgit Weidinger, 9.12.1994)

Ein Gespräch mit Senta Berger

Sie haben einmal gesagt, in Deutschland würden Sie alle paar Jahre wieder neu entdeckt. Sie sind aber doch nun wirklich einer der wenigen internationalen Stars?

Danke. Aber mit ganz wenigen Möglichkeiten, in eigener Sprache zu arbeiten. Das hat sich in den letzten Jahren geändert. Aber dieses Zitat geht zurück auf die Zeit nach meiner Wiederentdeckung, unter Anführungszeichen, in KIR ROYAL. Da hat man etwas neu entdeckt, was eigentlich immer da war: die komödiantische Schauspielerin, die vielfältig spielen möchte und auch vielfältig spielen kann. Tatsächlich habe ich in Deutschland das oder diese Vielfalt an Rollen nur am Theater spielen können. Und das hat natürlich immer eine mehr oder weniger lokale Resonanz, sodass in der überregionalen Presse und auch in der einschlägigen – also dazu zähle ich eben jetzt Fernsehzeitungen oder auch Tagesblätter – dies sehr erstaunt registriert worden ist, welche Rolle ich da wie spiele. Und so ist auch dieses Zitat zu verstehen.

Gehen wir jetzt mal zu den Anfängen Ihrer Biografie zurück, und zwar zu den ganz frühen Anfängen. Ihr Vater hat Sie schon mit auf die Bühne geholt, Sie haben getanzt, Ihr Vater hat Klavier gespielt. Würden Sie heute sagen, dass Sie nicht »die« Senta Berger geworden wären, wenn Ihr Vater Sie nicht auf die Bühne geholt hätte?

Wer mag das auseinander halten? Wer mag das sagen, wie es zu einer schauspielerischen Ambition kommt? Wie viel Naivität und Exhibitionismus, jugendlicher Exhibitionismus dazu geführt hat, Fantasien ausleben zu wollen, aus Unwissenheit mutig und stark zu sein, wie ich es sicherlich als junges Mädchen war, und das hat auch dazu beigetragen, dass ich diesen Sprung dann auf die Bühne gemacht habe. Auf die richtige, auf die große Bühne. Beeinflusst worden bin ich durch die Musik, mit der ich aufgewachsen bin, sicherlich. Aber das sind auch andere Menschen, und die werden dann vielleicht Cellospieler. Mich hat's immer schon fasziniert,

mich zu bewegen, mich zu Musik zu bewegen, etwas auszu-
drücken. Ich hab eine tänzerische Ausbildung, eine klassische,
und bin dann auch von der Faszination dieser Körpersprache,
vom Ausdruckstanz – das gab es auch als Fach, das wurde ge-
lehrt – zum Reinhardt-Seminar gekommen, also zu der klas-
sischen Schauspielschule in Wien. Und für mich hat es immer
irgendwie zusammengehört: tanzen, singen, sich bewegen,
schauspielern, etwas ausdrücken, andere Menschen berühren
durch etwas, was man im Inneren an Bildern gesehen hat. Das
mag auch ziemlich arrogant klingen, denn niemand konnte
mir voraussagen mit vierzehn, fünfzehn, sechzehn Jahren,
dass ich überhaupt in der Lage wäre, etwas auszusagen, etwas
zu transportieren in eine Rolle. Und insoweit ist die Sache
eigentlich ganz gut ausgegangen.

Besser, als es hätte unbedingt sein müssen.

Ja, mittlerweile wissen wir, was für eine Karriere mehr gefor-
dert werden müsste, als ich vielleicht von den deutschen Regisseuren in den frühen Jahren meiner Anfängerzeit gefor-
dert worden bin. Das mag aber auch an der Situation liegen.
Natürlich, wenn man auf einer hohen professionellen Ebene
arbeitet, dann ist es zumeist so, dass auch das Team eine sehr
hohe Professionalität und ein hohes Engagement aufweist.
Ich bin aus Deutschland weggegangen zu einem Zeitpunkt,
als der deutsche Film einen Tiefpunkt erreicht hatte. Und dieser Tiefpunkt hat auch zurückgestrahlt zu den Arbeiten, die
noch gemacht worden sind. Es war eine allgemeine Des-
orientierung, ein gewisser Zynismus, der mich verletzt hat,
eine gewisse Schlampigkeit. Das alles auch bestimmt durch
äußerst knapp gehaltene Etats. Man braucht einen Rahmen,
um konzentriert arbeiten zu können, man braucht eine finan-
zielle Basis, um ein Drehbuch verwirklichen zu können, um
seine eigenen Bilder auf die Leinwand bringen zu können.
Und das gab's eben damals bei uns nicht. Aber das gab's im
Ausland. Und ich würde sagen, dass ich mein Handwerk, das
filmische Handwerk, durchaus in diesen Jahren gelernt habe.
Sam Peckinpah gilt ja nun heute als ein hingebungsvoller und
an sich selbst Raubbau getrieben Habender und eben auch

Eine kleine Porträtgalerie: Senta Berger 1962 in ›Das Testament des Dr. Mabuse‹ ...

Getriebener, aber er war, zumindest zu der Zeit, als ich mit ihm zwei Filme gemacht habe, äußerst scheu und er hat den Schauspielern einen enormen Freiraum gelassen. Ich kann mich an keine einzige Regieanweisung erinnern, die er mir gegeben hätte, aber ich kann mich wohl daran erinnern, dass er versucht hat, eine Atmosphäre zu schaffen, in der alles möglich sein konnte. Auch das Sich-lächerlich-Machen. Und das gehört eben auch dazu zum Ausprobieren. Aber auch dazu, zu diesen Freiräumen, braucht man wieder Zeit. Und Zeit bekommt man nur, wenn man ein großes Budget hat. Und ein großes Budget bekommt man nur, wenn die Filmindustrie floriert und man einen Produzenten hat, der seinen ganzen Stolz und Ehrgeiz da reinsetzt, dass die Atmosphäre am Set so ist, dass etwas Gutes entstehen kann. Also, ein Kreis.

Die professionelle Basis, von der Sie sprechen, erstreckt sich ja nicht nur auf die Leinwand, sondern Sie sind auch auf der Bühne zu sehen und im Fernsehen. Wie ist das für Sie als Schauspielerin, denn das sind ja doch drei sehr unterschiedliche Medien? Bedeutet das für Sie, dass Sie da auch immer wieder anders agieren müssen? Auf der Bühne beispielsweise müssen Sie ja mehr Ausdruck bringen, weil Sie einfach viel zu weit weg sind vom Publikum, auf der Leinwand geht die Kamera teilweise nahe ans Gesicht ran. Da kann ich mir schon vorstellen, dass da für einen Schauspieler doch sehr graduelle Unterschiede existieren?

Ja, es sind Facetten des gleichen Berufes, aber selbstverständlich, wie Sie sagen, graduelle Unterschiede. Rudolf Noelte hat einmal während einer Probe zu mir gesagt: Es gibt nur einen richtigen Ausdruck. Er meinte, es gibt nur einen Ausdruck für einen Satz in diesem Stück, egal ob du gefilmt wirst, ob du auf der Bühne stehst, ob du das im Rundfunk machst. Und das stimmt. Wie transportiert man jetzt diesen einen Ausdruck? Das ist im Grunde Handwerk. Theater verlangt Form, und Film zumeist, obwohl es da auch sicherlich andere Stilmittel und Stilrichtungen gibt, einen kleineren Realismus, also eine naturalistischere Spielweise.

Und als ich als erwachsene Frau wieder zurückgegangen bin ans Theater, ist mir aufgefallen, wie sehr ich meine Körpersprache während der Filmjahre vernachlässigt hatte und welchen Spaß es mir gemacht hat, jetzt wieder zu entdecken, dass ich vom Kopf bis zur kleinen Zehe auf der Bühne stehe und beobachtet werde und nicht eine Sekunde lang Drehpause habe. Während ja, zumal beim Film, absurde Situationen entstehen, wenn nur ein Teil deines Körpers, also bei einer Großaufnahme eben nur das Gesicht, gezeigt wird und du sehr elegant, sagen wir mal, oben herum angezogen bist und unten barfuß, weil dir die Schuhe schon wehgetan haben, oder gar, wie ich mal in Neapel als trauernde Witwe bei fünfundvierzig Grad Hitze oben herum einen Hut mit Schleier aufhatte und unten herum die nackten Beine in einem Fass mit Eis steckten, die meine Garderobiere mir zur Kühlung hingestellt hatte. Das ist auch schön, das ist auch lustig, dass man da trotz-

... 1967 in ›Istanbul-Express‹ ...

dem eine Illusion, an die man selber glaubt, wahr machen kann.

Aber die größere Anforderung, würde ich sagen, ist bei mir auf der Bühne entstanden, auch mit der Sprache zu arbeiten, jedem Wort hinterherzuhören, was in diesem Satz noch drinnen sein könnte, was mit diesem Wort vielleicht noch herausgekitzelt werden könnte. Und das Schönste – aber natürlich passiert das einem nicht oft – ist eben, wenn man auf der Bühne steht und arbeiten kann im Film und einen Film macht und dann wieder zurückgeht zur Bühne. Das, glaub ich, ist die ideale Ergänzung.

Bleiben wir aber trotzdem noch mal etwas bei der Bühne, und zwar im Jahr 1979. Da sind Sie zum ersten Mal am Burgtheater aufgetreten, eigentlich ja doch wohl die bedeutendste Bühne Ihrer Heimatstadt. Warum hat das so lange gedauert?

Ja, ich bin nie gefragt worden, am Burgtheater zu spielen. Und ich hab es vielleicht auch, wie soll ich sagen, versäumt, meinen Wunsch, dort zu spielen, bekannt zu geben. Meine Biografie ist einfach anders gelaufen. Ich bin aus Wien weggegangen und nur besuchsweise zurückgekommen nach meinem zweiundzwanzigsten Lebensjahr und dann als Besucherin im Burgtheater gewesen. Aber, Sie haben Recht, es hat mir Eindruck gemacht, dass ich am Burgtheater spielte, denn das war nicht nur für mich eine bedeutende Bühne, sondern für meine ganze Familie. Meine Tanzschule lag am Ring in Wien in unmittelbarer Nähe. Und sooft ich als ganz kleines Kind, mit fünf, sechs Jahren, mit meiner Mutter da hingefahren bin, an der Burg vorbei, hat meine Mutter nicht ein einziges Mal versäumt zu sagen: »Und das, Senta, ist das Burgtheater. Und da spielen die Käthe Gold und die Paula Wessely.« Und meine Mutter hat sich, glaube ich, noch mehr gefreut als ich, dass jetzt in diesem Burgtheater ihre Tochter gespielt hat.

Aber es ist ja so: Während man älter wird, verändern sich die Träume, die man gehabt hat. Also, sicherlich, am Max-Reinhardt-Seminar wäre das die Erfüllung gewesen, ans Burgtheater gehen zu können und da einmal zu spielen. Dann vergehen die Jahre und du entwickelst dich und sammelst Er-

… 1974 in ›Der Mann ohne Gedächtnis‹ …

fahrungen und es wird wichtiger, wie spielst du, unter welchen
Umständen spielst du, mit wem spielst du, als wo spielst du
und was spielst du? Und während du den Beruf in all den Jahren kennen lernst, siehst du, wie schwierig er ist und auch wie
schön, weil er schwierig ist. Und denn steht das im Vordergrund, unter welchen Umständen kann ich gut arbeiten? Und

dann wird eigentlich der Name der Bühne, und das ist ja am Burgtheater ein großer Name immer noch, zweitrangig.

Was Ihren Beruf selber angeht, so haben Sie im Gegensatz zu vielen anderen Schauspielern anscheinend keine Angst davor, Serienrollen zu übernehmen. Also, Sie haben anscheinend keine Angst, sich als Rollentypus festzulegen. Woran liegt es?

Ich habe sehr wohl Angst, in Serien zu spielen, und zwar deshalb, weil zumeist die Grundidee nach einigen Folgen, nach überschaubaren Folgen, ich will jetzt gar keine Zahl angeben, die Grundidee verwässert wird und die weiteren Folgen sehr oft aus Wiederholungen und aus mechanischen Mustern bestehen, die wir schon kennen. Und das ist dann auch schwierig, weil dann der Charakter eine Type wird, ein typologischer Fall, und das wird dann eben zunehmend langweilig für den, der's sieht, und für den, der's macht. Ich würde meinen, dass eine Geschichte in sechs Teilen, wie DIE SCHNELLE GERDI zum Beispiel, mit einer Serie nichts zu tun hat, weil eine Geschichte dramaturgisch aufgefächert werden kann mit einem Anfang und einem Ende. In diesem Fall war das ein Jahr. Wir beobachten die Gerdi ein Jahr.

In KIR ROYAL waren es sechs Geschichten, eigentlich ziemlich unabhängig voneinander, zusammengehalten durch den Journalisten Baby Schimmerlos. Was ich jetzt gerade für den WDR mache, ist eine Geschichte in zwei Teilen, ein Zweiteiler. Und ich glaube, dass man bei dieser überschaubaren Anzahl von Teilen dramaturgisch sehr genau arbeiten kann und dass das mit der üblichen Serie nichts zu tun hat. Ich denke jetzt nicht an die amerikanischen Serien, die ja wirklich lächerlich werden in all diesen Jahren und all ihren Stereotypen, ich denke mehr so an die deutschen Serien, die eigentlich eine sehr viel bessere Voraussetzung haben, weil sie wenigstens etwas mit uns zu tun haben und mit der deutschen Gegenwart im Gegensatz zu DALLAS oder was auch immer. Aber die Gefahr eben, dass das Ganze zu einer Mechanik wird, besteht, wenn du sechsunddreißig oder mehr Folgen ablieferst.

Der Zweiteiler, den Sie jetzt unter der Regie von Frank Beyer drehen, SIE UND ER, das klingt ein bisschen autobiografisch:

eine 25-jährige Ehe, zwei Kinder, die das Haus verlassen. War das so mit ein Grund, warum Sie jetzt also hier in Köln vor der Kamera stehen?

Also, mit meiner Biografie hat die Geschichte SIE UND ER nichts zu tun, aber sie hat mit uns allen zu tun, die wir wagen, mit Gefährten zusammenzuleben, in welcher Form auch immer. Denn das ist das zentrale Thema: Wie kann man zusammen leben, wie kann man Wahrheit zulassen, was kann man gegen diese Abnutzung, gegen diese alltägliche Gewöhnung und Gewohnheit tun, wie kann man sich immer wieder neu sehen und neu begegnen, welche Kompromisse muss ich schließen, um in einer Gemeinschaft bleiben zu können? Und das kennen wir alle.

Meine Kinder gehen zwar noch nicht aus dem Haus, weil der eine gerade Abi macht, und ich hoffe, er bleibt noch ein bisschen, und der andere ist erst elf und der geht noch lange nicht,

... 1982 in ›Die Entscheidung‹ ...

hoffe ich. Aber ich kann mir das sehr gut vorstellen und ich wünsche mir manchmal jetzt, ich hätte mehr Zeit für mich und ich könnte mehr lesen oder überhaupt mal sagen: Heute stehe ich nicht morgens um sieben auf, weil die Kinder in die Schule gehen, sondern heute les ich noch morgens im Bett oder so was. Und es wird der Zeitpunkt kommen, wo ich das alles kann. Und ich werde es nicht können, ich werde es nicht genießen können, weil mir dann die Kinder fehlen. Ah, das ist ganz klar, dass dann aus Stille plötzlich Leere werden wird, das kann ich mir sehr gut vorstellen. Also, insoweit identifiziere ich mich tatsächlich mit dieser Geschichte. Ansonsten hat Charlotte, so heißt die Figur, die ich spiele, wenig mit mir zu tun.

1965 haben Sie mit Ihrem Mann eine Produktionsfirma gegründet. Welche Ideen hat man da? Denn mit der Gründung solch einer Firma sind ja nun auch bestimmte Absichten verbunden, Vorstellungen, die man realisieren möchte. Was ging Ihnen damals so im Kopf herum und was konnte erfüllt werden so von diesen Ausgangsideen?

Das war die Zeit, wo viele Kollegen, die so genannten »Jungfilmer« der 60er-Jahre, ihre eigenen Produktionsfirmen gegründet haben, weil es aussichtslos gewesen wäre, Produzenten zu finden, die sich für die Stoffe dieser jungen Regisseure interessiert hätten. Das war, ich hab's vorhin schon angedeutet, der Tiefpunkt des deutschen Films, und es gab so viel Zweideutiges, so viel Oberflächliches, was dahingeschludert worden ist. Die ganze Branche schien verkommen zu sein. Und Schlöndorff, Faßbinder, Kluge, Wenders, Verhoeven, wir alle haben nicht Produktionsfirmen gegründet, weil wir so unheimlich tolle Produzenten sind, denn dazu gehört auch eine bestimmte Art von Mentalität oder auch ein Sinn für Geschäfte oder fürs Kommerzielle, das muss man ja doch auch so mal sehen, sondern wir haben diese Produktionsfirmen gegründet, weil niemand sonst unsere Filme produziert hätte. Das war der einzige Ausweg.

Wir wollten, und so auch ich und Michael Verhoeven, unabhängig sein von anderen Leuten und nicht abhängig davon, in

... 1986 in ›Kir Royal‹ ...

den Köpfen anderer Leute vorzukommen, vielleicht oder
vielleicht auch nicht. Diese Art von Abhängigkeit hat mich
immer schon sehr gestört, besonders am Schauspielerberuf,
der sehr stark bestimmt ist von Zufälligkeiten und nicht unbedingt nur von Qualifikationen. Und wir waren sehr mutig
und sehr jung und sehr unwissend und sind gleich in unser
erstes Abenteuer hineingestürzt und haben ein Theaterstück
von Strindberg verfilmt. Das mag jetzt merkwürdig klingen,
denn wir waren ja eben erst verheiratet und verfilmten das
Ehedrama TOTENTANZ mit Paul Verhoeven und Lilli Palmer.
Aber wir waren fasziniert, und ich bin das immer noch. Für
mich ist das ein höchst politischer Stoff. Die Beziehung zwei-

er Menschen, das ist für mich überhaupt der Kern, der gesellschaftspolitische Kern, und das hat immer zu tun mit Macht und Ohnmacht und Hierarchien und Leidenschaften, und das ist einfach antik, menschlich, Urgestein. Das hat mich an TOTENTANZ interessiert und sicherlich hätte das niemand außer uns produziert in einer Zeit, wo SCHULMÄDCHENREPORT und HAUSFRAUENREPORT gemacht worden sind.

Und wir haben gelernt, aber sozusagen, während wir gelernt haben, haben wir auch produziert. Also, während wir produziert haben, haben wir auch gelernt. Es ist ja alles in diesem Beruf so stark beobachtet und steht immer an der Kippe. Was immer du ausprobierst, du probierst es ja unter dem Auge der Öffentlichkeit aus. Das macht die Sache knifflig.

Ich möchte mal das Stichwort »Sozialpolitik« aufgreifen, was jetzt in einem anderen Zusammenhang gefallen ist, eben von den Stoffen her, aber Sie selber als Künstlerin engagieren sich ja auch politisch. Nun passiert es häufig, dass gerade Schauspieler oder überhaupt Künstler mit einer Reputation sich dann den Vorwurf anhören müssen: »Ach, das ist unglaubwürdig, das dient im Endeffekt nur der eigenen Promotion.« Wie können Sie mit solchen Vorwürfen umgehen, vorausgesetzt, so etwas ist überhaupt schon einmal an Sie herangetragen worden?

An mich ist das nicht herangetragen worden, aber ich habe auch schon davon gehört und gelesen. Ich finde das sehr kurzsichtig gedacht, denn Sie müssen sich vorstellen, dass in einem so polarisierten Land, wie Deutschland eines ist, der Künstler, der eine Meinung in der Öffentlichkeit unterstützt oder formuliert, die angebunden ist an eine der großen Parteien, von den fünfundvierzig Prozent der anderen, der Bevölkerung, die der anderen Partei anhängen, unter Umständen vielleicht wirklich weniger geliebt wird oder kritisiert wird. Oder man sagt, diese Platte kaufe ich nun aber nicht mehr oder dieses Buch lese ich nun nicht mehr, denn der Herr Grass engagiert sich ja für die Wählerinitiative Willy Brandt.

Also, ich finde es eher sehr mutig, dass man in diesem polarisierten Land seine Meinung – ich finde es nicht sehr mutig, das nehme ich wieder zurück, ich finde es ganz normal. Ich meine nur, es geschieht sicherlich nicht zu der Promotion des eigenen Berufes, denn da würde ja der Künstler sich vollkommen verkalkulieren, wenn ich das richtig sehe. Aber ich meine, wenn Künstler ein politisches Bekenntnis in der Öffentlichkeit abgeben, wenn sie dafür einstehen, dann tun sie das als mündige Staatsbürger. Und sehr oft ist es ja so, dass Künstler auch wirklich mündige Staatsbürger sein müssen

... und 1998 in ›Mit fünfzig küssen Männer anders‹

und Freiberufliche umso mehr, denn sie sind nicht in den Zwängen eines staatlichen Betriebes, sie müssen nicht die Klappe halten, weil sie einen Chef haben, der vielleicht ein anderes Parteibuch in der Tasche trägt, als sie gerne hätten oder haben. Und sie tragen Verantwortung für sich selbst und nicht für einen Betrieb und müssen auch nicht den Kopf einziehen vor dem Nachbarn. Sie können den Kopf hoch tragen. Und ich meine, das hat auch eine Initialwirkung. Man muss ja nicht meiner Meinung sein. Aber man muss meiner Meinung sein, eine Meinung zu haben. Ich glaube, das sollte bei dieser Art von Engagement herauskommen.

Und im Übrigen ist es nicht so, dass ich sozialpolitisch engagiert bin. Ich wär's gerne. Ich glaube, dass das sehr wichtig ist. Ich gestehe, dass meine Energie nicht ausreicht, immer weniger ausreicht. Und ich hab früher mehr gemacht. Es kommen auch wieder andere Zeiten in meinem Leben. Aber im Moment ist es so, dass ich außer meiner Meinung eigentlich nichts vorzuweisen habe an Engagement.

Kommen wir zur letzten Frage. Und da möchte ich auch gerne noch mal zurückgreifen auf das, was Sie vorhin gesagt haben, dass Sie gerne mal lesen möchten. Aber auf der anderen Seite scheinen Sie gar nicht so die Zeit dafür aufbringen zu wollen, denn Sie spielen nicht nur – Kino, Fernsehen, Bühne habe ich ja schon genannt –, man kann Sie auch in Talkshows sehen, wir hören Ihre Platte, dann haben Sie zudem als Kolumnistin Erfahrung gesammelt. Wo kommt das eigentlich her, dass Sie das alles ausprobieren wollen?

Also, jedenfalls passiert das nicht alles an einem Tag, sondern, was Sie jetzt gesagt haben, ich bin selbst erstaunt: Die Bühne zum Beispiel, das liegt schon wieder fünf Jahre zurück. Ich kann natürlich nicht alles gleichzeitig machen. Aber Sie haben auch die Sache auf den Punkt gebracht: Ich würde gerne alles gleichzeitig machen. Nicht unbedingt Talkshows. Ich find das immer sehr anstrengend, weil da letztlich immer ein Rest von Frustration bleibt. Zu einem richtigen Gespräch kommt's ja nicht. Und du bist auch verunsichert. Und, also, ich finde mich immer doof in Talkshows. Aber die Platte, das war eigentlich die Arbeit eines Jahres: die Vorbereitung, die Herstellung, dann eben auch die Promotion. Da haben Sie mich vielleicht in vielen Talkshows gesehen. Das hab ich natürlich gemacht, um ein Produkt zu vertreten. Da haben Sie ganz Recht.

Aber was mich wirklich vom Lesen abhält, ist Muße. Und das hat im Grunde weniger zu tun mit meiner Arbeit. Ganz im Gegenteil. Ich bin ja jetzt in Köln ohne meine Familie und habe einen ganz regelmäßigen Alltag. Aber ich bin ganz konzentriert auf mich. Das ist wie Exerzitium. Ich arbeite tagsüber und ich lese abends und genieße das sehr. Und zu Hause kommt natürlich mein Alltag hinzu, der Haushalt und die Kinder und die Familie, und das ist ja auch sehr schön. Ich genieße das ja. Wir haben vorhin schon darüber gesprochen. Ich sehe jetzt schon, wie sie mich entlassen werden aus dem Dienste, meine Kinder, und dann wird noch mal, so Gott will, ein neues Kapitel für mich anfangen. Es fehlt mir die Muße. Und im Übrigen, Sie haben Recht, ich bin spielerisch veranlagt. Ich möchte gerne alles, was zu diesem Beruf gehört, ausprobieren.

(Gesprächspartner: Jürgen M. Thie, 1.5.1991)

Das Vernünftige und Richtige
nicht verschweigen

Seit Mitte der 60er-Jahre hat sich Senta Berger immer wieder politisch engagiert; 1972 unterstützte sie Willi Brandt im Wahlkampf, setzte sich später für Abrüstung und Umweltschutz ein, gegen den Abtreibungsparagraphen 218 und zuletzt gegen die Verschärfung des Asylrechts.

Bei der Abrüstungsdemonstration am 21.5.1977 auf dem Münchner Marienplatz erhielt die Schauspielerin Senta Berger, Mitunterzeichnerin des Aufrufs »Beendet das Wettrüsten«, für ihren mutigen Appell, den Krieg und die Rüstung nicht als Naturereignis hinzunehmen, großen Beifall:

Sehr geehrte Damen und Herren! Wie ich höre, distanzieren sich verschiedene politische Parteien und Organisationen von dieser Veranstaltung, weil sie nicht auf den Inhalt dieser Demonstration schauen, sondern zuallererst auf taktische Rücksichten. Mag sein, dass auch bei den Veranstaltern des heutigen Treffens selbst die politische Taktik eine Rolle spielt.

Mich interessiert das nicht. Ich fühle mich als freie Bürgerin in einem freien Land und ich gebe diesem Land nicht die Gelegenheit, Unfreiheit dadurch zu demonstrieren, dass eine Bürgerin dieses Landes aus taktischen Überlegungen das Vernünftige und Richtige verschweigen soll.

Ich weiß, dass es politisch naiv ist, in der heutigen komplizierten Weltsituation einfach so von Abrüstung zu sprechen. Abrüsten kann eben nur Sinn haben, wenn in allen Lagern abgerüstet wird.

Aber mir geht es gar nicht um die Abrüstung allein. Es geht vielmehr um die Einstellung zu dieser Frage. Unsere Generation hat in der Schule gelernt, dass es immer Krieg geben wird, ja, als liege der Krieg in der Natur dieser Welt. Nein, Krieg ist kein Naturereignis. Er ist die Folge von Entscheidungen, die Folge von schlechter Politik.

Es hat keinen Sinn, bloß die Abrüstung zu fordern. Was wir fordern müssen, ist nicht nur die Rückbildung der Waffen zu

Kanonenpulver oder Lanzen. Nein, die Bürger dieses Landes müssen eine andere Einstellung zum Krieg fordern. Solange der Bürger den Krieg als politische Auseinandersetzung zwischen seinen und anderen Völkern nicht verhindern kann, hat die Neuzeit nicht begonnen. So lange ist es nämlich noch gar nicht her, dass es als absolute Utopie erscheinen musste, etwa Leibeigenschaft oder Kinderarbeit zu beseitigen. Aber wir haben es geschafft.

Wenn ich hier von dieser Veranstaltung etwas erwarte, dann ist es, dass sie mithelfen kann, unsere Gedanken zuerst einmal auf dieses so wichtige Thema Abrüstung zu bringen. Wir sind ja noch ganz am Anfang. Und damit wir zu diesem Thema ein Bewusstsein bekommen, muss noch ungeheuer lang und viel darüber gesprochen werden. Und nicht eine einzige Veranstaltung heute kann das leisten. Was geleistet werden muss, das sind viele tausende Veranstaltungen, die von allen Parteien und allen Organisationen getragen werden müssen.

Abrüsten, das ist die logische Fortsetzung der Entspannungspolitik. Die logische Fortsetzung der Gespräche und der Konferenz von Helsinki. Einmal wird es als der historische Irrtum gelten, dass die Weltmächte und ihre Partner aufgerüstet haben, im Glauben oder unter dem Vorwand, Krieg zu vermeiden.

Die Kinofilme

ABKÜRZUNGEN:

AN	=	Aachener Nachrichten	*KR*	=	Kölnische Rundschau
AZ	=	Abendzeitung (München)	*KStA*	=	Kölner Stadt-Anzeiger
FAZ	=	Frankfurter Allgemeine	*MFB*	=	Monthly Film Bulletin
		Zeitung	*NZZ*	=	Neue Zürcher Zeitung
Fd	=	Filmdienst	*RP*	=	Rheinische Post
FNP	=	Frankfurter Neue Presse	*StZ*	=	Stuttgarter Zeitung
FR	=	Frankfurter Rundschau	*SZ*	=	Süddeutsche Zeitung

DIE UNENTSCHULDIGTE STUNDE (Österreich 1957)
Regie: Willi Forst. *Drehbuch:* Kurt Nachmann, Willi Forst, nach dem Bühnenstück von Stefan Bekeffi und Adrian Stella. *Kamera:* Günther Anders. *Musik:* Heinz Sandauer. *Ausstattung:* Isabella Schlichting.
Darsteller: Adrian Hoven (Dr. Weiringk), Erika Remberg (Biggi), Rudolf Forster (Professor Adamek), Josef Meinrad (Nachhilfelehrer), Chariklia Baxevanos (Elfriede Dolleschal), Erik Frey (Pauker), Elisabeth Epp (unangenehme Lehrerin), Ursula Herking (Sprechstundenhilfe), Elisabeth Markus (Schuldirektorin), Sylvia Lydi (freundliche Lehrerin) sowie Hans Moser, Alma Seidler, Kitty Stengel, Harry Payer, Friedrich Jorres, Anny Schönhuber, SENTA BERGER (kesses Schulmädl).
Produktion: Sascha. Schwarzweiß. *Länge:* 95 Minuten.
Uraufführung: 29.8.1957.
KRITIK: Bet in *Fd* 36, 5.9.1957; Dr. Helmut Müller in *Der neue Film,* 9.9.1957; DT in *KStA,* 26.10.1957.
INHALT: Biggi hat Schwierigkeiten mit chemischen Formeln. Da spielt sie lieber krank. Aber eines Tages möchte der Professor doch eine Entschuldigung sehen. Und da beichtet Biggi Dr. Weiringk, den sie dann auch alsbald heiratet. Sein Vater allerdings, ein berühmter Wiener Arzt und Wissenschaftler, ist mit der unstandesgemäßen Ehefrau seines Sohnes keineswegs zufrieden. Doch wie es sich so gehört, macht das kluge Mädchen seinem neuen Stand alle Ehre, geht heimlich auf die

Schule und erlangt schließlich nach vielen Umwegen durch die Überzeugungskraft ihres Ehemannes (also doch nicht so ganz mit eigener Kraft) das Zeugnis der Reife.

ZUM FILM: Willi Forst, Regisseur vieler schwungvoller Komödien, hat – mit einer brillanten Schauspielertruppe – eine ärmlich klischeehafte Schnulze inszeniert, das ist kaum zu glauben. Am schlimmsten aber sind die geschwollenen Sätze, die den Darstellern in den Mund gelegt werden. Es ist eine jener typischen Klamotten, wie sie in der Bundesrepublik und Österreich seinerzeit massenhaft produziert wurden. SENTA BERGER hatte die Chance, bei Willi Forst ihre erste kleine Filmrolle zu spielen. Sie spricht einen Satz: »Sie kommt!«, und darf auf der Schulbank Boogie tanzen.

DIE LINDENWIRTIN VOM DONAUSTRAND
(Österreich 1957)

Regie: Hans Quest. *Drehbuch:* Paul H. Rameau, Kurt Nachmann. *Regieassistenz:* Dr. Hermann Lanske. *Kamera:* Hannes Staudinger. *Schnitt:* Arnd Heyne. *Musik:* Hans Lang. *Ausstattung:* Walter Schmiedl, Theodor Harisch. *Kostüme:* Charlotte Flemming-Anders.

Darsteller: Marianne Hold (Helga), Hans Moser (Kilian), Claus Holm (Fred), Annie Rosar (Theres), Heinz Conrads (Maxl), Frank Holms (Jimmy), Monika Dahlberg (Rosl), Erik Frey (Alma Seidler), SENTA BERGER (Zimmermädchen Marie), Franz Böheim (Prof. Ferdl), Hugo Gottschlich (Sepp), Alma Seidler (Kathie), Herbert Prikoba (Böck), Otto Ambros (Lobsam), Alfred Tuma (Knoll), Peter Neusser (Bob), Rudolf Bary (Jack), Greta Putz (Franzie), Ulrich Bettac (Mr. Stone), Jenny Liese (Frau Apotheker), Gottfried Nowak (Fleischergeselle Fritz), Otto Schmöle (dicker Herr), Hans Christian (junger Mann).

Produktion: Sascha/Lux-Filmproduktion. Agfacolor. *Länge:* 90 Minuten.

Uraufführung: 1958.

KRITIK: e. h. in *Fd* 52, 26.12.1957; H. H. in *FNP*, 2.12.1957; hab in *Main Post*, 9.12.1957.

›Die Lindenwirtin vom Donaustrand‹: Senta Berger als Zimmermädchen, hier sitzend neben Annie Rosar

INHALT: Junge Innenarchitektin sucht in Arnstein Ruhe und Erholung vom enttäuschenden Liebeserlebnis und findet dort nicht nur zu altgewohnter Aktivität zurück, sondern auch einen braven Mann. SENTA BERGER hat als Zimmermädchen mehrere kleine Sätze zu sprechen.

ZUM FILM: Matte Unterhaltung, die niemanden begeistern kann. (*Fd*)

THE JOURNEY / DIE REISE (USA 1958)

Regie: Anatole Litvak. *Drehbuch:* George Tabori. *Regieassistenz:* Gerald O'Hara. *Kamera:* Jack Hildyard, B.S.C. *Schnitt:* Dorothy Spencer. *Musik:* Georges Auric. *Ausstattung:* Werner Schlichting, Isabella Schlichting.

Darsteller: Yul Brynner (Major Surow), Deborah Kerr (Diana Ashmore), Jason Robards jr. (Paul Kedes), Robert Morley (Hugh Deverill), Gérard Oury (Tekiel Hafouli), Anouk Aimée (Eva, Freiheitskämpferin), Ivan Petrovich (Szabo Bacsi), E. G. Marshall (Harold Rhinelander), Anne Jackson (Margie Rhinelander), Ronny Howard (Billy Rhinelander), Flip Mark (Flip Rhinelander), Kurt Kasznar (Csepege), David Kossoff (Simon Avron), Marie Daems (Françoise Hafouli), Barbara von Nady (Borbala), Maurice Sarfati (Fabbry), Siegfried Schürenberg (von Rachlitz), Maria Urban (Gisela von Rachlitz), Jerry Fujikawa (Mitsu), Erica Vaal (Donatella Calucci), Dimitry Fedotoff (Leutnant Tulpin), Leonid Pylajew (Hauptmann Dembinski), Wolf Neuber (Patko), Michael Szekely (Bowler Hat), Charles Regnier (Hauptmann Ornikidze), Ernst Konstantin (Major Jlyashew), SENTA BERGER (Kellnerin).
Produktion: Alby für MGM im Studio der Wien-Film. *Produzent:* Anatole Litvak. Technicolor. *Länge:* 126 Minuten.
Uraufführung: 3.12.1958; *Erstaufführung* BRD: 27.3.1959.
KRITIK: J-t in *Fd* 16, 17.4.1959; Enno Patalas in *Filmkritik* 5/59; Georg Ramseger in *Die Welt*, 28.3.1959; *KStA*, 9.10.1973; Dr. Helmut Müller in *Der neue Film*, 9.4.1959; S-F in *FAZ*, 10.4.1974; Hans Dieter Roos in *SZ*, 10.4.1959; K.B. in *KStA*, 25.4.1959; Veit Möller in *KStA*, 20.10.1973; Erich Kocian in *Express*, 10.1.1974; *KStA*, 14.3.1974.
INHALT: Der Film zeigt, wie eine Reisegesellschaft vom Flughafen Budapest per Autobus zur österreichischen Grenze gefahren und kurz davor angehalten wird. Ein ungarischer Revolutionär, getarnt mit einem englischen Pass, befindet sich darunter. Es kommt zu gespannten Situationen, als der sowjetische Standortkommandant dessen Identität durchschaut. Indessen, er hat ein Herz, zwar weniger für ihn, aber für dessen Begleiterin, eine englische Lady. Eine Romanze in Moll beginnt, an deren Ende der sowjetische Major, seine Befehle missachtend, alle ziehen lässt, auch die Lady und ihren Geliebten, den verwundeten ungarischen Freiheitskämpfer. (S-F). SENTA BERGER kocht unentwegt Kaffee und ruft immer wieder: »Die Russen kommen!«

ZUM FILM: Man fragt sich nicht: Ist die ungarische Revolution von 1956 der bestmögliche Hintergrund für einen Abenteuerfilm mit Liebeshandlung? Sondern: Ist sie ein möglicher Hintergrund? Die Antwort, gegen Schluss, heißt: nein. Wenn ein sowjetischer Major einen verwundeten ungarischen Widerstandskämpfer über die Grenze lässt, nachdem er sich in dessen Begleiterin, eine britische Lady, verliebt hat; wenn der gleiche Major, kaum dass die Liebenden in Sicherheit sind, von einer ungarischen Widerstandskämpferin erschossen wird, dann ist sein Tun nicht Humanität, sein Tod ist keine Laune des Schicksals. Alles ist vielmehr Effektdramaturgie, die diesem Film zum Verhängnis wird. Wenn der Major mit 13 westlichen Ausländern abends zu Tisch sitzt, nutzt das Drehbuch (George Tabori) die Möglichkeit nicht, zwei Welten zu konfrontieren – nein: Partout wird drinnen Walzer getanzt, während man draußen auf Flüchtlinge schießt. Geistige Auseinandersetzung findet nicht statt (ein paar Phrasen wie »Niemand hat Schuld und doch sind wir alle schuldig« reichen nicht aus); an ihre Stelle tritt Affekterzeugung. Wenigstens malt dieser Farbfilm nicht schwarz-weiß; er geht in seinem Bemühen um Objektivität so weit, den sowjetischen Major zu idealisieren, während der ungarische Hauptheld ein unleidiger Fanatiker bleibt. Wem soll man da seine Sympathien schenken? Yul Brynner oder Jason Robards? (Deborah Kerr spielt die Lady.) Die fantastische Möglichkeit übrigens, die Charaktere der 13 Reisenden, wie anderswo der zwölf Geschworenen, unter äußerem Druck individuell aufbrechen zu lassen, wird glatt verschenkt. (hdr)

SENTA BERGER hatte das Glück, bei Litvak, der sie am Max-Reinhardt-Seminar entdeckte, eine kleine Rolle zu spielen. Allerdings bedeutete sie für SENTA BERGER das Aus an der berühmten Schule.

DER VERUNTREUTE HIMMEL (BRD 1958)

Regie/Drehbuch: Ernst Marischka, nach dem gleichnamigen Roman von Franz Werfel und dem Theaterstück von Leslie Bush-Fekete und Mary H. Fay. *Regieassistenz:* Holger Lussmann. *Kamera:* Bruno Mondi. *Schnitt:* Alfred Srp. *Musik:* Anton Profes. *Ausstattung:* Otto Pischinger, Herta Hareiter. *Kostüme:* Dr. Leo Blei, Gerdago.

Darsteller: Annie Rosar (Teta Linek), Victor de Kowa (Theo), Hans Holt (Kaplan Seydel), Vilma Degischer (Livia Argan), Kai Fischer (Mascha), Rudolf Vogel (Reiseleiter Kompert), Kurt Meisel (Mojmir), Lotte Lang (Frau Linek), Jane Tilden (Frau Fleissig), Christine Kaufmann (Doris), Edith Elmay (Elli), Ulla Moritz (Helga), Fred Liewehr (Leopold Argan), Kurt Heintel (Pfarrer von Hustopec), Ernst Nadherny (Minister a. D.), Fritz Muliar (Fasching), SENTA BERGER (eines der Mädels auf der Wiese).

Produktion: Rhombus Film. *Produktionsleitung:* Georg M. Reuther. Agfacolor. *Länge:* 105 Minuten.
Uraufführung: 2.10.1958.

Für die ausgelassene Gruppe ist der tödliche Unfall eines Freundes ein schreckliches Ereignis. Unter den Jugendlichen Senta Berger in ›Der veruntreute Himmel‹ nach Franz Werfel

KRITIK: *Fd* 40, 2.10.1958; Enno Patalas in *Filmkritik* 11/58; Margret Kämpf in *KStA*, 4.10.1958; Wa in *FR*, 13.10.1958; Mannes Kadow in *FNP*, 13.10.1958; Franziska Violet in *SZ*, 6.10.1958; vol in *Main Post*, 6.10.1958; Dr. Hans Ludwig Schulte in *Der neue Film*, 9.10.1958.

INHALT: Franz Werfel erzählt die Geschichte der böhmischen Dienstmagd und Köchin Teta Linek, die sich mit Geld einen Platz im Himmel erkaufen möchte, indem sie ihren Neffen, einen Haderlumpen und verkommenen Schwindler, studieren und Priester werden lässt. Bei Werfel sind das Prag und Slawentum, im Film Österreich und viel Color, Dirndl und Originalaudienz beim Papst.

ZUM FILM: Was in Franz Werfels Roman zu einem religiösen Drama von herber Lyrik wird, gerät unter Ernst Marischkas Regie allzu rasch in die Fänge der zum Heimatfilm tendierenden österreichischen Sentimentalität. Alles ist vereinfacht und aller Psychologie entledigt. Annie Rosar als große naive Tragödin, die alles ihrem missratenen Neffen opfert, dann grenzenlos enttäuscht wird und schließlich auf einer Wallfahrt nach Rom Erlösung und Tod findet, ist gewiss souverän.

ICH HEIRATE HERRN DIREKTOR (Österreich 1959)
Regie: Wolfgang Liebeneiner. *Drehbuch:* Wolfgang Liebeneiner, Heinrich Krackardt, nach dem gleichnamigen Roman von Heinrich Krackardt. *Regieassistenz:* Manfred Lisson. *Kamera:* Walter Partsch. *Schnitt:* Ursula Norkus. *Musik:* Heinz Neubrand. *Ausstattung:* Fritz Mögle, Heinz Ockermüller.
Darsteller: Heidelinde Weis (Brigitte), Gerhard Riedmann (Franz Bogner), Hans Söhnker (Direktor Georg Stahlmann), SENTA BERGER (Vera Pleichinger), Katharina Mayberg (Sylvia Roscol), Dorothea Neff (Frau Mahnke), Susi Nicoletti (Frau von Wittekind), Anton Mitterwurzer (Arthur Stahlmann), Adrienne Gessner (Luise Stahlmann), Gustav Knuth (Friedrich Kiesberg), Fritz Muliar (Herr Jahn), Vera Balser-Eberle (Fräulein Schickedanz), Wolfgang Jansen (Peter Prill, Reporter), Paul Hoffmann (Dr. Friedberg), Hintz Fabricius (Herr Roscoll), August Keilholz (Herr Brösecke), C. W. Fern-

bach (Herr Plaschke), Norbert Ecker (Herr Neubach), Raoul Retzer (Kellner im Hotel), Johannes Ferigo (Cheffriseur), Hertha Böhm-Wiedner (Köchin), Lothar Proksch (Metereologe), Walter Regelsberger (Fahrer der Funkstreife), Walter Lehr (1. Polizist), Franz Eichberger (2. Polizist), Anna Kerschner (1. Hausbewohner), Karl Kritel (2. Hausbewohner), Rudolf Strobl (Kommissar), Felix Czerny (Grieche), Viktor Koran (Sekretär bei Kiesberg), Otto Löwe (Standesbeamter). *Produktion:* ÖFA. *Produzent:* Richard Deutsch. Schwarzweiß. *Länge:* 97 Minuten.

Uraufführung: 5.2.1960.

KRITIK: e.h. in *Fd* 7, 11.2.1960; o. in *Volksblatt*, 6.2.1960.

INHALT: Die kleine Stenotypistin Brigitte kommt bei einem feuchtfröhlichen Faschingsfest plötzlich auf die Idee, Frau Direktor zu werden. Sie investiert ihr ganzes Tschengeld, um eine richtige Dame zu werden, wird nebenbei noch eine erfolgreiche Fotoreporterin. Doch kurz vor dem Ziel verliebt sie sich in den »Mann ihres Lebens«.

ZUM FILM: Erstaunlich lustlos inszenierter Film von Routinier Liebeneiner, der trotz guter Besetzung – vor allem in den Nebenrollen! – und einer ausbaufähigen Story hier nicht so recht bei der Sache gewesen zu sein scheint. Immerhin fiel hier erstmals ein Gesicht auf: Heidelinde Weis in der Rolle der Brigitte!

KATJA, DIE UNGEKRÖNTE KAISERIN

(BRD/Frankreich 1959)

Regie: Robert Siodmak. *Drehbuch:* Charles Spaak, nach dem Roman von Prinzessin Marthe Lucie Bibesco. *Dialoge:* Georges Neveux (französische Fassung), Hans Wilhelm (deutsche Fassung). *Regieassistenz:* Ulrich Pickardt, Guy Blanc. *Kamera:* Michael Kelber. *Schnitt:* Louisette Hautecoeur, Henri Taverna. *Musik:* Joseph Kosma. *Ausstattung:* Jean A. d'Eaubonne, Wolf Witzemann. *Kostüme:* Rosine Delamare, André Basq.

Darsteller: Romy Schneider (Katja Dolgoruke), Curd Jürgens (Zar Alexander II.), Pierre Blanchar (General Kubaroff), Antoine Balpetré (Kilbatschisch), Monique Mélinard (Zarin

Maria Alexandrowna), Françoise Brion (Sophie Perowski), Jacqueline Marbaux (Mlle Trepeau), Alain Saury (Solowiew), Michael Bouquet (Jeliabow), Bernard Dhéran (Ryssakow), Hubert Noel (Michael Dolgoruki), Gabrielle Dorziat (Leiterin des Pensionats), Yves Barsacq (Katurin), Margo Lion (Aufpasserin im Pensionat), Paul Mercey (Herbergsvater), Germaine Delbat (Kindermädchen), László Szabó (1. Student), Claude Carliez (2. Student), Georges Lycan (Gefängnisbeamter), Pierre-Jean Montcorbier (Ryssakows Onkel), Hans Unterkirchner (Paskiewitsch), Jacques Bertrand (Soldat beim Onkel), SENTA BERGER (junge Frau am Hof des Zaren), Helene Lauterböck, Egon von Jordan, Heinz Czeike, Yves Gladine, Marcel d'Orval.

INHALT: Die Jugend von Katharina der Großen, ihr Verhältnis zu Zar Alexander II., der sie, nachdem seine kränkelnde Gattin stirbt, endlich heiraten darf.

ZUM FILM: Naiver Bilderbogen mit den Lieblingsstars von einst. SENTA BERGER hat einen kurzen Auftritt beim Empfang am Hof des Zaren.

DER BRAVE SOLDAT SCHWEJK (BRD 1960)

Regie: Axel von Ambesser. *Drehbuch:* Hans Jacoby, nach dem gleichnamigen Romanzyklus von Jaroslav Hašek. *Regieassistenz:* Dr. Karl Stanzl. *Kamera:* Richard Angst. *Schnitt:* Hermann Haller, Angelica Appel. *Musik:* Bernhard Eichhorn. *Ausstattung:* Werner und Isabella Schlichting. *Kostüme:* Dr. Leo Blei.

Darsteller: Heinz Rühmann (Schwejk), Ernst Stankowski (Oberstleutnant Lukas), Franz Muxeneder (Woditschka), Hugo Gottschlich (Wachmeister Flanderka), Ursula von Borsody (Kathi), SENTA BERGER (Gretl), Erika von Thellmann (Baronin), Hans Thimig, Fritz Muliar, Fritz Imhoff, Jane Tilden, Rudolf Rhomberg, Guido Wieland, Erik Frey.

Produktion: CCC Artur Brauner. Schwarzweiß. *Länge:* 96 Minuten.

Uraufführung: 22.9.1960 Ufa Palast Köln.

Preise: Prädikat wertvoll, Preis der Deutschen Filmkritik 1960

Oberstleutnant Lukas alias Ernst Stankowski hat sich in die fesche Gretl, gespielt von Senta Berger, verguckt.

an Heinz Rühmann, Golden-Globe-Nominierung 1961. Spielfilmprämie des BMI. Bordighera 1961: Goldene Olive, Preis für den besten Darsteller (Heinz Rühmann). Universität Boston 1961: Preis für das beste Drehbuch und für die individuelle Darstellung.

KRITIK: Bas. in *Fd* 41, 3.10.1960; Theodor Kotulla in *Filmkritik* 11/60; René Drommert in *Die Zeit* Nr. 40/1960; Willy Haas in *Die Welt*, 24.9.1960; J. W. Reifenrath in *KStA*, 24.9.1960;

Karl Korn in *FAZ*, 29.9.1960; Wolfgang Ebert in *SZ*, 1.12.1960; Martin Schlappner in *NZZ*, 24.12.1960.

INHALT: »Schwejk« ist die Geschichte vom politisch indifferenten kleinen Mann, der sich immer wieder gegen die Macht der Mächtigen, gegen die nach ihm greifenden Obrigkeiten zur Wehr setzt, um sein eigenes Leben, seine eigene Existenz zu behaupten.

ZUM FILM: Die Schwejkiade des Böhmen Hašek hätte sich im bundesdeutschen Nachkriegsfilm thematisch wie formal sehr wohltuend ausgenommen, hätte man sie nicht in der inzwischen schon üblichen Verkürzung realisiert. Nicht ein Kapitel Schwejk hat Hans Jacobi hier als Drehbuch vorgelegt, sondern den ganzen Schwejk in Digest-Format, wobei der Klamauk wichtig, die geistige Doppelbödigkeit der Vorlage eher als lästig empfunden wurde. Es ist der politisch unabhängige Kleinbürger, der alle Hände voll zu tun hat, damit er sich dem Zugriff derer da oben entziehen kann. Die Kritik an Krieg und Obrigkeit ist natürlich thematisch vorgegeben und kann auch in dieser sanften Version nicht fehlen, doch ist sie so zurückgenommen und verallgemeinert, dass man niemandem wehtun kann und schon gar nicht den Ewiggestrigen, denen es nach so viel Frieden doch immer wieder in den Fingern juckt. Statt Satire gibt es Klamotte, statt Ironie herrscht der sanfte Schabernack vor.

Geschichte aus dem Ersten Weltkrieg, die ohne jede Schärfe und ohne Verbindlichkeit für uns Heutige brav mit rühmannscher Selbstgefälligkeit zum Besten gegeben wird. Übrigens hat Wolfgang Liebeneiner mit seiner Fortsetzung von 1963 – Peter Alexander spielte überraschend gut den Sohn des berühmten Schwejk – einen viel überzeugenderen, unterhaltsamen Film gedreht.

THE SECRET WAYS / GEHEIME WEGE (USA 1960)
Regie: Phil Karlson. *Drehbuch:* Jean Hazlewood, nach dem Roman JENSEITS DER GRENZE von Alistair MacLean. *Kamera:* Max Greene. *Schnitt:* Aaron Stell. *Musik:* Johnny Williams. *Darsteller:* Richard Widmark (Michael Reynolds), Sonja Zie-

mann (Julia Jansci), Charles Regnier (der Graf), Walter Rilla (Professor Jansci), Howard Vernon (Colonel Hidas), Senta Berger (Elsa), Hubert von Meyerinck (Hermann Scheffler), Heinz Moog (Minister Sakenov), Oskar Wegrostek (der fette Mann), Stefan Schnabel (Grenzbeamter), Elisabeth Neumann-Viertel (Olga), Helmuth Janatsch (Janos), John Horsley (Jan Bainbridge), Walter Wolz (Peter), Raoul Retzer (Sonderagent), Georg Kövary (Fremdsprachenprofessor), Adi Berber (Sandor), Jochen Brockmann (der Kommandant), Brigitte Brunmüller (Kellnerin), Reinhard Kolldehoff, Rudolf Rösner (die Gehilfen des Grafen).

Produktion: Heath Production – Film Four International in association with British Screen für Universal. *Produzent:* Richard Widmark. *Koproduzent:* Ewan Lloyd. Schwarzweiß. *Länge:* 110 Minuten.
Uraufführung: 31.8.1961.

Richard Widmark war Produzent und Star in dem Agentenfilm ›Geheime Wege‹. Hier an der Seite von Senta Berger

KRITIK: e.h. in *Fd* 37, 6.9.1961; Dietrich Kuhlbrodt in *Film-kritik* 10/61; *Der Spiegel* 39/1961; Heinz Gatermann in *KStA*, 2.9.1961; Franziska Violet in *SZ*, 5.9.1961.

INHALT: Ein für private Auftraggeber arbeitender US-Abenteurer soll einen ungarischen Widerständler durch den Eisernen Vorhang in den Westen bringen.

ZUM FILM: Hand in Hand mit Ex-Schwarzwaldmädel Sonja Ziemann flieht Richard Widmark vor Kadars düpierten Untermenschen, die allesamt einem Eddie-Constantine-Film entstammen könnten, aus einem Zuchthaus und ausführlich durch ein als Budapest figurierendes nächtliches Wien, das – nicht zum Vorteil des Widmark-Films – an DER DRITTE MANN erinnert. Das Drehbuch schrieb Widmarks Ehefrau Jean, produziert wurde der Film von Widmarks eigener Firma.

O SOLE MIO (BRD 1960)

Arbeitstitel: SCHLAGERBUMMEL

Regie: Paul Martin. *Drehbuch:* Gustav Kampendonk, Paul Martin. *Regieassistenz:* Maria von Frisch. *Kamera:* Richard Angst. *Schnitt:* Jutta Hering. *Musik:* Gert Wilden. *Ausstattung:* Helmut Nentwig. *Kostüme:* Ilse Nentwig.

Darsteller: SENTA BERGER (Madeleine), Jerome Courtland (Teddy Hill), Gunther Philipp (Albekian), Angèle Durand (Helene La Porta), Trude Herr (Frau Wellmax), Rex Gildo (Rexy), Gerold Wanke (Jonny), Jean Thomé (Jean), Zizi Rascos (Zizi), Tommy Kent (Tommy), Mady Rahl (Babsi), Vico Torriani (Thomas), Rainer Bertram (er selbst), Jan und Kjeld (sie selbst), Bobbejaan, Ivo Robic, Leo Leandros und die Orchester Billy Longstreet's Jazzband, Paul-Kuhn-Ensemble, Rias-Tanzorchester.

Produktion: Alfa für Gloria. *Produzent:* Artur Brauner. Eastmancolor. *Länge:* 86 Minuten.

Uraufführung: 23.12.1960.

KRITIK: J-t in in *Fd* 2, 4.1.1961.

INHALT: Deutsche Musiktruppe spielt gerne in Luxushotels und möchte ein erfolgreiches Tanzorchester ausstechen. Im Mittelpunkt steht ein armenischer Ölmagnat, der die Fäden

Der Millionär Albekian alias Gunther Philipp ist dumm dran, als ihn seine Braut versetzt. Doch rechtzeitig ist Madeleine alias Senta Berger zur Stelle und ersetzt sie völlig. Szene aus ›O Sole Mio‹

dann für alle in die richtige Richtung zieht. Gunther Philipp mimt dabei den Armenier, Trude Herr die wohlbeleibte Managerin der Starsängerin.

ZUM FILM: Nach dem Erfolg des Schlagerfilms MARINA versucht man das Genre mit einer Billigsthandlung und ein bisschen Exotik-Touch (Riviera!) am »Kochen« zu halten. Doch das Ganze ist zu ärmlich und klamottig angelegt. Erstmals spielt SENTA BERGER eine wirkliche Hauptrolle, doch erst über das amerikanische Kino wird sie wirklich Karriere machen.

JUNGE LEUTE BRAUCHEN LIEBE (Österreich 1961)
Regie/Drehbuch: Geza von Cziffra. *Regieassistenz:* Lothar Gündisch. *Kamera:* Willi Winterstein, Hans Jura. *Schnitt:* Arnd Heyne. *Musik:* Johannes Fehring. *Choreographie:* Willi Dirtl. *Ausstattung:* Fritz Jüptner-Jonstorff, Alexander Sawczynski.

Darsteller: Conny Froboess (Annie Becker), Johannes Heesters (Charles Fürst), Waltraut Haas (Barbara Hagen), Peter Weck (Axel Enders), Bill Ramsey (Bill), SENTA BERGER (Madeleine Talbot), Katharina Mayberg (Fatme), Hubert von Meyerinck (Monsieur Terrier), Sieglinde Thomas (Inge, Annies Freundin), Frithjof Vierock (Fritzchen), Gerda Marko (Herta, Mannequin), Liliane Kubes (Doris, Mannequin), Hedda Egerer (Anita, Mannequin), Hilde Jäger (Garderobiere), Wolf Neuber (1. Polizist), Rudolf Brix (2. Polizist), Edwin Englisch (Oberkellner), Elisabeth Epp (Gräfin Hohenfels), Auguste Ripper (Frau Generaldirektor), Elisabeth Stiepl (Polizistin), Boy Gobert (Pierre Papillon jr.).

Produktion: Sascha Film. *Produzent:* Dr. Herbert Gruber. Agfa-Gevaertcolor. *Länge:* 90 Minuten.

Uraufführung: 18.5.1961.

KRITIK: C. M. in *Fd* 23, 31.5.1961.

INHALT: Kleine Näherin aus dem Wiener Modesalon verliebt sich bis über beide Ohren in ihren Chef, kriegt aber am Ende doch den braven Bar-Trompeter.

ZUM FILM: Ein wenig Wiener Charme, ein bisschen Erotik, ein bisschen Witz, just, so wie man es von Geza von Cziffra erwartet. Schade für Johannes Heesters und das lustvolle Team um ihn herum.

EINE HÜBSCHER ALS DIE ANDERE (BRD 1961)
Regie: Axel von Ambesser. *Drehbuch:* Aldo von Pinelli, Gustav Kampendonk, Dieter Hildebrandt, nach einer Idee von Aldo von Pinelli. *Regieassistenz:* Lucie Berndsen. *Kamera:* Igor Oberberg. *Schnitt:* Heinz Haber. *Musik:* Werner Scharfenberger. *Ausstattung:* Peter Röhrig, Eva-Maria Schröder. *Kostüme:* Helga Billian. *Choreographie:* Franz Baur-Pantalier.

Darsteller: Heidi Brühl (Gaby), Peter Nestler (Pitt Seeberg), Gustav Knuth (Seeberg sen.), Rudolf Platte (Franz Kullmann), Peter Vogel (Moritz Schröder), Karl Schönböck (Edgar), Christiane Maybach (Dorothee), Christiane Nielsen (Eva Walltenstein), Renate Grosser (Beate), SENTA BERGER (Lilly Haase), Willi Rose (Werkmeister Nitsche), Ralf Wolter (Straßenkehrer), Joe Herbst, Erland Erlandsen, Christine Wagner.

Christiane Maybach, Senta Berger und Christiane Nielsen in Axel von Ambessers ›Eine hübscher als die andere‹

Produktion: Melodie-Film der UFA. *Produzent:* Dr. Hans-Otto Schröder. Agfacolor. *Länge:* 90 Minuten. *Uraufführung:* 19.5.1961.
KRITIK: -ng in *Main Post*, 3.3.1961; Ger in *FNP*, 10.3.1961.
INHALT: Von einem Schwarm junger Mädchen – eine hübscher als die andere – ist Pitt Seeberg, von Beruf Sohn eines reichen Vaters, umlagert. Als er die junge Modezeichnerin Gaby kennen lernt, wird – wenn auch erst nach einigen Verwechslungen – aus dem Playboy deutscher Prägung ein solider Ehemann.
ZUM FILM: Der nette, anspruchslose Unterhaltungsfilm unter der Regie Axel von Ambessers bringt eine Anzahl der neuesten Schlager Heidi Brühls.

DAS WUNDER DES MALACHIAS (BRD 1961)
Regie: Bernhard Wicki. *Drehbuch:* Heinz Pauck, Bernhard Wicki, nach dem gleichnamigen Roman von Bruce Marshall. *Regieassistenz:* Holger Lussmann, Gusti Brünjes-Goldschwend. *Kamera:* Klaus von Rautenfeld, Gerd von Bonin. *Schnitt:* Carl Otto Bartning. *Musik:* Hans-Martin Majewski. *Ausstattung:* Otto Pischinger, Ernst Schomer.
Darsteller: Richard Münch (Dr. Erwin Glass), Horst Bollmann (Pater Malachias), Christiane Nielsen (Helga Glass), Günter Pfitzmann (Rudolf Reuschel), Brigitte Grothum (Gussy), Karin Hübner (Nelly Moorbach), SENTA BERGER (Yvonne Krüger), Pinkas Braun (Christian Krüger), Kurt Ehrhardt (Bischof Reuschel), Kurt Lauermann (Kanonikus Kleinrath), Günther Strack (Kaplan Merz), Ludwig Thiesen (Kaplan Heidenreich), Romuald Pekny (Legat), Paul Edwin Roth (Sekretär des Bischofs), Charlotte Kerr (Dr. Renate Kellinghusen), Wilhelm Fueter (Verleger Franke), Hermann Hartmann (Barbesitzer Reisguss), Wolfgang Spier (Herr Lettmann), Hans Helmut Dickow (Herr Specht), Emmy Burg (Blumenfrau) sowie Sigrid von Richthofen, Renate Schacht, Maria Sperr-Carlsson, Ellen Umlauf, Maria Kran, Peter Frank, Willi Maertens, Karl Pempelfort, Joachim Teege, Walter Buschoff, Hans Hinrich, Kurt Habernoll, Joachim Klein,

Mit Richard Münch in ›Das Wunder des Malachias‹

Walter Gnilka, Günther Graewert, Dieter Meissner, Riedel Voigt, Hansjörg Uzerath, Loriot.
Produktion: Deutsche Film Hansa. *Produzent:* Otto Meissner. Schwarzweiß. *Länge:* 127 Minuten; später gekürzt auf 122 Minuten (August 1961), 88 Minuten (1965).
Uraufführung: 3.7.1961 Internationale Filmfestspiele Berlin. *Kinostart:* 5.7.1961.
Preise: Prädikat wertvoll. Berlinale 1961: Regiepreis für Bernhard Wicki, Bundesfilmpreis 1962: Filmband in Silber (3. Preis), Filmband in Gold für besten Hauptdarsteller Richard Münch, Filmband in Gold für beste Ausstattung (Otto Pischinger, Ernst Schomer).
KRITIK: H-nn in *Fd* 29, 12.7.1961; Reinhold E. Thiel in *Filmkritik* 8/61; *Der Spiegel* 29/1961; Hans-Dieter Roos in *KStA*,

4.3.1961; stock in *Die Zeit* Nr. 28, 19.1961; Th. St. in *Welt am Sonntag*, 6.11.1960; *StZ*, 22.6.1962. Hans-Dieter Roos in *SZ*, 5.7.1961; Martin Ruppert in *FAZ*, 5.7.1961; Friedrich Luft in *Die Welt*, 5.7.1961; Ilse Urbach in *Deutsche Zeitung*, 5.7.1961; K. Nf. in *Der Tagesspiegel*, 5.7.1961; Dietmar Schmidt in *epd – Kirche und Film* Nr. 8, August 1961; Martin Schlappner in *NZZ*, 8.9.1961; Rochus Spieker in *Deutsche Zeitung*, 31.8.1961; J. Schmitz in *FAZ*, 16.7.1962.

INHALT: Das inbrünstige Gebet eines kleinen, bescheidenen Paters bewirkt ein kleines moralisches Wunder: Eine Tanzbar von üblem Ruf wird aus ihrer gewohnten Umgebung gelöst und wie von Geisterhänden durch die Lüfte getragen. Sie landet mit all ihrem Personal und den Besuchern auf einer Insel mitten im Meer. Was, so fragt der Film, würde geschehen, wenn ein solches Wunder wirklich geschähe? Nichts, ist die Antwort, alles würde beim Alten bleiben. Die Zauberei hilft nur den Geschäftstüchtigen, die machen ihren Reibach.

ZUM FILM: Bernhard Wicki hat Bruce Marshalls schottische Kleinstadt-Satire in eine westdeutsche Großstadt mitten ins Ruhrgebiet versetzt. Hier nun obsiegt das knallharte Geschäft, der grelle Wirbel, die Hysterie um die Wunder. Effektvoll und lautstark dröhnt diese Welt, in der jeder Funke von Humor zum Sarkasmus gefriert. Aufregend auch die Musik von Hans Martin Majewski: knapp, staccatohaft, vom fast Lautlosen zum Dröhnen anschwellend, unterstreicht sie die symphonische Dramaturgie von Wickis Inszenierung.

IMMER ÄRGER MIT DEM BETT (BRD 1961)

Arbeitstitel: MEINE FRAU DAS CALLGIRL

Regie: Rudolf Schündler. *Drehbuch:* Janne Furch und Stefan Gommermann, nach einer Idee von Stefan Gommermann. *Regieassistenz:* Eva-Ruth Ebner. *Kamera:* Siegfried Hold. *Schnitt:* Waltraud Wischniewsky. *Musik:* Dr. Gerhard Becker. *Ausstattung:* Paul Markwitz, Wilhelm Vorwerg. *Kostüme:* Vera Mügge.

Darsteller: SENTA BERGER (Rosemarie Schulze), Günter Pfitzmann (Peter Schulze), Trude Herr (Erna Meyer), Rudolf

Platte (Otto Schwarz, Tischlermeister), Wolfgang Neuss (Gabriel Ernst, Bildhauer), Ralf Wolter (Meister), Walter Groß (Abgeordneter Windmacher), Leon Askin (Luigi Papagallo), Ida Boros (Madame Kovacz), Edith Elmay (Baby), Werner Stock (Erwin Krollmann, Kriminalassistent), Kurt Pratsch-Kaufmann (Kriminalbeamter Fleck), Bruno W. Pantel (Kriminalbeamter Berger), Kurt Waitzmann (Kriminalbeamter Stauber), Gerhard Hartig (Jonny), Werner Buttler (Wachtmeister Schmidt), Hans W. Hamacher (Kriminaldirektor Lessing), Klaus Dahlen (Gigolo), Roland Kaiser (Lehrjunge Kalle), Renate Ewert (Frau Peken).

Produktion: Alfa Film. *Produzent:* Artur Brauner. Schwarzweiß. *Länge:* 88 Minuten.

Uraufführung: 1.7.1961 Internationale Filmfestspiele Berlin. *Kinostart:* 11.8.1961.

KRITIK: Franz Everschor in *Fd* 35, 23.8.1961; pg- in *Main Post*, 12.8.1961.

INHALT: Schuldlos wird die Frau eines Inspektors der Sittenpolizei in einen Callgirl-Ring verwickelt und es kommt zum Ehekrach. Erst als Frau Inspektor, unterstützt von ihrer resoluten Putzfrau Erna, die Aufklärung des Falls selbst in die Hand nimmt, fliegt der Callgirl-Ring auf.

ZUM FILM: »Rudolf Schündler inszenierte dieses Krimi-Lustspiel mit bekannten Stars und beliebten Schlagern sowie zahllosen, wenn auch platten Anzüglichkeiten auf das deutsche Wirtschaftswunder.« (pg-)

ADIEU, LEBEWOHL, GOODBYE (BRD 1961)

Arbeitstitel: BABYSITTER BOOGIE

Regie: Paul Martin. *Drehbuch:* Gustav Kampendonk, nach einer Idee von Gustav Kampendonk und Paul Martin. *Regieassistenz:* Maria von Frisch. *Kamera:* Ernst Wilhelm Kalinke, Hans Schneeberger. *Schnitt:* Jutta Hering. *Musik:* Gert Wilden. *Ausstattung:* Paul Markwitz, Emil Vorwerg. *Kostüme:* Manon Hahn.

Darsteller: Bibi Johns (Eva Moretti, Sängerin), SENTA BERGER (Gaby), Michael Cramer (Ralph Martell, Reporter), Ru-

In ›Adieu, Lebewohl, Goodbye‹ flirtet der Polizist (Don Jaime de Mora y Aragon), obwohl er bald heiraten wird, mit Senta Berger.

dolf Platte (Carlo Gualdi, Carlos Großvater), Georg Thomalla (Luciano Moretti, Carlos Vater), Marietto (Carlo), Trude Herr (Tilli Adler), Bill Ramsey (Fiorelli), Don Jaime de Mora y Aragon (Bertolli, Polizeihauptmann), Gerhard Hartig (Rossi, Gabys Vater), Kurt Pratsch-Kaufmann (Polizist), Ralf Wolter (Pietro). Es singen: Ralph Bendix, Gus Backus, Ping-Ping, Reni und Chris, Nini Zaha, Mariona, Gisela Krauss, Katja Lindenberg, Gert Böttcher. Es tanzen: Die Tiller Girls, London; William Milié.

Produktion: Alfa Film. *Produzent:* Artur Brauner. Eastmancolor. *Länge:* 100 Minuten.

Uraufführung: 29.8.1961 Gloria-Palast München.

KRITIK: M. in *Fd* 38, 13.9.1961.

INHALT: »Marietto, das bezaubernd natürliche und temperamentvolle italienische Filmkind, muss in dieser Schlagerparade Mädchenkleider und damit ein ähnliches Schicksal tragen wie seine großen Kollegen Sima und Alexander, denen der deutsche Filmhumor in die Quere gekommen ist. Um ihn herum die ›Handlung‹ eines Musik-Lustspiels, die von den Bundesrepublikanern mit deren weltbekanntem ›Scharm‹ serviert wird. Kindesmisshandlung, die leider nicht verboten ist.« (udo)

ES MUSS NICHT IMMER KAVIAR SEIN
(BRD/Frankreich 1961)
Regie: Geza von Radvanyi. *Drehbuch:* Paul Andreota, Jean Ferry, Henri Jeanson, nach dem Roman von Johannes Mario Simmel. *Kamera:* Friedl Behn-Grund, Göran Strindberg (begonnen). *Schnitt:* Walter Wischniewsky. *Musik:* Rolf Wilhelm. *Ausstattung:* Otto Pischinger, Herta Hareiter. *Kostüme:* Claudia Herberg.
Darsteller: O. W. Fischer (Thomas Lieven), Eva Bartok (Vera), SENTA BERGER (Françoise), Jean Richard (Siméon), Geneviève Cluny (Mimi), Victor de Kowa (Loos), Geneviève Kervine (Nancy), Werner Peters (Zumbusch), Fritz Tillmann (General von Felseneck), Peter Carsten (Bastian), Karl Schönböck (Lovejoy), Wolfgang Reichmann (Hofbauer), Karl John (Debras), Hans W. Hamacher (Kommissar), Günter Meisner (Redner Meetingsaal).
Produktion: CCC Artur Brauner/Comptoir d'Expansion Cinematografique Paris. Schwarzweiß. *Länge:* 106 Minuten.
Uraufführung: 18.10.1961 (Hannover Weltspiele).
KRITIK: K. B. in *Fd* 44 vom 25.10.1961; Franziska Violet in *SZ*, 6.11.1961; Kurt Weinhold in *KStA*, 2.12.1961; CvH in *FNP*, 9.12.1961.
INHALT: Ein britischer Bürger sieht sich bei Ausbruch des Zweiten Weltkriegs nacheinander von den Geheimdiensten Deutschlands, Englands und Frankreichs als »umgedrehter« Spion behandelt. Auf Derartiges weder versessen noch gefasst erlebt er sein erstes Agentenabenteuer in einem Hotel in Paris, wo er als Zimmerkellner gilt, sein zweites unter deutschen Soldaten, die in ihm einen allmächtigen Gestapomann

sehen. Er nutzt die Situation aus, indem er unter anderem mit einer hübschen Diebin schläft, der er anschließend zur Freiheit verhilft.

ZUM FILM: »Ein Lustspielstoff für Eddie Constantine, hier zur O.-W.-Komödie erhoben. Selten eine Kameraeinstellung, deren Nutznießer nicht ausschließlich Fischer selbst wäre. Radvanyi (zeitweise durch einen Unfall behindert) inszenierte auf halbem Schwankniveau.« (K. B.)

DIESMAL MUSS ES KAVIAR SEIN (BRD/Frankreich 1961) *Regie:* Geza von Radvanyi. *Drehbuch:* Henri Jeanson, Paul Andreotta, Jean Ferry, nach dem Roman von Johannes Mario Simmel. *Kamera:* Friedel Behn-Grund. *Schnitt:* Walter Wischniewsky. *Musik:* Rolf Wilhelm. *Ausstattung:* Otto Pischinger, Herta Hareiter. *Kostüme:* Claudia Herberg.
Darsteller: O. W. Fischer (Thomas Lieven), Eva Bartok (Vera), Senta Berger (Françoise), Jean Richard (Siméon), Geneviève Cuny (Mimi), Victor de Kowa (Loos), Geneviève Kervine (Nancy), Werner Peters (Zumbusch), Fritz Tillmann (General von Felseneck), Peter Carsten (Bastian), Karl Schönböck (Lovejoy), Wolfgang Reichmann (Hofbauer), Karl John (Major Debras), Hans W. Hamacher (Kommissar), Günter Meisner (Redner Meetingsaal).
Produktion: CCC Artur Brauner/Comptoir d'Expansion Cinematographique Paris. Schwarzweiß. *Länge:* 99 Minuten. Einteilige französische Fassung: 108 Minuten.
Uraufführung: 28.11.1961.
KRITIK: G. H. in *Fd* 50, 6.12.1961; Kurt Weinhold in *KStA*, 23.12.1961.
INHALT: »Die Abenteuerchen des Spions wider Willen nehmen ihren scherzhaften Fortgang. Ernster Hintergrund sind die Weltkriegsjahre ab 1940. Drei längere Episoden ragen hervor. In der ersten ist Fischer britischer Rekrut in Gibraltar, wobei er seiner Heimatbraut begegnet. Die zweite Episode sieht ihn als Liebhaber und Sträfling in Lissabon. In der dritten, die er als SS-Führer durcheilt, befreit er sein Mädchen aus dem Gestapogefängnis in Paris. Am Ende dann, unter-

Zwei auf der Flucht: Tom Lieven (O. W. Fischer) und Françoise (Senta Berger) in ›Diesmal muß es Kaviar sein‹

wegs in die USA, sieht sich der Meisteragent von einem russischen U-Boot ›beschlagnahmt‹.« (*Fd*)

ZUM FILM: »Oft wird dabei die blutige Geschichte jener Zeit allzu bedenkenlos in Schwankeffekte umgemünzt. Bis auf wenige Einfälle (die Szenen im Schlauchboot) speist man den Filmfreund mit einer nichts sagend albernen Art Komik in Handlung und Darstellung ab.« (*Fd*)

RAMONA (BRD 1961)

Regie: Paul Martin. *Drehbuch:* Gustav Kampendonk. *Regieassistenz:* Maria von Frisch. *Kamera:* Richard Angst. *Schnitt:* Jutta Hering. *Musik:* Gert Wilden. *Choreographie:*

Tutte Lemkow. *Ausstattung:* Paul Markwitz, Emil Vorwerg. *Kostüme:* Vera Mügge.

Darsteller: SENTA BERGER (Yvonne, eine Schauspielerin), Joachim Hansen (Regisseur Steinberg), Ruth Stephan (Reporterin Ellinor), Georg Thomalla (Pressechef Tom Kroll), Judith Dornys (Ramona), Edith Schollwer (Hedwig), Loni Heuser (Theaterdirektorin Nannen), Ralf Wolter (Delon), Willy Hagara (Sänger Montez), Gerold Wanke (Pepe), Roland Kaiser (Regieassistent) sowie Blue Diamonds, Jan und Kjeld, Jimmy Makulis, Peggy Brown, das Jochen-Brauer-Sextett.

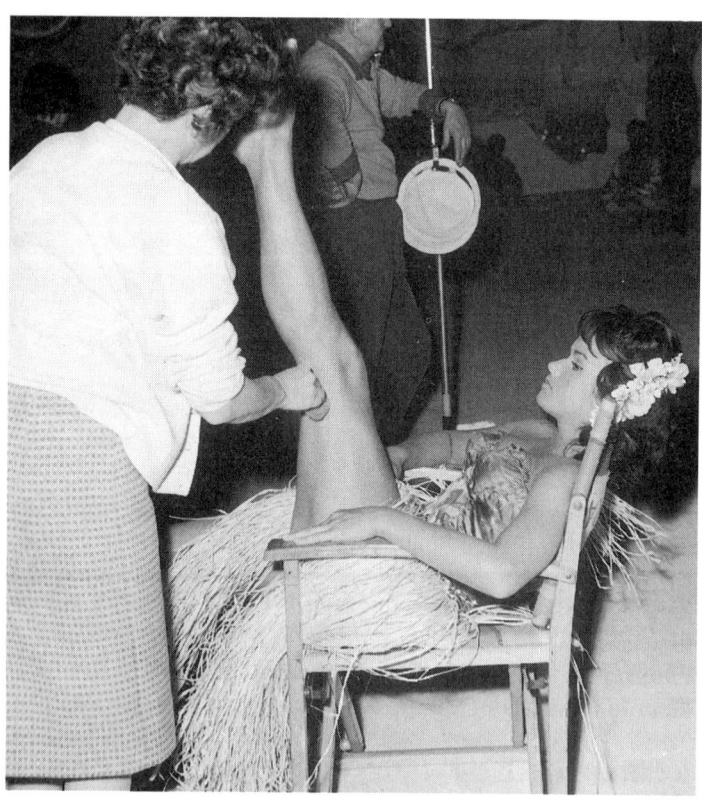

Senta Berger wird auf ihre Rolle vorbereitet: Als rassige Südseeinsulanerin muss sie natürlich die nötige braune Farbe auf der Haut haben. Arbeitsfoto vom Set von Paul Martins ›Ramona‹

Produktion: Alfa Film. *Produzent:* Artur Brauner. Eastmancolor. *Länge:* 103 Minuten.

Uraufführung: 21.12.1961.

KRITIK: Franz Everschor in *Fd* 1, 3.1.1962.

INHALT: »Auf einer Südseeinsel soll ein exotisch schöner schwarzer Star engagiert werden, doch in Berlin angekommen, erweist sich die junge Dame als unecht. Als die Echte auftaucht, hat die andere bereits für Furore gesorgt … « (Ev.)

ZUM FILM: »Dies ist ein ›deutscher‹ Film. Als solcher müht sich nicht nur Georg Thomalla als vermeintlicher Komiker, sondern auch panierte Regenwürmer und ein ausgestopftes Krokodil als Requisiten der Heiterkeit. Zwischenzeitlich spuhlen sich so genannte Schlager ab, die von Beinen, Frauen, Hafen und Ferne singen. In den Pausen gibt es das, was deutsche Autoren unter Handlung verstehen …« (Ev.)

SENTA BERGER hat es offensichtlich Spaß gemacht, das falsche Südseemädchen in einem der üblich dürftigen deutschen Musik-Lustspiele zu spielen und sie entzieht sich der Sache mit Charme und Augenzwinkern.

DAS GEHEIMNIS DER SCHWARZEN KOFFER
(BRD 1962)

Arbeitstitel: EIN TOTER PACKT DIE KOFFER, DAS SCHLOSS DES GRAUENS, DAS SCHLOSS DES SCHRECKENS

Regie: Werner Klingler. *Drehbuch:* Percy Allan, nach dem Roman DEATH PACKS A SUITCASE von Bryan Edgar Wallace. *Regieassistenz:* Eberhard von Richthofen. *Kamera:* Richard Angst. *Schnitt:* Walter Wischniewsky. *Musik:* Gert Wilden. *Ausstattung:* Paul Markwitz, Wilhelm Vorwerg. *Kostüme:* Vera Mügge.

Darsteller: Joachim Hansen (Robert Finch, Inspektor), SENTA BERGER (Susan Brown), Hans Reiser (Humphrey Curtis, Schriftsteller), Leonard Steckel (Dr. Daniel Bransby, Arzt), Peter Carsten (Ponko, ein Bettler), Chris Howland (Arnold Wickerley), Helga Sommerfeld (Lissy, Sängerin), Stanislav Ledinek (Kudernacz), Elfriede Irral (Diana), Gerhard Hartig

(Mr. Forester), Kurt Waitzmann (Geschäftsführer der Soho Bar), Harry Tagore (Beach), Heinrich Gies (Ellison, Chefinspektor), Hans W. Hamacher (Cannings, Sergeant).
Produktion: CCC Artur Brauner. *Länge:* 85 Minuten.
Uraufführung: 23.2.1962.
KRITIK: J-t in *Fd* 10, 7.3.1962; he in *KStA*, 17.3.1962.
INHALT: »Mehrmals flitzt ein Wurfmesser aus dem Hinterhalt. Kurz zuvor waren die Koffer des Ermordeten von Geisterhand gepackt worden. Rauschgiftschmuggel ist des Rätsels Lösung. Ein süchtiger Kriminal-Wissenschaftler scheiterte als FBI-Agent in den USA an einer Rauschgift-Organisation. Aus Rache beseitigt er zusammen mit einem ebenfalls süchtig-rachesüchtigen Bettler die Zwischenhändler. Seine Schwester sucht als Arztassistentin in London nach ihrem verschollenen Bruder. Über sie und den Arzt führt die Spur des unverdrossenen Scotland-Yard-Inspektors ins SCHLOSS DES GRAUENS – wie das vielfach umgetitelte Objekt auch einmal heißen sollte. Dort gibt es eine Kapelle mit Orgel, unterirdische Gänge, ein Turmverlies und ein total modernes Giftlaboratorium.« (j-t)

FRAUENARZT DR. SIBELIUS (BRD 1962)
Arbeitstitel: FRAUENARZT DR. MÖBIUS, FRAUENARZT DR. SARTORIUS
Regie: Rudolf Jugert. *Drehbuch:* Janne Furch und Sigmund Bendkower, nach einer Idee von Artur Brauner. *Regieassistenz:* Helmuth Kirchammer. *Kamera:* Karl Schröder. *Schnitt:* Walter Wischniewsky. *Musik:* Raimund Rosenberger. *Ausstattung:* Paul Markwitz.
Darsteller: Lex Barker (Dr. Georg Sibelius), Barbara Rütting (Sabine Hellmann), SENTA BERGER (Elisabeth Sibelius), Anita Höfer (Susanne, Sabines Schwester), Loni Heuser (Frau Golling), Sabine Bethmann (Schwester Irene), Harry Meyen (Dr. Möllendorf), Rudolf Platte (Briefträger Berger), Ann Savo (Gitta Hansen), Elisabeth Flickenschildt (Helene Sebald), Berta Drews (Babette, Haushälterin), Hans Nielsen (Dr. Reinhardt, Anwalt).

›Frauenarzt Dr. Sibelius‹ zeigt Senta Berger als Elisabeth und Lex Barker als ihren Mann, Dr. Georg Sibelius.

Produktion: Alfa Film. *Produzent:* Artur Brauner. Schwarzweiß. *Länge:* 98 Minuten.
Uraufführung: 22.6.1962.
KRITIK: Wilhelm Bettecken in *Fd* 27, 4.7.1962.
INHALT: Dr. Sibelius ist ein erfolgreicher Frauenarzt, der ganz glücklich sein könnte, wenn nicht seine Frau Elisabeth so krankhaft eifersüchtig wäre. Diese Eifersucht steigert sich, als sie die gemeinsame Freundin Sabine als Konkurrentin empfindet. Doch Sabine ist todkrank …
ZUM FILM: Alle Klischees des deutschen Arzt- und Krankenhausfilms sowie der beliebten Ehe-Krise-Geschichten sind hier zu einem Konglomerat verwickelt, an dem auch

Schauspieler wie Barbara Rütting, SENTA BERGER, Rudolf
Platte und die beiden großen Damen Drews und Flickenschildt nichts ändern können.

DAS TESTAMENT DES DR. MABUSE (BRD 1962)

Regie: Werner Klingler. *Drehbuch:* Ladislas Fodor, Robert
Adolf Stemmle, Norbert Jacques, nach einem Drehbuch von
Thea von Harbou. *Regieassistenz:* Carl von Barany. *Kamera:*
Albert Benitz. *Schnitt:* Walter Wischniewsky. *Musik:* Raimund
Rosenberger. *Ausstattung:* Helmut Nentwig, Paul Markwitz.
Kostüme: Vera Mügge.

Johnny Briggs und seine Braut geraten in die Hände von Gangstern:
Senta Berger und Helmut Schmid in ›Das Testament des Dr. Mabuse‹

Darsteller: Gert Fröbe (Kommissar Lohmann), SENTA BERGER (Nelly), Helmut Schmid (Johnny Briggs), Charles Regnier (Mortimer), Wolfgang Preiss (Dr. Mabuse), Walter Rilla (Professor Polland), Harald Juhnke (Kriminalassistent Krüger), Leon Askin (Flocke), Ann Savo (Wackel-Heidi), Claus Tinney (Jack), Zeev Berlinski (Gulliver), Albert Bessler (Paragraphen-Joe), Arthur Schilski (Toni), Alan Dijon (Rolf), Alon Armand (Franky), Rolf Eden (Eddie).

Produktion: CCC Artur Brauner. Schwarzweiß. *Länge:* 88 Minuten.

Uraufführung: 7.9.1962.

KRITIK: Bas. in *Fd* 38, 19.9.1962; Dietrich Kuhlbrodt in *Filmkritik* 11/62; S. W. in *FAZ*, 8.9.1962; Heinz Gatermann in *KStA*, 15.9.1962.

INHALT: Werner Klingers Film, die vierte Folge der Nachkriegs-Mabuse-Reihe, unterscheidet sich von den Vorgängern erst mal dadurch, dass Ladislas Fodor und R. A. Stemmle sich wirklich auf den Fritz-Lang-/Thea-von-Harbou-Film von 1932 beziehen. Sie verwenden die alten Motive des mit Hypnose und magischen Augen arbeitenden Superverbrechers. Die Bande, die sich nicht mit kleinen Fischen abgibt, steht im Bann des geheimnisvollen Doktors. Wenn nicht Kommissar Lohmann ins moderne Folterlabor mit angegliederter Irrenanstalt vorgedrungen wäre, hätte alles ganz böse ausgehen können.

ZUM FILM: Klinger hat das routiniert abgedreht, mit einer Reihe guter Schauspieler. Als spannender Film mit überraschenden Action-Einfällen ist es pure Unterhaltung. Das hat zwar mit dem Mabuse-Thema nichts mehr zu tun, aber als Unterhaltung liegt es über dem Durchschnitt.

SHERLOCK HOLMES: LA VALLE DEL TERRORE /
SHERLOCK HOLMES UND DAS HALSBAND DES TODES
(BRD/Frankreich/Italien 1962)

Regie: Terence Fisher. *Drehbuch:* Curt Siodmak, nach den Romanfiguren von Sir Arthur Conan Doyle. *Regieassistenz:* Frank Winterstein. *Kamera:* Richard Angst. *Schnitt:* Ira Ober-

Senta Berger und Ivan Desny in ›Sherlock Holmes und das Halsband des Todes‹

berg. *Musik:* Martin Slavin. *Ausstattung:* Paul Markwitz. *Kostüme:* Vera Mügge.

Darsteller: Christopher Lee (Sherlock Holmes), SENTA BERGER (Ellen Blackburn), Hans Söhnker (Professor Moriarty), Hans Nielsen (Inspektor Cooper), Thorley Walters (Dr. Watson), Ivan Desny (Paul Kling), Leon Askin (Chauffeur Charles), Wolfgang Lukschy (Peter Blackburn), Edith Schultze-Westrum (Mrs. Hudson), Bernard Lajarrige (Polizeiinspektor French), Linda Sini (ein leichtes Mädchen), Bruno W. Pantel (Williams, Auktionator), Heinrich Gies (Amerikaner), Roland Armontel (Doktor), Max Straßberg (Johnny), Danielle Argence (Bibliothekarin), Corrado Anicelli (Samuels), Franco Giacobini (Jenkins), Waldemar Frahm (Butler), Renate

Hütter (Kellnerin), Kurt Hain (Postbeamter), Pierre Gualdi (Wirt).

Produktion: CCC Artur Brauner Berlin, Critérion Film Paris, Incei Film Rom, CCC Films London. Schwarzweiß. *Länge:* 87 Minuten.

Uraufführung: 30.11.1962 (Paris: 20.5.1964).

KRITIK: O. T. in *FAZ*, 30.11.1962; HM in *ÖVZ*, 14.12.1962.

INHALT: Um ein Halsband der Cleopatra und allerlei Verbrechen, die seinetwegen verübt wurden, geht es in diesem Sherlock-Holmes-Abenteuer.

ZUM FILM: Der berühmteste aller Romandetektive wirkt freilich ein wenig altmodisch, und das nicht nur dann, wenn er im Radmantel und mit karierter Reisekappe den Verbrechern beizukommen sucht. Wie er ohne die neumodischen Schlägereien seine Gegner zur Strecke bringt, ergibt zwar wenig Aufregung, aber manche Spannung, sozusagen einen gemütlichen Krimi.

THE WALTZ KING / LIEBE IM ³/₄-TAKT (USA 1963)

Regie: Steve Previn. *Drehbuch:* Maurice Tompragel, Fritz Eckhardt. *Kamera:* Günther Anders. *Musik:* Helmuth Froschauer, Johann Strauß, Jacques Offenbach.

Darsteller: Kerwin Mathews (Johann Strauß jr.), SENTA BERGER (Jetty Treffs), Brian Aherne (Johann Strauß sen.), Peter Kraus, Vilma Degischer, Fritz Eckhardt (Haslinger), Carl Lieffen.

Produktion: Peter V. Herald für Walt Disney. Technicolor. *Länge:* 95 Minuten.

Uraufführung: 27.1.1967.

KRITIK: Liselotte Reichert in *Die Presse*, Wien, 23.11.1966; R. Bg. in *FR*, 27.1.1967; -en (= Wilhelm Bettecken) in *Fd*, 1.3.1967.

INHALT: Johann Strauß Vater leidet ganz herzhaft daran, dass ihn die Wiener Madeln so arg verfolgen, und deshalb rät er auch seinem »Schani«, dass er ja nicht in des Vaters Fußstapfen treten soll. Doch Johann der Jüngere ist einfach so hoch begabt, dass das alles nichts nützt. Und eines Tages er-

Kerwin Mathews und Senta Berger in der Walt-Disney-Produktion ›The Waltz King‹

scheint die schöne Opernsängerin Jetty Treffs und singt seinen »Frühlingsstimmen-Walzer« so wunderbar, dass er walzerselig nur so wegschwimmt. Sie ist es dann, die ihm ein Orchester von Straßenmusikanten zusammenstellt, mit denen er im Café Dommayer zum Tanz aufspielt. Schließlich und zu guter Letzt erweist sich auch Bruder Josef als musikbegabt. ZUM FILM: Ein herziges filmisches Familienfest, so recht nach Hollywood-Art zwischen Alt-Heidelberg und Rothenburg ob der Tauber. Ein bisschen k. u. k. Operettenmilieu vermischt mit Musical-Tradition, die Wiener G'mütlichkeit wirkt da freilich ein bisserl arg klinisch. Und alles, was ins pittoreske Bild der Strauß-Ära gehört, hat man zusammengetragen. Der ursprünglich von Walt Disney Productions fürs Fernsehen produzierte Film ist dann doch weltweit ins Kino gekommen, nachdem er es in den USA auf ganze zwei Ausstrahlungen im Fernsehen brachte. Liselotte Reichert, der Kritikerin der Wiener *Presse*, fiel vor allem auf, wie schlecht die Tanz- und Ensembleleistungen geschnitten waren, und sie endete ihre Polemik mit der Bemerkung: »Nichtsdestotrotz wird manchem Lokalpatrioten das Herz höher schlagen, denn die Wiener Stadthallenproduktion hätte das genauso gemacht.« SENTA BERGER als Jetty Treffs sieht wunderhübsch aus und singt lieb – mehr kann die äußerst sterile Regie mit ihr auch nicht anfangen.

THE VICTORS / DIE SIEGER (USA 1963)

Regie/Drehbuch: Carl Foreman, nach dem Roman THE HUMAN KIND von Alexander Baron. *Kamera:* Christopher Challis. *Schnitt:* Alan Osbiston. *Musik:* Sol Kaplan, Buster Ambler. *Ausstattung:* Geoffrey Drake, Maurice Fowler.

Darsteller: George Hamilton (Trower), George Peppard (Chase), Eli Wallach (Craig), Vincent Edwards (Baker), Peter Fonda (Weaver), Rosanna Schiaffino (Maria), Jim Mitchum (Crogan), Jeanne Moreau (Französin), Melina Mercouri (Magda), Romy Schneider (Regine), Elke Sommer (Helga), SENTA BERGER (Trudi), Albert Finney (russischer Soldat), Tutte Lemkow (Sik-Soldat), Michael Callan (Elridge), Mervyn Jones (Denis), Albert Lieven (Herr Metzger), John Rogers (junger britischer Soldat), Elizabeth Ercy (junge Französin), Marianne Deeming (Frau Metzger), Alf Kjellin (Priester), James Chaese (verurteilter Soldat), Peter Vaughn (Polizist), Malya Nappi (Bardame), Patrick Jordan (Tankiste), Milo Sperber (Gefangener im Lager), Bee Duffle (Joan), Alan Barner (Tom), George Mikell/George Roubicek (russische Wachen), Maurice Ronet (Leutnant), Joel Flateau (Jean-Pierre). Die Rollen von Ronet und Flateau wurden in der Endfassung herausgenommen.

Produktion: Carl Foreman/Highroad Productions + Harold Buck/Open Road. Panavision. Schwarzweiß. *Länge:* 172 Minuten. Deutsche Verleihfassung: 156, dann 148 Minuten. *Erstaufführung:* 19.2.1964.

KRITIK: ap in *KStA*, 4.11.1963; Wo in *Filmbeobachter*,

29.2.1964; J-t in *Fd* 10, 11.3.1964; Martin Ripkens in *Filmkritik* 4/64; *Der Spiegel* 11, 18.3.1964; Hans-Dieter Roos in *SZ*, 21.2.1964; Kurt Weinhold in *KStA*, 22.2.1964; Brigitte Jeremias in *FAZ*, 3.3.1964.

INHALT: Es beginnt mit einer Ouvertüre bei geschlossenem Vorhang wie bei der Oper oder einem Bibel-Film, dann kommt ein aufwändiger Trickvorspann von Saul Bass mit grimmigen Hitler-Comics, Bombardements und weinenden Frauen. Die Kamera verfolgt sodann verschiedene Männer von Frankreich nach Belgien bis zur Ardennenschlacht. Es gibt viele Tote, sehr viel Liebe und auch eine Menge Burleskes; am Ende prügeln sich ein Amerikaner und ein Russe und bleiben als mahnmalartige Opfer zurück. Daran schließen sich verschiedene Episoden aus den Kriegstagen 1942 bis 1946 an. 1942. London. Zwei GIs schieben Wache, haben Angst und verlassen ihren Posten.

1943. Straßenkämpfe in Sizilien. Zwei GIs unterstehen einem harten Feldwebel. Sie sind frustriert, der eine steht an der Musicbox, der andere flirtet mit einer Bäuerin.

1944. Man steht in der Normandie. Eine ängstliche Französin flüchtet zu einem GI. Ostende. Trower ist begeistert von der Geigerin Regine, die in einer Bar spielt. Auch Elridge ist auf Regine scharf, aber seine Gefühle sind weniger sensibel, er macht sie zur Prostituierten. Brüssel: Chase liebt Magda, die auf dem Schwarzmarkt Geschäfte macht. Sie will, dass er die Truppe verlässt, doch er verlässt sie und kehrt zur Einheit zurück.

1945. Berlin. Trower verliebt sich in Helga und besucht sie im sowjetischen Sektor. Doch dann gerät er in Konflikt mit einem Rotarmisten, es gibt einen Schusswechsel und beide Sieger sterben. Im Rinnstein von Berlin enden die glorreichen Helden, die sich vor kurzem noch an der Elbe die Hände gereicht haben. In der deutschen Fassung – 16 bis 24 Minuten kürzer – überwiegen die Liebesszenen. Gestrichen hat man sehr viele Kampfszenen und im Dialog wird alles ein wenig abgemildert. Denn schließlich sind die Sieger die anderen und die Verlierer die Deutschen!

ZUM FILM: In der sinnlosen Messerstecherei am Ende des Films sieht Carl Foreman das Symbol seiner Thesen von der Nichtigkeit des Sieges. Krieg ist schrecklich, wird immer wieder gesagt und da ballern die Geschütze und es fliegen die Fetzen auf der breiten Leinwand. Am Ende werden auch pflichtgemäß Insassen aus Konzentrationslagern befreit und zwischendurch gibt es eine Menge Liebe: eine stolze Sizilianerin, eine kluge Französin, eine musikalische Belgierin und eine geldgierige Polin – sie stehen für das schwache Geschlecht, das am Krieg verdient.

Man war enttäuscht von Foreman, der mit seinen Themen immer wieder Engagement zeigte und sich dann jedes Mal auf die Verflachung durch die Regie berief, schon bei seinen Produktionen DIE BRÜCKE AM KWAI und DIE KANONEN VON NAVARONE – Filme, die er nicht nur produziert, sondern auch zumindest mitentwickelt hatte. Er zitiert gerne große Namen und lässt manche literarischen Parallelen anklingen. Doch sein Film – der erste selbst inszenierte – verliert überall an Überzeugungskraft, geht allzu gerne auf das Publikumswirksame ein und kann nicht verleugnen, dass er es auf ein breites, unkritisches Publikum abgesehen hat, dem er mit Abenteuer und Thrill imponieren will. Und nirgendwo nutzt er die Namen wirklich für Charakterprofile, sondern eben nur zur Werbewirksamkeit. Selbst die Wochenschau-Einblendungen vom Beginn der Invasion gegen Nazi-Deutschland, der Konferenz in Jalta bis zu den Atombomben-Explosionen in Hiroshima und Nagasaki treffen nur die Oberfläche.

JACK UND JENNY (BRD 1963)

Regie: Victor Vicas. *Drehbuch:* Kurt Nachmann, nach dem Roman EARLY TO BED von Anne Piper. *Kamera:* Werner M. Lenz. *Musik:* Paul Misraki.

Darsteller: Brett Halsey (Jack), SENTA BERGER (Jenny), Michael Hinz (Josef), Marion Michael (Betsy), Eckart Dux (Eduard), Olga Tschechowa (Mutter Johannsen), Michael Verhoeven (Thimothy), Friedrich Joloff (Victor), Claude Farell (Barbara), Erich Fiedler (Onkel Baldwin), Katja Tisar

(Fräulein Bauer), Udo Kämper (Pierre), Gisela Fritsch (Magda), Brigitte Mira (Thea), Paul Klinger (Jonas), Ivan Desny (Wladimir).

Produktion: Arca-Winston-Films Corp. GmbH. *Länge:* 90 Minuten.

Uraufführung: 25.12.1963.

KRITIK: FJW. in *Fd* 2, 15.1.1964; WK in *Filmbeobachter*, 10.1.1964; Eckart Schmidt in *SZ*, 3.1.1964; Peter H. Schröder in *Die Zeit* No. 2/1964; Bert Markus in *Düsseldorfer Nachrichten*, 23.12.1963; Kr. in *Main Post*, 27.12.1963.

INHALT: Jack ist ein armer Maler, Jenny ein hässliches Entlein, Verkäuferin in einem Warenhaus. Als Jack Jenny sieht, denkt er sofort an ein gutes Essen, und Jenny sieht in ihm einen reichen jungen Mann. Den Abend verbringen sie bei Jenny, nach dem Essen malt Jack einen Fantasie-Akt von Jenny. Die Nacht verbringen sie gemeinsam und als sie aufwacht, entdeckt sie, dass sie schön geworden ist: Die Liebe hat's gemacht! Doch die zweite Entdeckung ist eher frustrierend: Jack ist keineswegs reich und will Jenny auch nicht heiraten. Dafür aber will er Jenny malen – doch da sie nun hübsch ist, mag sie sich vor anderen nicht ausziehen. So kommt nach der Zeit der Liebe die des Überdrusses: Jack sucht sich ein neues Modell und Jenny einen reichen Mann. Sie heiratet einen Reederssohn, der für ihre Bedürfnisse gerade das rechte Format hat: ein Trottel, wie die meisten Söhne reicher Eltern, dessen Mutter im Rollstuhl sitzt. Diese Mutter schickt die beiden in die Verbannungsfiliale nach Indien, doch dann folgt die Scheidung. Jenny sucht Trost bei einem Schriftsteller, heiratet erneut und landet am Ende wieder bei Jack, der sich – von einer Frau motiviert – zu seinem Besseren verändert hat.

ZUM FILM: Ursprünglich war Steve Previn für die Regie dieses Films vorgesehen, aber aus privaten Gründen wurde nichts daraus. Regisseur Victor Vicas, der ganz zu Unrecht für seinen äußerst dubiosen deutsch-deutschen Schicksalsfilm WEG OHNE UMKEHR immer wieder gepriesen wurde, hat hier für seine Fangemeinde wieder einiges parat: Geld bringt Glück ins Leben, Minderheiten werden diffamiert, Zynismus mischt sich

Senta Berger in Victor Vicas' ›Jack und Jenny‹

mit Klischees. Das Lysistrata-Thema auf den Kopf gestellt: Der Krieg ist ein Boxkampf, der Liebesstreik der Frauen einfach lächerlich. Ein unsagbar dummer Film, in dem nicht einmal der Charme von SENTA BERGER als Jenny wirklich versöhnen mag.

VOLLES HERZ UND LEERE TASCHEN
(BRD/Italien 1963)
Regie: Camillo Mastrocinque. *Drehbuch:* Franz Antel, Kurt Nachmann, Eduard Anton. *Künstlerische Gesamtleitung:* Franz Antel. *Kamera:* Ricardo Pallottini, Klaus König. *Schnitt:* Adolph Schlyssleder. *Musik:* Ennio Morricone. *Ausstattung:* Herta Hareiter.
Darsteller: Thomas Fritsch (Rik), Alexandra Stewart (Laura), Gino Cervi (Botta), SENTA BERGER (Jane), Linda Christian

Sie ist dem skrupellosen Industriellen durchaus gewachsen: Senta Berger und Gino Cervi in ›Volles Herz und leere Taschen‹

(Minelli), Dominique Boschero (Elga), Françoise Rosay (La Borgia), Eduardo Spadero (Kulscher), Helga Lehner (Sabine), Margaret Rose Keil (Giulia).
Produktion: Löwant, München/Geos/Sincar, Rom. *Länge:* 99 Minuten.
Uraufführung: 27.2.1965.
KRITIK: Wk in *Filmbeobachter* 125/1964, M.N. in *Fd* 10, 11.3.1964.
INHALT: Rick ist ein rechter Glückspilz: Statt Arbeit gewinnt er zweimal hintereinander das große Los. Als 100. Gast eines Lokals erhält er 50.000 Lire – in den Sechzigern ein beträchtlicher Geldbetrag –, dann zieht er den Haupttreffer in einer Reklamelotterie. Doch bald kriegt er mit, dass nicht fleißige Arbeit, sondern Beherrschen aller Ränke und Tricks zum Erfolg führt. Und so setzt er dann sein Glück bei den Frauen so

eifrig und erfolgreich ein, dass ihm bald alles zu Füßen liegt. Da er aber im Grunde ein guter Mensch ist, kommt er zur Einsicht und findet schließlich auch sein Glück beim »richtigen« Mädel. ZUM FILM: Thomas Fritsch, durch den Erfolg mit BEKENNTNISSE EINES MÖBLIERTEN HERRN auf den jugendlichen Charmeur festgelegt, wird bei Mastrocinque noch ärger reingelegt als 1962 bei Franz Peter Wirth: Die Figur, die er spielt, stimmt hinten und vorne nicht. Dabei hätte der Stoff – wie in Ansätzen erkennbar – durchaus eine satirische Komödie hergegeben. Auch ist die Besetzung viel versprechend, doch Regisseur Mastrocinque hat nicht mehr zu bieten als sein deutscher Beistand Franz Antel. So ist das Ganze weder Sozialstudie noch Komödie, sondern ganz einfach seichte, klischeehafte Unterhaltung.

KALI YUG (Italien/Frankreich/BRD 1964)
1. Teil: DIE GÖTTIN DER RACHE / KALI YUG, LA DEA DELLA VENDETTA
2. Teil: AUFRUHR IN INDIEN / IL MISTERO DEL TEMPIO INDIANO
Regie: Mario Camerini. *Drehbuch:* Guy Elmes, Leo Benvenuti, Piero De Benardi, nach einem Originalstoff von Robert Westerby. *Dialoge:* Gerlad Savory. *Kamera:* Aldo Tonti. *Schnitt:* Giuliana Attenni. *Musik:* Angelo Francesco Lavagnino. *Ausstattung/Kostüme:* Maurizio Chiari.
Darsteller: Lex Barker (Major Ford), SENTA BERGER (Catherine Talbot), Paul Guers (Simon Palmer), Claudine Auger (Amrita), Sergio Fantoni (Prinz Ram Chaud), Klaus Kinski (Priester der Kali), I. S. Johar (Gopal), Joachim Hansen (Leutnant Collins), Ronaldo Lupi (Maharadscha), Jan Hunter (Talbot), Michael Medwin (Captain Walsh), Alfio Caltabiano (Die »Krähe«), Lamberto Antinori, Luciano Converso.
Produktion: Serena (Roberto Dandi, Rom)/Criterion (Paris)/Eichberg-Film (München). Technicolor. *Länge:* 101 + 97 Minuten.
Erstaufführung: 21. + 28.2.1964.
KRITIK: Wilhelm Mogge in *Fd* 9, 4.3., und 13, 1.4.1964; geh/G in *Filmbeobachter*, 23.5. + 6.6.1964; Eckart Schmidt in *SZ*, 22.2.1964; Klaus Honnef in *AN*, 22.2.1964.

›Kali Yug – Die Göttin der Rache‹

INHALT: Die ausgerottete Mördersekte der Göttin Kali wird um 1880 von einem ehrgeizigen Maharadscha wieder belebt. Ein Hintertreppenroman à la INDISCHES GRABMAL auf Italienisch. Der Kampf eines Arztes gegen die Ignoranz englischer Kolonialoffiziere und den blinden Patriotismus einer Untergrundbewegung im Indien der vorletzten Jahrhundertwende. ZUM FILM: Der Versuch, die soziale Problematik Indiens aufzuzeigen, gelingt infolge der Mummenschanz- und Jahrmarktzauber-Methoden, mit denen dies in Szene gesetzt ist, nicht. Stimmungsvolle Bilder aus Indien, eine prächtige Schau, farbenfrohe Folklore, mehr nicht. Was am Rande verwundert, ist die Tatsache, dass alle bekannten Indienfilme von Veit Harlan bis Fritz Lang zweiteilig sind.

MAJOR DUNDEE / SIERRA CHARRIBA (USA 1964)

Regie: Samuel Peckinpah. *Drehbuch:* Harry J. Fink, Oscar Paul, Samuel Peckinpah, nach einer Story von Harry J. Fink. *Second Unit Regie:* Cliff Lyons. *Regieassistenz:* Floyd Joyer, John Veitch. *Kamera:* Sam Leavitt. *Schnitt:* William A. Lyon, Don Starling, Howard Kunin. *Musik:* Daniele Amfitheatrof. *Ausstattung:* Al Ybarra. *Kostüme:* Tom Dawson.

Darsteller: Charlton Heston (Major Amos Charles Dundee), SENTA BERGER (Teresa Santiago), Richard Harris (Captain Ben Tyreen), Mario Adorf (Sergeant Gomez), Jim Hutton (Leutnant Graham), Michael Anderson jr. (Trompeter Tim Ryan), James Coburn (Samuel Potts), Brock Peters (Aesop), Warren Oates (O. W. Hadley), Ben Johnson (Sergeant Chillum), R. G. Armstrong (Reverend Dahlstrom), L. Q. Jones (Arthur Hadley), Slim Pickens (Wiley), Karl Swenson (Captain Waller), Michael Pate (Sierra Charriba), John Davis Chandler (Jimmy Lee Benteen), Dub Taylor (Priam), Albert Carrier (Captain Jacques Tremaine), Jose Carlos Ruiz (Riago), Aurora Clavell (Melinche), Begonia Palacios (Linda), Enrique Lucero (Dr. Aguilar), Francisco Reyguera (der alte Apache).

Produktion: Jerry Bresler Productions für Columbia. Pathécolor. Panavision. *Länge:* 134 Minuten (gekürzt auf 124 Minuten. BRD: 120 Minuten).

Uraufführung: 2.4.1965.

KRITIK: *Der Spiegel*, 12.4.1965; Franz Everschor in *Fd* 18/19, 5.5.1965; Dan in *Filmbeobachter* 147, 1.5.1965; Enno Patalas in *Filmkritik* 6/65 + 2/68; Uwe Nettelbeck in *Die Zeit*, 16.4.1965; Günter Kriewitz in *StZ*, 18.4.1965; Rolf Wiest in *KStA*, 17.4.1965; Günther Engels in *KR*, 17.4.1965; HRB in *FNP*, 17.4.1965; Manfred Delling in *Die Welt*, 17.4.1965; U. S. in *Kurier*, 22.4.1965; hdz in *Spandauer Volksblatt*, 22.4.1965; Eckhard Schmidt in *SZ*, 1.7.1965; Hans Hellmut Kirst in *Münchner Merkur*, 1.7.1965; Jörg Federspiel in *Die Weltwoche*, 7.5.1965; Martin Schlappner in *NZZ*, 9.5.1965; wolko in *Basler Nachrichten*, 9.5.1965; Sigrid Schmitt in *SZ*, 31.5.1975; HRB in *FR*, 31.5.1975.

INHALT: Amos Charles Dundee, Major der amerikanischen Nordarmee, spielt in der Geschichte der Vereinigten Staaten von Amerika eine besonders zwielichtige Rolle. Durch Auseinandersetzungen mit extrem blutdürstigen Indianerstämmen war er zum Indianerhasser geworden. Mit seiner Armee aus Kriegsgefangenen der Südarmee, Negern und Schwerverbrechern begann er einen privaten, blutigen Kampf gegen Apachenhäuptling Sierra Charriba und sein Volk.

Die Story wird als Tagebuchaufzeichnung erzählt. Dadurch erweckt der Film einen authentischen Eindruck. Die eigentliche dramaturgische Spannkraft ergibt sich aus dem Kontrast zwischen dem emotional harten Kriegsmann Dundee und dem vornehmen Südstaatenkapitän Ben Tyreen.

ZUM FILM: Zwei Freunde von einst werden durch die politische Situation zu erbitterten Gegnern.

Peckinpahs ursprüngliches Vorhaben scheiterte an den verschiedenen Interessen der Columbia, dem Star Charlton Heston und seiner eigenen Vorstellung. Peckinpah hatte die Absicht, die falsche Vorstellung von der Rolle Amerikas zu decouvrieren: Sie kommen als Befreier und sind in Wirklichkeit Eroberer. Das gilt für die Besiedlungsstrategie des Indianerlandes wie für die Haltung gegenüber den Negersklaven, das gilt im Koreakrieg wie in Vietnam und Nicaragua.

Doug McKinney schrieb: »Major Dundee erinnert an eine Ruine eines antiken Tempels, von dem man sich mit Fantasie und Einfühlungsvermögen vorstellen kann, wie er einmal ausgesehen hat.« (zitiert nach Arnold/von Berg »Sam Peckinpah«)

»Der Film hatte am Anfang fünf Stunden und 20 Minuten gedauert, dann haben sie ihn geschnitten und da dauerte er noch zwei Stunden und 20 Minuten. Da ist schon einiges von mir und von James Coburn der Schere zum Opfer gefallen. Vor allem hatten wir einen sehr schönen Messerkampf. Es war zwar keine Riesenrolle, aber ich war zumindest einer, der immer da war, aber ich war dann einer, der eher unter den Tisch fiel als die anderen. Da kam etwa die Senta im Grunde viel besser weg, eine ganz kleine Rolle, die ist aber auch ganz geblieben ... Es war eigentlich eine sehr schöne Rolle von einem, der zwar Soldat ist in der Armee, aber dann sein eigenes Volk entdeckt und verteidigt, und da gab es diesen Messerkampf zwischen mir und Coburn, den dann Heston unterbricht, wo man mir einen Arm auf den Rücken gefesselt hat, weil der Coburn ja nur einen hat, und ich einen Messerkampf mit ihm mache, um ihm eine Lehre zu erteilen, und das war eigentlich die wichtigste Szene von mir, die ist eben geschnitten worden.« (Mario Adorf, Rom 1992)

THE GLORY GUYS / DIE GLORREICHEN REITER
(USA 1964)

Regie: Arnold Laven. *Drehbuch:* Sam Peckinpah, nach dem Roman THE DICE OF GOD von Hoffman Birney. *Regieassistenz:* Clarence Eurist. *Kamera:* James Wong Howe, A.S.C. *Schnitt:* Melvin Shapiro, Ernst R. Rolf. *Musik:* Riz Ortolani. *Ausstattung:* Roberto Silva. *Kostüme:* Frank C. Beetson jr.
Darsteller: Tom Tryon (Demas Harrod), Harve Presnell (Sol Rogers), SENTA BERGER (Lou Woodard), James Caan (Dugan), Andrew Duggan (General McCabe), Slim Pickens (Gregory), Michael Anderson jr. (Martin Hale), Peter Breck (Hodges), Jeanne Cooper (Mrs. McCabe), Laurel Goodwin (Beth), Adam Williams (Crain), Erik Holland (Gentry), Robert McQueeney (Marcus).
Produktion: Arnold Laven, Arthur Gardner, Jules Levy. Panavision. Technicolor. *Länge:* 112 Minuten.
KRITIK: -ie- in *Fd* 40, 6.10.1965; Lbv. in *Filmbeobachter* 17/381, 2.10.1965; Klaus Hellwig in *Filmkritik* 12/65; hrb in *KStA*, 28.01.1993.
Uraufführung: 17.9.1965.
INHALT: Captain Harrod und Kundschafter Rogers, beide bei der US-Kavallerie, lieben die schöne Lou. Das macht sie zu Gegnern. Doch diese Händel sind vergessen, als der brutale General McCabe einen kleinen Haufen Soldaten gegen eine Übermacht von Indianern einsetzt. McCabe ist schon einmal durch sein zwiespältiges Handeln aufgefallen, als er eigene Leute als Köder opferte. Diesmal macht er sich wiederum schuldig am Tod zahlreicher Soldaten, unter ihnen auch Sol Rogers.

Harve Presnell und Senta Berger in Arnold Lavens Western ›Die glorreichen Reiter‹ nach einem Drehbuch von Sam Peckinpah

ZUM FILM: Regisseur Arnold Laven hatte für Sam Peckinpah diesen spannenden, unkonventionellen Western übernommen, dessen Story an die Ereignisse um General Custer und die Schlacht am Little Big Horn erinnert. Doch leider hat Laven die Liebes- und Eifersuchtsstory zu sehr in den Vordergrund gespielt und dabei die kritische Dimension der Story vernachlässigt. Grund dafür war sicher die große Beliebtheit der Österreicherin SENTA BERGER beim amerikanischen Kinopublikum. Sie spielt neben Tom Tryon und Harve Presnell die dritte Starrolle, die sie vor allem Sam Peckinpah verdankt.

146

Der nannte sie eine große Hollywood-Entdeckung und bemühte sich eigens noch einmal um sie, als er STEINER – DAS EISERNE KREUZ drehte.

SCHÜSSE IM ³/₄-TAKT (Österreich 1965)
Regie: Alfred Weidenmann. *Drehbuch*: Herbert Reinecker. *Kamera:* Karl Löb. *Musik:* Charly Niessen.
Darsteller: Pierre Brice (Geheimagent Tissot, No. 11011), Heinz Drache (Gilbert), Charles Regnier, Daniel Sola, Walter Regelsberger, Gustav Knuth, Anthony Diffring, Mario Girotti, Walter Giller, Daliah Lavi, Jana Brejchova; als Gast: SENTA BERGER.
Produktion: Stadthalle Wien. Agfacolor. *Länge:* 98 Minuten.
Uraufführung: 9.4.1965.
KRITIK: Lbv in *Filmbeobachter* 160/95.
INHALT: Agenten-Zahmthriller im Artistenmilieu. Es geht um ein elektrisches Fernsteuergerät, das No. 11011 wiederbeschaffen soll. Der französische Klein-Bond hat aber das Problem, dass die ganze Abwehrzentrale aus einem Familienbetrieb besteht. Über die Tochter des Chefs schließlich gelangt er an die richtige Hebel-Stelle und tut merklich mühsam sein Werk.
ZUM FILM: Routinier Herbert Reinecker und Routine-Regisseur Alfred Weidenmann hatten offensichtlich mit Pierre »Winnetou« Brice die meisten Schwierigkeiten. Der angestammte Apachenhäuptling wirkt im Anzug recht steif und alles um ihn herum wirkt nicht weniger gequält. Glücklicherweise hat Weidenmann so viel Gespür, dass er dennoch einiges an Tempo aufbietet, sodass das unvorbelastete Publikum sich dennoch amüsieren kann.

THE SPY WITH MY FACE / SPION MIT MEINEM GESICHT (USA 1965)
Regie: John Newland. *Drehbuch:* Clyde Ware und Joseph Calvelli, nach einer Story von Clyde Ware. *Regieassistenz Second Unit:* E. Darrell Hallenbeck. *Kamera:* Fred Koenekamp. *Schnitt:* Joseph Dervin. *Musik:* Morton Stevens.

Darsteller: Robert Vaughn (Napoleon Solo), Senta Berger (Serena), David McCallum (Illya Kuryakin), Leo G. Carroll (Alexander Waverly), Michael Evans (Darius Two), Sharon Farrell (Sandy Wister), Fabrizio Mioni (Arsene Coria), Donald Harron (Kitt Kittridge), Bill Gunn (Namana), Jennifer Billingsley (Taffy), Paula Raymond (Direktor), Donna Michelle (Nina), Harold Gould (Doktor), Nancy Hsueh (Wanda), Paul Siemion (Buchhalter), Jan Arvan (Kellner).
Produktion: Sam Rolfe für MGM. *Koproduzent:* Joseph Cavelli. Metrocolor. *Länge:* 86 Minuten.
Uraufführung: 8.7.1965.
KRITIK: Pierre Mazars in *Le Monde*, 2.7.1965; Louis Chauvet in *Le Figaro*, 2.7.1965; André Paris in *Le Soir* (Bruxelles), 2.7.1965; bs in *NZZ*, 3.7.1965; Helmut Faerber in *SZ*, 11.7.1965; Rolf Wiest in *KStA*, 9.7.1965; Gisela Bartunek in *KR*, 9.7.1965; Bet. in *Fd* 29, 21.7.1965; tho in *Filmbeobachter* 17/260, 21.7.1965.
INHALT: Star-Agent Napoleon Solo wieder auf Tour. Diesmal geht es um eine sagenhafte Wunderwaffe. Ein paar Machthungrige sind auf ihrer Spur, um mit ihrer Hilfe die Welt zu erobern. Aber Solo wird von einer attraktiven Frau ausgeschaltet und durch einen »Doppelgänger« der Gegenseite ersetzt. Natürlich gelingt es ihm dennoch, die Gegner zu überlisten und ihnen die Beute abzujagen.
ZUM FILM: »Der Film wurde aus einer der attraktivsten Folgen der US-Fernsehserie um den Star-Agenten Napoleon Solo fürs Kino neu bearbeitet und mithilfe von Szenen aus anderen Folgen der Serie verlängert. Im Kino war das ein Erfolg, sodass man das später in mehreren europäischen Ländern ins Kino brachte – wie auch andere Beiträge der ›U.N.C.L.E.‹-Serie. James Bond zu stark herabgesetzten Preisen. Aber für den technischen Aufputz hat man, so scheint es, die Lager einer mittleren Spielzeugfabrik ausgeräumt. Da blinken die Signallämpchen und schnappen die Spezialtüren und werden die himmelblauen, grasgrünen und knallroten Knöpfe gedrückt, dass es eine Freude ist. Irgendwas ist immer elektronisch. Allerdings fallen die Entscheidungen, der gan-

Robert Vaughn und Senta Berger in dem Napoleon-Solo-Agententhriller ›Spion mit meinem Gesicht‹

zen schönen Apparatur zum Trotz, doch bloß dadurch, dass einer einem anderen auf den Kopf haut. Das zeitigt komische Effekte, aber deswegen braucht man sich den Film ja nicht gleich anzusehen.« (H.F.)

CAST A GIANT SHADOW / DER SCHATTEN DES GIGANTEN (USA 1965)

Regie: Melville Shavelson. *Drehbuch:* Melville Shavelson, nach einem Buch von Ted Berkman. *Second Unit Regie:* Jack

Schussbereit: Senta Berger in dem hochexplosiven Actionfilm ›Der Schatten des Giganten‹

Reddish. *Kamera:* Aldo Tonti. *Schnitt:* Bert Bates, Gen Ruggiero. *Musik:* Elmar Bernstein. *Ausstattung:* Arrigo Equini. *Darsteller:* Kirk Douglas (Colonel David »Mickey« Marcus), SENTA BERGER (Magda Simon), Frank Sinatra (Spence Talmadge), Yul Brynner (Asher Gonen), John Wayne (General Mike Randolph), Angie Dickinson (Emma Marcus), James Donald (Major Safir), Stathis Giallelis (Ram Oren), Luther Adler (Jacob Zion), Gary Merrill (Chef des Stabs im Pentagon), Haym Topol (Abou Ibn Kadir), Ruth White (Mrs. Caison), Gordon Jackson (James MacAfee), Michael Shilo (André Simon), Michael Hordern (britischer Botschafter), Allan Cuthbertson (Beamter der Einwanderungsbehörde), Jeremy Kemp/Sean Barrett (britische Offiziere), Roland Bartrop (Bert Harrison), Vera Dolen (Mrs. Martinson), Robert Gardett

(General Walsh), Michael Balston, Claude Aliotti (Wachtposten), Samra Dedes (Bauchtänzerin), Michael Shagrir (Lkw-Fahrer), Frank Latimore/Ken Buckle (UN-Offiziere), Rodd Dana (Rudolphs Adjutant).

Produktion: Melville Shavelson/Michael Wayne für Mirisch/Llenroe-Batjac (Kirk Douglas). De-Luxe-Color. *Länge:* 141 Minuten. Deutsche Verleihfassung: 101 Minuten.

Uraufführung: 16.4.1966.

KRITIK: Wilhelm Mogge in *Fd* 46, 16.11.1966; tho in *Filmbeobachter*, 22.10.1966; Volker Baer in *Der Tagesspiegel*, 15.10.1966; U. S. in *Kurier*, 15.10.1966; Klaus Honnef in *AN*, 15.10.1966; Hans Peter Kochenrath in *KStA*, 12.11.1966; Gisela Bartunek in *KR*, 12.11.1966; Heinrich Heym in *FAZ*, 20.1.1967; Hanns Fischer in *FR*, 20.1.1967; Alpha in *Der Bund*, Bern, 27.1.1967; Hans Winge in *Die Presse*, Wien, 29.1.1967.

INHALT: US-Colonel David Marcus war bei der Gründung des Staates Israel Militärberater von Präsident Roosevelt. Im Frühjahr 1948 lässt er sich angesichts der arabischen Bedrohung des jungen Staates von einem israelischen Verbindungsoffizier in New York dazu überreden, nach Palästina zu gehen und die schwache israelische Armee zu unterstützen. Bei dieser Tätigkeit wird er versehentlich von einem Wachtposten der eigenen Armee erschossen.

ZUM FILM: Mit großer Starbesetzung hat Hollywood ein interessantes Stück Zeitgeschichte zwischen authentisch belegtem Zeitstück und epischem Historiendrama angelegt. So bleibt der Eindruck letztlich auch zwiespältig, da Regisseur Shavelson sehr viel emotionalen Kitsch inklusive glühender Lovestory zwischen Kirk Douglas und SENTA BERGER eingebracht hat. Andererseits muss man schon anerkennen, dass derlei Themen überhaupt aufgegriffen werden.

OUR MAN IN MARRAKESH / MARRAKESCH
(Großbritannien 1966)

Regie: Don Sharp. *Drehbuch:* Peter Yeldham, nach Peter Welbeck. *Kamera:* Michael Reed. *Musik:* Malcolm Lockyer. *Ausstattung:* Frank White.

Darsteller: Tony Randall (Andrew Jessel), SENTA BERGER (Kyra Stanovy), Klaus Kinski (Jonquil), Herbert Lom (Mr. Casimir), Margaret Lee (Samia Voss), Wilfrid Hyde-White (Fairbrother), John Le Mesurier (Lillywhite), Terry Thomas (El Caid), Keith Peacock (Philippe), Emile Stemmler (Hotelportier).
Produktion: Marrakesh, Harry Alan Towers/Sargon-Film in Zusammenarbeit mit Ufa International GmbH. Cinemascope. Technicolor. *Länge:* 94 Minuten. *Erstaufführung:* 22.7.1966.

Senta Berger wird von Gangster Jonquil alias Klaus Kinski gefesselt in ›Marrakesch‹.

152

KRITIK: -lz in *Fd* 31, 3.8.1966; Ho in *Filmbeobachter* 18/289, 20.8.1966; Klaus Eder in *StZ*, 23.7.1966; Sc in *Der Tagesspiegel*, 27.8.1966; HRB in *KR*, 23.7.1966; Bodo Fründt in *KStA*, 18.5.1976.

INHALT: Andrew Jessel war eigentlich nach Marrakesch gekommen, um dort ein Luxushotel zu bauen. Aber dann fand er eine Leiche in seinem Hotelzimmer und das war der Auftakt zu einer abenteuerlichen Banditenjagd. Der geheimnisvolle Mister Jonquil erwartete einen Kurier, der ihm für eine politische Gefälligkeit ein kleines Taschengeld überbringen sollte. Doch er hat nicht mit der attraktiven amerikanischen Agentin Kyra Stanovy alias SENTA BERGER gerechnet, die ihm am Ende mithilfe des tatbereiten Andrew das Handwerk legt.

ZUM FILM: Der in Marokko gedrehte Farbfilm ist alles andere als ein wilder Agentenreißer. Der intelligente britische Regisseur Don Sharp hat mithilfe des begabten Komikers Randall eine geistvoll-witzige Komödie gedreht, in der Spannung und Humor gleichberechtigt sind. Trotz der sich überstürzenden Situationskomik blieb noch Zeit, einzelne Charaktertypen wirkungsvoll ins Bild zu bringen. Zur Abwechslung geraten die Hauptakteure einmal nicht durch eigene Kraft und Scharfsicht aus den ausweglosen Situationen, sondern verhalten sich für »Helden« recht menschlich.

THE POPPY IS ALSO A FLOWER / MOHN IST AUCH EINE BLUME (USA 1966)

Regie: Terence Young. *Drehbuch:* Jo Eisinger, nach einer Idee von Ian Fleming. *Kamera:* Henri Alekan. *Schnitt:* Monique Bonnot, Peter Thornton, Henry Richardson. *Musik:* Georges Auric.

Darsteller: SENTA BERGER (Star eines Nachtclubs), Stephen Boyd (Benson), Yul Brynner (Oberst Salem), Angie Dickinson (Linda Benson), Georges Geret (Marco), Hugh Griffith (Stammeshäuptling), Jack Hawkins (General Bahar), Rita Hayworth (Monique), Trevor Howard (Sam Lincoln), E. G. Marshall (Collier Jones), Marcello Mastroianni (Inspektor

Mosca), Amedeo Nazzari (Hauptmann Disonno), Anthony Quayle (Kapitän), Omar Sharif (Dr. Rad), Nadja Tiller (Dr. Bronowska), Jocelyn Lane, Trini Lopez, Jean Claude Pascal, Gilbert Roland, Harold Sakata, Barry Sullivan, Eli Wallach, Luisa Rivelli, Laya Raki, Sylvia Sorrente, Howard Vernon, Marilù Tolo, Violette Marceau, Gilda Dahlberg, Morteza Kazerouni, Bob Cunningham, Ali Oversi.

Produktion: Euan Lloyd für The Telsum Foundation. Technicolor. *Länge:* 100 Minuten.

Erstaufführung: 20.5.1966.

KRITIK: Claudio G. Fava in *Corriere Mercantile*, Genua, 15.9.1966; e. h. in *Fd* 21, 25.5.1966; we in *Filmbeobachter* 18/190, 28.5.1966; Louis Chauvet in *Le Figaro*, 28.9.1966; Klaus Hellwig in *Filmkritik* 7/66; Georg Salomony in *SZ*, 10.5.1966; Hanno Reuther in *FR*, 12.5.1966; H. Sp. in *FAZ*, 13.5.1966; ag in *NZZ*, 20.5.1966; Volker Baer in *Der Tagesspiegel*, 21.5.1966; Wilhelm Roth in *KStA*, 21.5.1966; Gisela Bartunek in *KR*, 21.5.1966; Klaus Honnef in *AN*, 21.5.1966.

INHALT: Verfolgungsjagd zweier UNO-Beamten der Rauschgiftabteilung nach einer eigens präparierten Rohopium-Ladung – von Persien über Genf nach Neapel und die Côte d'Azur.

ZUM FILM: Eine filmgeschichtliche Kuriosität, ein Action-Pamphlet gegen Rauschgiftsucht und -handel, 1966 für die UNO gedreht. Die schickt ihre Agenten nach Teheran, um einen Schmugglerring zu sprengen. Story und Regie sind von den Bond-Spezialisten Ian Fleming und Terence Young und die Geschichte spult sich ab in einer Kette von Starauftritten, mit Rita Hayworth als Drogensüchtiger und Angie Dickinson als Agentin, Marcello Mastroianni als Kommissar und Yul Brynner als Oberst.

THE QUILLER MEMORANDUM / DAS QUILLER MEMORANDUM (USA 1966)

Regie: Michael Anderson. *Drehbuch:* Harold Pinter, nach dem Roman von Adam Hall. *Kamera:* Erwin Hiller. *Schnitt:* Frederick Wilson. *Musik:* John Barry.

Darsteller: George Segal (Quiller), Alec Guinness (Pol), Max von Sydow (Oktober), SENTA BERGER (Inge), George Sanders (Gibbs), Robert Helpman (Weng), Robert Flemyng (Rushington), Peter Carsten (Hengel), Edith Schneider (Schullehrerin), Günther Meisner (Hassler), Ernst Walder (Grauber), Philip Madoc/John Rees (Oktober-Männer).

Produktion: Ivan Foxwell für Rank/Carthay. Technicolor.

Länge: 103 Minuten.

Erstaufführung: 24.2.1967.

KRITIK: tz. in *Fd* 11, 15.3.1967; Peter W. Jansen in *Filmkritik* 4/67; Richard Friedenthal in *Die Welt*, 10.12.1966; *Der Spiegel* 1967; Friedrich Luft in *Die Welt*, 25.2.1967; Kurt Weinhold in *KStA*, 6.5.1967; Günther Engels in *KR*, 6.5.1967; HB in *NRZ*, 6.5.1967; bo in *WAZ*, 13.5.1967; G. H. in *Düsseldorfer Nachrichten*, 13.5.1967; Klaus Hellwig in *FR*, 17.6.1967; JR in *FNP*, 17.6.1967; tsp in *KStA*, 3.4.1987.

INHALT: In Berlin wird ein Mitarbeiter des britischen Geheimdienstes von einer Verschwörer-Organisation ermordet. Die Briten setzen daraufhin den Spezialagenten Quiller auf diese Organisation an, mit dem Auftrag, deren Zentrale ausfindig zu machen. Bei seinen Nachforschungen fällt Quiller in die Hände seiner Gegner, die mit allen Mitteln versuchen, Informationen aus ihm herauszupressen.

ZUM FILM: Diesen Thriller mit internationaler Besetzung, geschrieben vom prominenten Autor/Drehbuchschreiber Harold Pinter, hat der Verleih 1967 für die deutsche Kinoauswertung entnazifiziert: Aus den finsteren Neonazis, die in Berliner Katakomben ihr Unwesen treiben, werden undefinierbare Aktivisten, die man eher in die linke Ecke einordnen würde. Wenn man allerdings genau hinsieht, so erkennt man in dem blonden, ranken Polterer und Sadisten, den Max von Sydow spielt, unschwer den braunen Teufel. Im Original erklärt der britische Geheimdienstchef (Guinness), dass diese Burschen deshalb so schwer zu fassen seien, da keiner ein Braunhemd trägt und keine Hakenkreuzfahnen als Indizien dienen – bei uns hat man einen solchen Satz einfach abgeändert. Doch keine Angst: Hier wurde kein antifaschistisches Opus verwässert, denn Pinters Mischung aus Horrorspuk und

Gruseltheater ist trotz der Starbesetzung kein Meisterstück und Regisseur Michael Anderson hat kaum etwas dazu getan, den mäßig originellen Plot aufzuforsten.

LANGE BEINE – LANGE FINGER (BRD 1966)

Regie: Alfred Vohrer. *Drehbuch:* Peter Lambda, Eberhard Keindorff, Johanna Sibelius. *Regieassistenz:* Eva Ebner. *Kamera:* Karl Löb. *Schnitt:* Jutta Hering. *Musik:* Martin Böttcher. *Ausstattung:* Isabella und Werner Schlichting.

Darsteller: SENTA BERGER (Dodo, Baroness Halbach), Joachim Fuchsberger (Sir Robert Hammond), Martin Held (Baron Halberg), Irene von Meyendorff (Lady Hammond), James Robertson Justice (Sir Hammond), Helga Sommerfeld (Sarah Hammond), Walter Wilz (Sam Snapper), Friedrich Schoenfelder (General), Albert Bessler (Richter), Thilo von Berlepsch (Staatsanwalt), Alexander Engel (Arzt), Hilde Sessak (Wärterin), Heinz Spitzner (Inspektor), Hanns Lothar (Emile Gavin).

Produktion: CCC Artur Brauner. Eastmancolor. *Länge:* 92 Minuten.

Erstaufführung: 26.8.1966.

KRITIK: Wilhelm Mogge in *Fd* 34, 24.8.1966; Lbv. in *Filmbeobachter* 18/329, 17.9.1966; Bert Markus in *Düsseldorfer Nachrichten*, 10.9.1966; Volker Baer in *Der Tagesspiegel*, 28.8.1966; Dore Fehling in *Kurier*, 28.8.1966; dct in *Spandauer Volksblatt*, 28.8.1966; Wolfram Gerbracht in *KStA*, 10.9.1966; Marion Rothärmel in *KR*, 10.9.1966.

INHALT: Dodo Baroness Halberg verliebt sich in Robert Hammond, den Sohn eines berühmten englischen Waffenfabrikanten, der als Anwalt bei Gericht seine juristische Karriere beginnt. Das wäre alles sehr schön, würde Dodo nicht gemeinsam mit ihrem Vater ein altehrwürdiges Familiengeschäft betreiben, das sich mit dem Beruf des Zukünftigen kaum in Einklang bringen lässt: Sie sind sehr erfolgreiche Hoteldiebe. Da jedoch Vater Halberg seinem Schwiegersohn in spe eindeutige Informationen über seine Braut zuschustert, kann er annehmen, dass sich dieses Problem von selbst löst. Doch weit gefehlt: Roberts

Martin Held und Senta Berger als Vater und Tochter in der Gauner-komödie ›Lange Beine, lange Finger‹

Vater, der nicht nur Waffen herstellt, sondern auch schiebt, ist auf erfahrene Leute wie Baron Halberg angewiesen …

ZUM FILM: Müsste man erfahrungsgemäß das Schlimmste von dieser deutschen Komödie erwarten, so wird man überrascht: Martin Held und Film-Tochter SENTA BERGER schaffen es gemeinsam überraschend gut, aus dem brillanten Satirestoff allerlei Unerwartetes herauszuholen. Und auch Routineregisseur Vohrer lässt für deutsche Verhältnisse ungewöhnlich viel Fantasie spüren, sodass das Kinopublikum angenehm unterhalten wird. »… SENTA BERGER, die wir nie so gelöst, so gelockert und so attraktiv fotografiert sahen wie hier. Das ist plötzlich eine ganz andere Darstellerin, ist eine ›Grande Dame‹ des deutschen Films, wie er sie seit Jahren so nötig braucht. Hollywood hat an ihr ein Wunder vollbracht.

157

Mit dieser Leistung hat sie sich in die internationale Starliste eingetragen und kann gegen jede Konkurrenz bestehen.« (Bert Markus, *DN* 10.9.1966)

PEAU D'ESPION / DER GRAUSAME JOB
(Frankreich/BRD/Italien 1966)
Regie: Edouard Molinaro. *Drehbuch:* Jacques Robert, Edouard Molinaro, nach einem Roman von Jacques Robert. *Kamera:* Raymond Lemoigne. *Musik:* José Berghmans.
Darsteller: Louis Jourdan (Charles Baulieu), SENTA BERGER (Gertrud Sphax), Bernard Blier (Major a. D. Rhome), Edmond O'Brien (Verleger Sphax), Maurica Garrel (Henri Banck).
Produktion: S.N.E.G. (Paris), Eichberg Film (München); Franca Film (Rom). Technicolor. *Länge*: 91 Minuten. *Erstaufführung:* 19.1.1968.
KRITIK: *Fd* 8, 27.2.1966; ger in *Filmbeobachter* 20/114, 2.3.1968.
INHALT: Charles Baulieu war Offizier in Algerien. Seine Erlebnisse dort hat er in zwei erfolgreichen Büchern vermarktet. Doch das Ganze war ein Strohfeuer; danach ging nichts mehr. Ziemlich abgeschlagen und ausgebrannt ist der einstige Frauenheld und Playboy, als er auf Gertrud Sphax, die mondäne Verleger-Gattin, trifft. Sie sucht gerne nach jungen, männlichen Talenten aus der Branche und mit Charles hat sie ein prächtiges Exemplar gefunden. Und alles kommt, wie es kommen muss. Doch mitten in diese neue, Erfolg versprechende Schicksalswendung taucht sein alter Vorgesetzter aus Algerien auf und dieser Major a. D. Rhome beauftragt Charles, den Verleger Arys Sphax zu beobachten. Denn der wiederum steht unter Verdacht, für Peking zu spionieren. Es geht um die Entführung des französischen Atomwissenschaftlers Henri Banck. Charles lernt den symphatischen jungen Banck kennen und erfährt, dass der sich freiwillig für China entschieden hat. Als er das seinem Auftraggeber mitteilt, kriegt er den Befehl, Banck zu töten. Was tun, dem Gefühl oder der Pflicht gehorchen? Was aber ist Pflicht?

Liebe ist nicht von Dauer, wenn es um mörderische Spielregeln geht: Senta Berger und Louis Jourdan in ›Der grausame Job‹

ZUM FILM: Trotz gelegentlich mühsamer Dramaturgie gelingt hier Routinier Molinaro dank der stimmigen Besetzung ein unterhaltsamer Film mit einer Reihe überraschender Momente.

OPERAZIONE SAN GENNARO / UNSER BOSS IST EINE DAME (Italien/BRD/Frankreich 1967)
Regie: Dino Risi. *Drehbuch:* Ennio de Concini, Dino Risi, Adriano Baracco, Nino Manfredi. *Kamera:* Aldo Tonti. *Schnitt:* Franco Traticelli, Lisbeth Neumann. *Musik:* Armando Trovaioli.
Darsteller: Nino Manfredi (Dudu), SENTA BERGER (Maggie), Mario Adorf (Sciascillo), Harry Guardino (Jack), Claudine Auger (Concettina), Toto (Don Vincenzo), Ralf Wolter

Harry Guardino und die Dame in Schwarz (Senta Berger) in Dino Risis Komödie ›Unser Boß ist eine Dame‹

(Frank), Pinuccio Ardia (Baron), Giovanni Druti (Kardinal), Solvi Stubing (Schwester), Giovanni Ivan (Scratuglia), Dante Maggio (Capitano), Ugo Fangareggi, Vittorio Crispo.
Produktion: Roxy/Ultra/Lyre. *Produzenten:* Luggi Waldleitner, Turi Vasile. Eastmancolor. Panoramica. *Länge:* 104 Minuten (BRD: 94 Minuten).
Erstaufführung: 6.1.1967.

KRITIK: Wilhelm Mogge in *Fd* 5, 1.2.1967; tho in *Film-beobachter* 19/33, 28.1.1967; Eckart Schmidt in *SZ*, 12.1.1967; Rolf Wiest in *KStA*, 15.4.1967; Günther Engels in *KR*, 15.4.1967; Volker Baer in *Der Tagesspiegel*, 22.4.1967.

INHALT: Einen Wert von einer Million Dollar soll der Gold- und Juwelenschatz in einer neapolitanischen Kirche unterhalb des heiligen San Gennaro haben, auf den drei amerikanische Gangster Jagd machen, doch ohne die lokale Gaunerorganisation können sie nichts machen. So nehmen sie mit Don Vincenzo, derzeit im Knast, Verbindung auf, und der gibt ihnen seinen Meisterschüler Dudu zur Seite.

ZUM FILM: »Aus diesem Milliardenraub mit Hindernissen hat Dino Risi eine der lustigsten italienischen Filmgrotesken seit langem gemacht. Dabei fällt auf, dass Dino Risi in erster Linie optisch arbeitet. Mario Adorf spielt eine Rolle, die ihm auf den Leib geschrieben ist, und SENTA BERGER macht das, was sie nicht kann, durch das, was sie zeigt, wieder wett.« (Eckart Schmidt, 1967)

Heute wirkt dieser Kinospaß von einst, der mir bei den Moskauer Filmfestspielen 1967 seinerzeit auch recht gut gefallen hatte, merklich dünn und schal.

THE AMBUSHERS / WENN KILLER AUF DER LAUER LIEGEN (USA 1967)

Regie: Henry Levin. *Drehbuch:* Herbert Baker, nach dem Roman von Donald Hamilton. *Second Unit Regie:* James Havens. *Regieassistenz:* Jerome M. Siegel. *Kamera:* Burnett Guffey, Edward Colman. *Schnitt:* Harold F. Kress. *Musik:* Hugo Montenegro. *Songs:* Tommy Boyce, Bob Hart: THE AMBUSHERS (Herbert Baker/Hugo Montenegro). *Ausstattung:* Joe Wright. *Darsteller:* Dean Martin (Matt Helm), SENTA BERGER (Francesca Madeiros), Janice Rule (Sheila Sommers), James Gregory (MacDonald), Albert Salmi (José Ortega), Kurt Kasznar (Quintana), Beverly Adams (Lovey Kravezit), David Mauro (Nassim), Roy Jenson (Karl), John Brascia (Rocco), Linda Foster (Linda) sowie Karin Fedderson und die Slaygirls. *Produktion:* Meadway/Claude (Irving Allen) für Columbia

Matt Helm alias Dean Martin und Francesca Madeiros (Senta Berger) in dem Agentenfilm ›Wenn Killer auf der Lauer liegen‹

Film. Technicolor. *Länge:* 102 Minuten, später 98 Minuten. *Erstaufführung:* 13.4.1968.
KRITIK: *MFB* No. 409, II/1968; Alfred Paffenholz in *Fd* 17, 23.4.1968; ok in *Filmbeobachter* 20/186, 20.4.1968.
INHALT: Mini-Bond Matt Helm wird hier zum dritten Mal ins Rennen geschickt, um die verführerische Sheila Sommers, Pilotin einer »fliegenden Untertasse«, vor den Entführern zu retten, die sie mit ihrem Gefährt gleich mitgekidnapped hatten. Als Fotoreporter getarnt kriegt der smarte Agent alles raus, was er sucht.

ZUM FILM: »Routiniertes Matt-Helm-Abenteuer (Nr. 3) nach einem Drehbuch, das selbst Dean Martins Geschick im Aufpolieren müder Witze schlägt. Das brillant lebhafte Spiel von Janice Rule und SENTA BERGER rettet den Tag mehr oder weniger, doch Plot, Witze und Zubehör sind weit unten.« (*MFB*)

DIABOLIQUEMENT VOTRE / MIT TEUFLISCHEN GRÜSSEN (Frankreich/BRD 1967)

Regie: Julien Duvivier. *Drehbuch:* Paul Gegauff/Julen Duvivier, nach dem Roman von Louis Thomas. *Regieassistenz:* Léon Barsacq. *Kamera:* Henri Decae. *Schnitt:* Paul Cayatte. *Musik:* François de Roubaix.
Darsteller: Alain Delon (Georges Campo), SENTA BERGER (Christiane), Sergio Fantoni (Frédéric Launay), Peter Mosba-

Alain Delon und Senta Berger: ›Mit teuflischen Grüßen‹ von Julien Duvivier

cher (Kim), Albert Augier (Doktor), Renate Bingo, Guy Strenger, Georges Montant.

Produktion: Lira Films/Copernic/Comacico (Paris)/Igor Film (Rom)/Eichberg Film (München). Eastmancolor. *Länge:* 78 Minuten (*Originallänge:* 95 Minuten).

Erstaufführung: 20.8.1968.

KRITIK: Louis Chauvet in *Le Figaro*, 28.12.1967; Jean de Baroncelli in *Le Monde*, 28.12.1967; V.N. in *Le Soir* (Bruxelles), 9.1.1968; Friedrich A. Wagner in *FAZ*, 21.8.1968; hsj in *FR*, 21.8.1968; bo in *KStA*, 21.8.1968; R.St. in *Der Tagesspiegel*, 28.8.1968; U.S. in *Telegraf*, 28.8.1968; K.O.G. in *RP*, 28.8.1968; ged in *AN*, 3.9.1968; Wilhelm Mogge in *Fd* 40; *Filmbeobachter* 20/404, 7.9.1968; *MFB* 6/1969.

INHALT: Es geht um das literarische Thema vom verlorenen Gedächtnis. Nach einem schweren Autounfall versucht ein junger Mann seine Erinnerungen zu ordnen und sich in einer veränderten Umwelt, deren Heimtücke er bald durchschaut, zurechtzufinden. Der Mann, der glaubt, er sei unverheiratet, erfährt, dass »seine Frau« unverletzt ist. Nur allmählich kehrt sein Gedächtnis zurück, aber es sieht anders aus als das, was die Frau ihm suggeriert. Sie führt ihn mit viel Geduld in seine Vergangenheit zurück, der offenbar befreundete Arzt unterstützt den Integrationsversuch. Doch dann geschehen seltsame Dinge: Der Wachhund fällt ihn an, in der Scheune droht eine Falltür, ein Kronleuchter verfehlt ihn um Haaresbreite und eine magische Stimme fordert ihn zum Selbstmord auf. Doch dann kommt das große Geständnis und er, der sich inzwischen in die Frau verliebt hat, lügt ihr zuliebe vor der Polizei.

ZUM FILM: »Es wäre schon ein Jammer, wenn Duviviers außergewöhnliche Karriere mit diesem ziemlich lahmen Thriller enden würde. Dabei ist das Ambiente noch einigermaßen atmosphärisch, auch mit dem intriganten Charakter des chinesischen Dieners, der sklavisch, um nicht zu sagen erotisch, seiner Herrin ergeben ist, aber der Handlungsaufbau und die Erzählweise sind nur oberflächlich kunstvoll; in jeder Hinsicht scheinen weder Alain Delon noch SENTA BERGER davon überzeugt.« (*MFB*)

ISTANBUL EXPRESS / ISTANBUL-EXPRESS (USA 1967)

Regie: Richard Irving. *Drehbuch:* Richard Levinson, William Link. *Second Unit Regie:* Hal Polaire. *Regieassistenz:* Burt Astor. *Kamera:* Benjamin H. Kline. *Schnitt:* Richard G. Wray, A.C.E. *Musik:* Oliver Nelson. *Ausstattung:* John McCarthy, Perry Murdock.

Darsteller: Gene Barry (David London), SENTA BERGER (Mila Darvos), John Saxon (Cheval), Werner Peters (Doktor Lenz), Tom Simcox (Leland McCord), Mary Ann Mobley

David London alias Gene Barry hat eine starke Gegnerin, die Spionin Mila Darvos (Senta Berger) – nur weiß er es noch nicht – in ›Istanbul Expreß‹

(Peggy Coopetsmith), Donald Woods (Shepperd), John Marley (Capel), Norma Varden (English Lady), Moustache (Gustav), Jack Kruschen, Emile Genest.
Produktion: Richard Irving für Universal Television. *Länge:* 77 Minuten (*Originallänge:* 93 Minuten).
Erstaufführung: 7.3.1969.
KRITIK: Wilhelm Bettecken in *Fd* 16, 15.4.1969; Gg in *Filmbeobachter* 21/144, 5.4.1969; *MFB* 6/1968; Hans Kirchmann in *KStA*, 31.5.1969.
INHALT: Kunsthändler wird für die USA in den Balkan geschickt, um mit Vertretern anderer Nationen auf wissenschaftliche Papiere zu bieten, gewinnt, verliert, verliert, gewinnt, stolpert in Schlingen und entgeht ihnen wieder, weil das dicke alte Happyend am Schluss so fröhliche US-Stände wie nie feiern muss.
ZUM FILM: »Ursprünglich fürs Fernsehen gedrehter Actionfilm, der in Westeuropa ins Kino kam. Wahrheitsserum, Folter, Agentinnen, Asiaten, Kulissen, Pappmaschee, Langeweile.« (HK)

DE SADE / DAS AUSSCHWEIFENDE LEBEN DES MARQUIS DE SADE (USA/BRD 1968/69)
Regie: Cyril Raker Endfield, Roger Corman (ungenannt), Gordon Hessler (ungenannt). *Drehbuch:* Richard Matheson, Peter Berg, nach der Biografie LEBEN UND WERK DES MARQUIS DE SADE von Gilbert Levy. *Kamera:* Heinz Pehlke, Richard Angst. *Schnitt:* Max Benedict (US-Version), Hermann Haller (BRD-Version). *Musik:* Billy Strange. *Ausstattung:* Hans Jürgen Kiebach. *Kostüme:* Vangie Harrison.
Darsteller: Keir Dullea (Marquis de Sade), SENTA BERGER (Anne de Montreuil), Lilli Palmer (Madame de Montreuil), Sonja Ziemann (La Beauvoisin), Ute Levka (Rose Keller), Christiane Krüger (Lura), Friedrich Schoenfelder (Vater des Marquis), Herbert Weißbach (Monsieur de Montreuil), Heinz Spitzner (Inspektor Marais), Anna Massey (Renée de Montreuil), Susanne von Almassy (die Mutter des Marquis), Max Kiebach (der Marquis als Kind), John Huston (Abbé de

John Huston als Abbé mit der schönen Senta Berger in Cy Endfields ›Das ausschweifende Leben des Marquis de Sade‹

Sade), Barbara Stanek (Colette), Maria Caleita, Susanne Hsio, Rolf Eden, Eva-Maria Gebel, Tilly Lauenstein, Ortrud Groß. *Produktion:* American International Pictures Hollywood, CCC Filmkunst Berlin, Transkontinental Filmproduktion München. *Produzenten:* Samuel Z. Arkoff, James H. Nicholson. Pathe-Color. *Länge:* 113 Minuten (US-Fassung), 100 Minuten (BRD). *Uraufführung:* 26.9.1969 Pentages Theatre Hollywood. *Deutsche Erstaufführung:* 26.9.1970 Walhalla Wiesbaden.
KRITIK: Ö in *Fd* 37/70.

INHALT: Das Schicksal des berühmt-berüchtigten Lebemanns des 18. Jahrhunderts. Der Film schildert seine Jugend, sein exzessives Leben, die Zeit im Gefängnis und seine lange Leidensperiode.

ZUM FILM: Der Film verzichtet zugunsten einer breit ausladenden erotischen Erzählung auf die kulturhistorischen Hintergründe und versucht nur oberflächlich, den Marquis als ein Opfer und Produkt der Zeit darzustellen. So wird auch kaum glaubwürdig, dass der Onkel, der Abbé, – und durch ihn die Kirche – Mitschuld an der Entwicklung seines Charakters trägt. Dabei hätte der Hauptdarsteller Keir Dullea durchaus auch diesen Aspekt reflektieren können und Dullea versucht auch, solche Momente gegen das oberflächliche Buch und die nur routinierte Regie durchzusetzen.

INFANZIA, VOCAZIONE E PRIME ESPERIENZE DI GIACOMO CASANOVA, VENEZIANO / KINDHEIT, BERUFUNG UND ERSTE ERLEBNISSE DES VENEZIANERS GIACOMO CASANOVA (Italien 1969)

Regie: Luigi Comencini. *Drehbuch:* Suso Cecchi d'Amico, Luigi Comencini. *Kamera:* Aiace Parolin. *Schnitt:* Nino Baragli. *Musik:* Fiorenzo Carpi. *Ausstattung/Kostüme:* Pierro Gherardi.

Darsteller: Leonard Whiting (Casanova), Claudio De Kunert (Casanova als Kind), Maria Gracia Buccella (Zanetta, die Mutter), Senta Berger (Giulietta Cavamacchia), Lionel Stander (Don Tosello), Raoul Grassilli (Don Gozzi), Tina Aumont (Marcella), Cristina Comencini (Angela), Mario Peron (Vater von Giacomo), Wilfrid Brambell (Malipiero), Silvia Dionisio (Mariolina), Mario Scaccia (Dr. Zambelli), Isabella Savona (Teresa), Elisabetta Fanti (Prinzessin Contarini), Sara Franchetti (Schwester Lucia), Evi Maltagliati (Komtess Serpieri), Ennio Balbo (Mocenigo), Clara Colosimo (Amme von Giacomo), Gino Segurini (Don Mancia), Sofia Dionisio (Bettina), Uberto Raho (il vescovo), Arnoldo Momo (Grimani), Giacomina Palmi (la fattucchiera), Gino Santercole (Baffo), Patrizia De Clara (Mida), Ida Meda

(Kammerzofe von Mida), Jacques Herlin (Alessandro), Gigi Reder, Carlo Russo, Fernanda Vitali, Nino Vingelli.

Produktion: Ugo Santalucia für Mega. Technicolor. *Länge:* 96 Minuten (BRD: 132 Minuten).

Erstaufführung: 12.12.1977 ZDF.

KRITIK: USE in *Fd* 25/77.

INHALT: Dass Giacomo Casanova weit mehr als ein Synonym für erotische Ausschweifungen war, erfährt man selten. Die eigentliche Bedeutung dieser historisch legendären Figur des 18. Jahrhunderts lag auf dem Sektor der Kulturgeschichte, vor allem aber der Musik und des Theaters. Die Geschichte, die der Film erzählt, spielt in den Jahren 1733 bis 1750, also vom 8. bis zum 17. Lebensjahr des gebürtigen Venezianers. Es beginnt, als Casanovas Eltern von einer Tournee nach Vene-

Giulietta und Casanova (Senta Berger und Leonard Whiting) in Luigi Comencinis Biografie des berühmten Liebhabers

dig zurückkommen. Der Vater stirbt plötzlich und unerwartet an einer Operation, die Mutter ist mehr an ihrem Liebesleben als an dem Sohn interessiert, und der wird von einem ihrer Verehrer nach Padua in die Schule und ins Internat gebracht. Darauf folgen die Studienjahre und die langsame Entwicklung des Knaben zum Mann.

ZUM FILM: Anders als die üblichen Sittengeschichten hat Comencini die wahre Geschichte des Giacomo Casanova, sein Einzelgängertum, sein Sich-ständig-Durchsetzen gegen die Zeitläufte und ihre Gefahren interessiert. Leider fehlt dem Hauptdarsteller Leonard Whiting jene schauspielerische Dimension, die diese spürbaren Tendenzen auch untermauern könnte. So bleibt an vielen Momenten des Films nur die Absicht spürbar.

**IF IT'S TUESDAY, THIS MUST BE BELGIUM /
SO REISEN UND SO LIEBEN WIR** (USA 1969)

Regie: Mel Stuart. *Drehbuch:* David Shaw, nach seiner eigenen Idee. *Regieassistenz:* Patrick O'Brien. *Kamera:* Vilis Lapenieks. *Schnitt:* David Saxon. *Musik:* Walter Scharf. *Titelsong* LORD OF REEDY RIVER: Donovan. *Ausstattung:* Marc Frederix.

Darsteller: Suzanne Pleshette (Samantha Perkins), Ian McShane (Charlie), Mildred Natwick (Jenny Grant), Murray Hamilton (Fred Ferguson), Sandy Baron (John Marino), Michael Constantine (Jack Harmon), Norman Fell (Harve Blakely), Peggy Cass (Edna Ferguson), Marty Ingels (Bert Greenfield), Pamela Britton (Freda Gooding), Luke Halpin (Bo), Aubrey Morris (Harry Dix), Reva Rose (Irma Blakeley), Hillary Thompson (Shelly Ferguson), Mario Carotenuto (Giuseppe), Patricia Routledge (Mrs. Featherstone), Marina Berti (Gina), Linda de Felice (Frau des Fiat-Fahrers), Paul Esser (deutscher Sergeant), Jenny White (Dot), Roger Six (Marcel), Frank Lattimore (George). *Gastauftritte:* Miss Belgien, Miss Deutschland, Miss Holland, Miss Italien, Vittorio de Sica (Schuster), Anita Ekberg (Nachtclubtänzerin), Donovan (Sänger), Elsa Martinelli (Mädchen auf der Brücke), Catherine Spaak (Fotomodell), Robert Vaughn (Straßenfotograf), John Cassavetes/Ben Gazarra (Kartenspieler), Senta Berger/Joan Collins/Virna Lisi (drei Mädchen).

Produktion: David L. Wolper Pictures für United Artists. *Produzent:* Stan Marguiles. Technicolor. *Länge:* 98 Minuten. *Erstaufführung:* 12.9.1969.

KRITIK: *MFB* 5/70; *The Time*; André Paris, *Le Soir*, Brüssel; ggp in *StZ*.

INHALT: Die Story ist so einfach wie vielversprechend: eine amerikanische Reisegesellschaft per Luxusbus auf Europa-Trip nach dem Motto »neun Länder in 18 Tagen«. Der verheiratete smarte Reiseführer Charlie, der ganz offensichtlich bei jungen wie älteren Damen gut ankommt, scheint sich an der gut aussehenden Samantha, mit der er zu schäkern beginnt, die Zähne auszubeißen. Doch gegen Ende der Reise gelingt es ihm, sie zu umgarnen, doch just in diesem Moment erscheint der Verlobte oder Freund auf der Bildfläche. Zwar sieht es so aus, dass sowohl Charlie wie Samantha ein bisschen tiefere Gefühle füreinander entwickelt haben, doch in der Stunde des Abschieds weiß man, dass alles wieder vorbei ist, und man sieht Charlie am Ende mit einer neuen Touristentruppe unterwegs.

ZUM FILM: Gags, Komplikationen, Verwechslungen sind vorgegeben, es kommt nur noch auf eine originelle Umsetzung und natürlich auf gute Typen an. Dafür zumindest hat Regisseur Mel Stuart vorgesorgt: Die Hauptfiguren sind gut skizziert und nicht zu Karikaturen verzeichnet, ernste und komische Szenen halten sich die Waage und in den Nebenrollen funkeln die Stars. Aus Nichts etwas zu machen, das gelingt Amerikas Routine-Spaßmachern noch am ehesten. Da blitzen die Kameras, jagen sich die Gags und selbst in der deutschen Synchronisation gibt es gescheite Dialoge, auch wenn schließlich alles an der Oberfläche bleibt. Ein kleiner Sketch, in dem beim Weg durch die Normandie ein US-Kriegsteilnehmer seiner Freundin den Ardennenkampf schildert, während ein deutscher Tourist seiner Frau das Ganze anders und von der anderen Seite erzählt, wirft ein Schlaglicht auf die vielseitigen Erzählmöglichkeiten solcher Geschichten.

LES ETRANGERS / GEIER KÖNNEN WARTEN

(BRD/Frankreich/Italien 1969)

Regie: Jen-Pierre Desagnat. *Künstlerische Oberleitung:* André Hunebelle. *Drehbuch:* Pascal Jardin, Jean-Pierre Desagnat, nach dem Roman L'ORAISON DU PLUS FORT von André Lay. *Regieassistenz:* Roberto Bodegas, Günther Klein. *Kamera:* Marcel Grignon. *Schnitt:* Colette Lambert, Edith Schumann. *Musik:* François de Roubaix. *Ausstattung:* A. Cofino.

Darsteller: SENTA BERGER (May), Michel Constantin (Chamoun), Hans Meyer (Blade), Julian Mateos (Kaine), Alberto Fernandez (Therny), Alvaro de Luna (Percy), Jose-Maria Tasso (John-John), Emilio Espinosa (Bankkassierer), Javier Ingles (1. Killer), Gaonzalo Esquiroz (2. Killer).

Produktion: Luggi Waldleitner Roxy-Film GmbH und Co. KG, München, La Production Artistique Cinematografique,

Michel Constantin und Senta Berger in ›Geier können warten‹

P. A. C. Paris, DEAR-Film SPA, Rom. *Produktionsleitung:* André Hunebelle. Schwarzweiß. *Länge:* 89 Minuten. *Erstaufführung:* 13.6.1969.
KRITIK: Wilhelm Mogge in *Fd* 28, 8.7.1969; A. W. in *Filmbeobachter* 21/273, 28.6.1969; Siegfried Schober in *Filmkritik* 8/69.
INHALT: Eine Sportlehrerin, die aus allen Rohren zu schießen versteht, eine Gruppe von Gangstern, die mit allen Bandagen kämpft.

Die Arbeit an diesem Film hat mir sehr viel Spaß gemacht, obwohl sie – größtenteils bei glühender Hitze – nicht gerade leicht war. Die Zusammenarbeit mit Desagnat und Hunebelle war sehr intensiv. Die Rolle, die ich in diesem Film spiele, hat mich besonders gereizt, weil sie zwielichtig und doppelbödig zugleich ist. Im Vergleich zu anderen Filmen, die ich bisher machte, war diese vielleicht eine der großen dramatischen Rollen – eine Frau, deren Wesen und deren Charakter keineswegs von Anfang an klar ist, sondern sich in ihrer Vielschichtigkeit erst im Verlauf des Films langsam offenbart. Psychologisch äußerst interessant und deshalb schauspielerisch sehr reizvoll. (SENTA BERGER während der Dreharbeiten)

CUORI SOLITARI / EINSAME HERZEN (Italien 1969)
Regie: Franco Giraldi, Ruggero Maccari. *Drehbuch:* Lucio Manlio Battistrada, Sandra Onofri, Franco Giraldi, Cesare Garboli. *Kamera:* Dario Di Palma. *Schnitt:* Raimondo Crociana. *Musik:* Luis Enriques Bacalov. *Ausstattung:* Maurizio Chiari. *Kostüme:* Luciana Marinucci.
Darsteller: Ugo Tognazzi (Stefano Nardini), SENTA BERGER (Giovanna), Anna Lucinda Lawrence (Sonia), Carolo Hipold (Victor), Christopher Hodge (Walter), Gianna Serra (Prostituierte), Puccio Tarantino (Roberto), Silvano Tranquilli (Diego), Elena Persiani (Manuela), Mauro Bacchini (Marco), Clara Colosimo (Carla), Piero Mazzarella (Dino), Edda di Benedetto, Edda Ferronao, Giorgio Basso, Orso Maria Guerrini, Dominik Moraski, Lucia Lombardi, Maristella Piva, Marisa Rossi, Livio Cesaroni, Armato Garbini, Marina Detto,

Senta Berger als verführerische Giovanna in ›Cuori solitari/Einsame Herzen‹ von Franco Giraldi

Palmira Sala, Vittorio Sancisi, Michele Straniero, Vittorio Fornaro, Gino Uras.

Produktion: Mega Film. Eastmancolor/Tecnostampa. *Länge:* 121 Minuten.

Uraufführung: 1.2.1970. *Erstaufführung:* 26.11.1991 Tele 5.

KRITIK: A. Bernardini in *Bianco e Nero*, 5.6.1970; A. Trombadori in *Vie Nuove*, 1/1970; D. Meccoli in *Epoca*, 1.2.1970; A. Solmi in *Oggi*, 10.2.1970; *King Cinema*, 2.2.1970; M. Guarino in *New Cinema*, 7.7.1970.

INHALT: »Stefano und Giovanna, ein bürgerliches Paar, wollen ihren eintönigen Ehealltag durch ein ›Bäumchen-wechsledich‹-Spiel beleben – freilich nur zum Scherz, aber im Grunde mit dem Ziel, andere Menschen kennen zu lernen. Stefano und Giovanna melden sich auf eine Annonce und lernen ein abgetakeltes Sängerpaar kennen, das in einer grotesken Welt der Erinnerungen lebt. Walter, Giovannas Bruder, wird von der Polizei wegen Teilnahme an einer Kundgebung festgenommen. Sonja, eine junge Ausländerin, und ihren Ehemann Victor hatten Stefano und Giovanna bereits zuvor kennen gelernt. Sie redet auf Victor ein, er solle sein Studium beenden

›Cuori solitari/Einsame Herzen‹

175

und das Leben ernst nehmen. Eines Abends am See treffen sich Stefano und Giovanna mit einem jungen Paar, das im Grunde eine Prostituierte und ein Hochstapler sind. Entlarvt ziehen die beiden ab. In der Schweiz gibt es Clubs, in denen der Austausch von Ehepartnern gang und gäbe ist. Stefano und Giovanna begegnen einem Paar junger reicher Mailänder. Sie sind voller Komplexe und verschlimmern nur ihre eigenen Probleme. Giovanna und Stefano verbringen einen Tag am See mit einem Kunsthändler und dessen Frau und werden auf deren Schloss eingeladen. Giovanna ist von Diego bezaubert, aber Stefano bemüht sich vergeblich, mit Manuela Kontakt zu finden. Auch wenn diese Begegnung nicht wie die vorherigen endet, so bleiben Stefano und Giovanna nach wie vor mit den gleichen Problemen behaftet.« (Unitalia 1969)

QUANDO LE DONNE AVEVANO LA CODA / ALS DIE FRAUEN NOCH SCHWÄNZE HATTEN (Italien 1970)

Regie: Pasquale Festa Campanile. *Drehbuch:* Lina Wertmüller, Marcello Coscia, Pasquale F. Campanile, Ottavio Jemma. *Kamera:* Franco di Giacomo. *Schnitt:* Sergio Montanari. *Musik:* Ennio Morricone.
Darsteller: SENTA BERGER (Filli das fremde Tier), Giuliano Gemma (Ulli der Starke), Frank Wolff (Grr der Angeber), Renzo Montagni (Maluc der Warme), Lino Toffolo (Put der Dumme), Francesco Mulé (Uto der Dicke), Aldo Giuffré (Zog der Denker), Lando Buzzanca (Kao der Erfinder).
Produktion: Silvio Clementelli. Clesi Cinematografica, Rom.
Länge: 95 Minuten.
Erstaufführung: 17.12.1970.
KRITIK: -s in *Fd* 44, 29.12.1970; *Der Spiegel*, 18.1.1971; Hans Christoph Blumenberg in *KStA*, 19.12.1970; Gisela Bartunek in *KR*, 19.12.1970.
INHALT: Der Film spielt in der Steinzeit unter urtümlichen Mannen, die noch nicht einmal wissen, dass es zweierlei Geschlechter gibt. Der Hauptkerl unter den Sex-Ignoranten ist Ulli der Starke, gespielt von Giuliano Gemma. In diese puritanische Umwelt kommt die sehr erotische Filli, die sich zur

Ulli (Giuliano Gemma) und Filli (Senta Berger) in der Steinzeit-Groteske ›Als die Frauen noch Schwänze hatten‹

Aufgabe gemacht hat, diesen merkwürdigen Jungen den kleinen Unterschied zu lehren. Das Ganze hat alles zu einem rechten Steinzeit-Slapstick.

WER IM GLASHAUS LIEBT ... (BRD 1970)
Arbeitstitel: DER GRABEN
Regie/Drehbuch: Michael Verhoeven. *Regieassistenz:* Anne Rose Schleining. *Kamera:* Igor Luther. *Schnitt:* Monika Pfefferle. *Musik:* Axel Linstädt/Improved Sound.
Darsteller: SENTA BERGER (Hanna), Marianne Blomquist (Christine), Hartmut Becker (Igor).
Produktion: Sentana Film, München. *Produzenten:* SENTA BERGER/Michael Verhoeven. Ektachrome Color. *Länge:* 85 Minuten; nach der 2. FSK-Sitzung: 79 Minuten.
Erstaufführung: 2.7.1971.

KRITIK: Wilhelm Schätzler in *Fd* 15, 27.7.1971; Helmut Regel in *Filmkritik* 9/71.

INHALT: »Der Werbeleiter Igor wird in seiner Atelierwohnung am Wiener Graben von seiner Frau Hanna mit seiner Geliebten Christine erwischt. Mit einem Revolver in der Hand zwingt Hanna die beiden, vor ihren Augen den Ehebruch zu wiederholen; dann läuft sie in Panik davon. Christine holt sie zurück und entschuldigt sich. Die beiden Frauen arrangieren sich und unternehmen mit Igor den Versuch, abseits bürgerlicher Traditionen neue Formen des Zusammenlebens zu versuchen.« (NDF)

ZUM FILM: Der Film wurde im Atelier des Malers Friedensreich Hundertwasser in Wien gedreht.

QUANDO LE DONNE PERSERO LA CODA / TOLL TRIEBEN ES DIE ALTEN GERMANEN (Italien/BRD 1971)
Regie: Pasquale Festa Campanile. *Drehbuch:* Marcello Coscia, Ottavio Jemma, Maria Gracia Fiastri, nach einer Idee von Lina Wertmüller. *Regieassistenz:* Franco Cirini. *Kamera:* Silvano Ippoliti. *Schnitt:* Nino Baragli, Gertrud Petermann. *Musik:* Ennio Morricone, Bruno Nicolai. *Ausstattung/Kostüme:* Enrico Job.

Darsteller: SENTA BERGER (Filli), Lando Buzzanca (Ham), Frank Wolff (Grr), Renzo Montagnani (Maluc), Mario Adorf (Pap), Lino Toffolo (Put), Francesco Mulé (Uto), Aldo Puglisi (Zog), Fiametta Baralla (Katorcia).

Produktion: Terra, Berlin – Clesi Cinematografica, Rom. *Produzent:* Giorgio Adriani. Eastmancolor. *Länge:* 102 Minuten; TV: 95 Minuten.

KRITIK: H.E. (= Hartmut Engmann) in *KStA*, 3.3.1973; BS (= Barbro Schuchart) in *KR*, 3.3.1973.

INHALT: »Weil der schlaue Ham sein Graslager lieber mit der schnuckligen Filli teilen möchte, propagiert er seine fette Gattin Katorcia als neues Schönheitsideal und verkauft sie für teure Kiesel an vier Steinzeit-Tölpel.« (Hartmut Engmann)

ZUM FILM: »SENTA BERGER ist der erfreulichste Aspekt dieser trüben Lustbarkeit.« (Hartmut Engmann)

UN ANGUILLA DA TRECENTE MILIONI / EIN FISCHZUG FÜR 300 MILLIONEN (Italien/Frankreich/BRD 1970)
Regie: Salvatore Samperi. *Drehbuch:* Aldo Lado, Salvatore Samperi. *Kamera:* Franco Di Giacomo. *Schnitt:* Franco Arcalli. *Musik:* Fiorenzo Carpi. *Ausstattung:* Carlo Ferri.
Darsteller: Lino Toffolo (Bissa), Ottavia Piccolo (das Mädchen), SENTA BERGER (die Contessa), Mario Adorf (Guardiapesca), Gabriele Ferzetti (Tina), Rodolfo Baldini, Daniele Dublino, Ricky Gianco.
Produktion: Mega-Film, Bari, Rom. Eastmancolor. *Länge:* 110 Minuten (BRD: 91 Minuten).
Uraufführung: 6.5.1971. *Erstaufführung:* 7.6.1991 (SAT.1).
INHALT: »Ein Fischer, der mit seinem Compagnon von verbotenen Raubzügen lebt, nimmt die Stieftochter eines alten Freundes bei sich auf. Als das Mädchen von den illegalen Aktivitäten erfährt, zwingt sie die beiden Männer, eine Entführung vorzutäuschen, bei der sie das Opfer ist.« (*fd*)
ZUM FILM: Gaunerkomödie, bei der nur gelegentlich wegen der brillanten Besetzung Spaß aufflackert, die aber im Übrigen recht beliebig bleibt.

LE SAUT DE L'ANGE / SA PARTE DEGLI AMICI FIRMATO MAFIA / KOMMANDO COBRA (Frankreich/Italien 1971)
Regie: Yves Boisset. *Drehbuch:* Yves Boisset, Richard Winckler, Claude Vaillot, nach dem Roman LE COBRA von Bernard-Paul Lallier. *Regieassistenz:* Georges Grodzenczyk, Claude Othnin-Girard. *Kamera:* Jean Boffety. *Schnitt:* Albert Jurgenson, Catherine Kelber. *Musik:* François de Roubaix. *Ausstattung:* Theo Meurisse.
Darsteller: Jean Yanne (Louis Orsini), SENTA BERGER (Sylvaine Orsini), Sterling Hayden (Sam Mason), Raymond Pellegrin (Diego Alvarez), Daniel Ivernel (Inspektor Pedrinelli), Michel Rocher (Melun), Giancarlo Sbragia (Forestier), Gordon Mitchell (Di Fusco), Claude Cerval (Marc Orsini), Marcel Lupovici (Lucien Orsini), Sophie Boudet (Lee), André Rouyer, Roger Lumont, Etienne Bierry.

Zwei auf der Lauer: Szene aus Yves Boissets ›Kommando Cobra‹

Produktion: Raymond Danon für Lira Films/Océanic/Apollo. Eastmancolor. *Länge:* 93 Minuten.

Erstaufführung: 18.5.1972.

KRITIK: Derek Elley in *MFB* VII/72; *Fd* 12/72; B. F. (= Bodo Fründt) in *KStA*, 1.7.1972; -hoff (= Gerd Berghoff) in *KR*, 1.7.1972.

INHALT: In Marseilles herrscht ein erbitterter Kampf in der Unterwelt. Die Orsini-Bande liegt im Kampf mit einer Gruppe mächtiger Bodenspekulanten. Dem Kandidaten für den Stadtrat, Forestier, der seine eigenen, unsauberen Ziele verfolgt, sind die Orsinis im Weg. So engagiert er sich einen berüchtigten Mafia-Killer aus den USA, um das Problem ein für alle Mal zu erledigen. Doch der letzte der Sippschaft, Louis Orsini, ist nicht so rasch zu knacken, an ihm und seinem Indochina-Kommando »Kobra« beißen sich die Gegner die Zähne aus.

ZUM FILM: Yves Boisset packt alles in diese Action-Geschichte: die italo-amerikanische Mafia, die ihre Fühler bis Südfrankreich ausstreckt, korrupte Politiker, wie sie in jedem Land aktiv werden, eine Gruppe von alten Indochina-Kämpfern, die autonomen Korsen und schließlich die Nachfahren der nazifreundlichen Vichy-Regierung. Doch trotz der guten Besetzung gelang es Yves Boisset diesmal kaum, Action und Politik in Einklang zu bringen.

L'AMANTE DELL ORSA MAGGIORE / DER GELIEBTE DER GROSSEN BÄRIN (BRD/Frankreich/Italien 1971)

Regie: Valentino Orsini. *Drehbuch:* Mino Roli, Florestano Vancini, Valentino Orsini, nach dem gleichnamigen Roman von Sergiusz Piasecki. *Kamera:* Mario Vulpiani. *Schnitt:* Roberto Perpignani. *Musik:* Benedetto Ghiglia.

Darsteller: Giuliano Gemma (Vladek), SENTA BERGER (Fela), Bruno Cremer (Saschka), Alessandro Haber (Maus), Peter Capell (Trofida), Nicoletta Maciavelli (Nina), Antonio Piovanelli (Ivan), Francesca Romana Coluzzi (Marja), Piero Anchisi (Makarov), Nazzareno Zamperla (Nachtigall).

Produktion: Corona-Filmproduktion, München/Sancrosiap-Terzafilm, Rom/Transinter Gilms, Paris. Technicolor. *Länge:* 113 Minuten.

Erstaufführung: 28.1.1972.

KRITIK: e. h. in *Fd* 4/1972.

INHALT: »Sergiusz Piasecki beschreibt in seinem eigene Erlebnisse verarbeitenden Romen den Alltag von Schmugglern im Wald zwischen Russland und Polen als ein kurzfristiges gefährliches Gemeinschaftserlebnis. Dieser Grundzug ist in der Verfilmung auch wohl noch vorhanden, aber nur schwer erkennbar. Das Abenteuerliche schiebt sich vor und lässt die Ge-

Saschka (Bruno Cremer) und Fela (Senta Berger) wirken wie ein glück-liches Paar, doch der Schein trügt bisweilen: Szene aus ›Der Geliebte der großen Bärin‹

schichte in einzelne Episoden zerfallen, die eine Verankerung in die politisch-soziale Situation der Grenze weitgehend ver-missen lassen. Dass es die Zeit des polnischen Aufstandes ge-gen Russland unter Führung Pilsudkis ist, erfährt man nur aus untergehenden Randbemerkungen. Held der Geschichte ist Vladek, ein Mann nicht nur zwischen zwei Staaten, sondern auch zwischen zwei Frauen. Hunger hat ihn erst zum Brotraub, dann zum Schmuggel getrieben. Drüben in Russland liebt ihn die schöne Nina, deren Haus Umschlagplatz für den nächtli-chen Handel ist, und in Polen begehrt er die Geliebte seines Freundes Saschka. Nacht für Nacht marschieren die Männer durch die Wälder, setzen über den Fluss, kehren wieder zurück. Es gibt Zusammenstöße mit Truppen, Verrat, Tote.« (e. h.)
ZUM FILM: »Eine schwermütige Ballade, deren Regisseur nicht so sehr an den menschlichen Schicksalen als am Aben-teuerlichen interessiert war, was aber im Drehbuch keinen Rückhalt fand. Dadurch fallen Inhalt und Inszenierung aus-einander.« (e. h.)

DIE MORAL DER RUTH HALBFASS (BRD 1971)

Regie: Volker Schlöndorff. *Drehbuch:* Peter Hamm, Volker Schlöndorff. *Kamera:* Klaus Müller-Laue, Konrad Kotowski. *Musik:* Friedrich Meyer. *Ausstattung:* Manfred Knöll, Heinz Sottung.

Darsteller: SENTA BERGER (Ruth Halbfass), Helmut Griem (Franz Vogelsang), Peter Ehrlich (Erich Halbfass), Margarethe von Trotta (Doris Vogelsang), Marian Seidowsky (Francesco), Karl Heinz Merz (Bonaparte), Susanne Rettig (Aglaia Halbfass), Walter Sedlmayr, Wilhelm Grasshoff, Hans Ohly, Horst Schäfer.

Produktion: Hallelujah-Produktion/Eberhard Junkersdorf + SENTA BERGER/Sentana Film für Paramount-Orion. Agfacolor. *Länge:* 89 Minuten.

Erstaufführung: 14.4.1972.

KRITIK: G. P. in *Fd* 9, 2.5.1972; Heinz Johnen in *Express*, 10.3.1972; Alfred Müller-Gast in *NRZ*, 14.4.1972; Felix Olff in

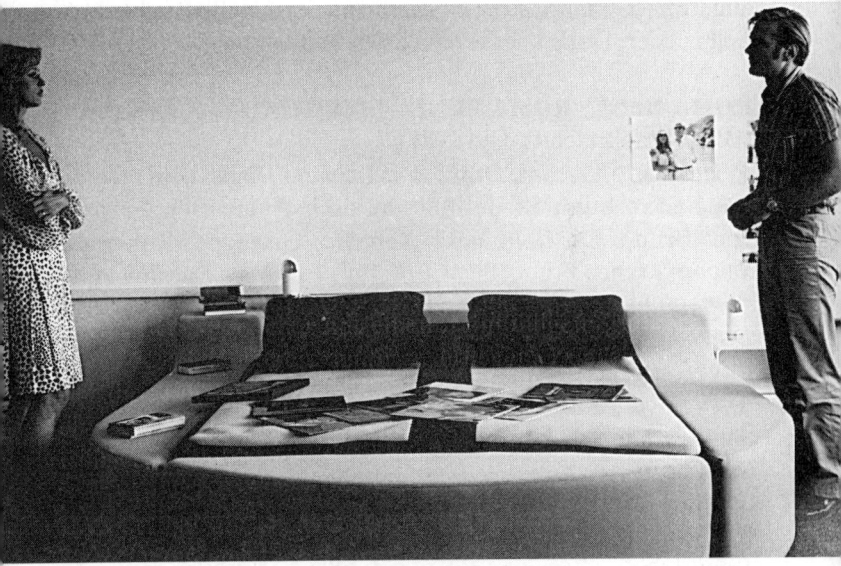

Liebesidylle – hier die reiche Industriellengattin, da der attraktive junge Liebhaber: Szene aus Volker Schlöndorffs ›Die Moral der Ruth Halbfass‹ mit Senta Berger und Helmut Griem

Express, Düsseldorf, 11.4.1972; Marianne Duin in *Express*, 14.4.1972; Wolfgang R. Köhler in *FR*, 17.4.1972; Wolfgang Wiegand in *FAZ*, 17.4.1972; Hans Peter Kochenrath in *KStA*, 20.4.1972; Wolf Donner in *Die Zeit*, 21.4.1972; Mischa Gallé in *FR*, 22.4.1972; *Der Spiegel* Nr. 18, 24.4.1972; Reinhard Baumgart in *SZ*, 27.4.1972; gt in *Die Welt*, 4.5.1972; Bodo Fründt in *KStA*, 27.5.1972; mwr in *FR*, 4.7.1974; Wolfgang Ruf in *SZ*, 4.6.1974; Brigitte Jeremias in *FAZ*, 6.6.1974; Martin Schlappner in *NZZ*, 8.6.1974.

INHALT: »Erich Halbfass ist Fabrikant von Miederwaren, seine Frau Ruth sieht glänzend aus, ihr Töchterchen Aglaia drückt noch die Schulbank. Doch während Erich selbstzufrieden in seinem Swimmingpool plantscht und Melodien von Joseph Schmidt und Richard Tauber schmettert, trifft sich Ruth mit Franz Vogelsang, Aglaias Zeichenlehrer. Das einzige wirkliche Opfer dieser Affäre, Franz Vogelsangs Frau Doris, wird Erich schließlich gefährlicher als die von dem Lehrer auf ihn angesetzten Killer: Sie ist es, die ihn niederschießt. Erich erholt sich wieder; Doris aber erhängt sich im Gefängnis.« (NDF)

ROMA BENE / ROMA BENE – LIEBE UND SEX IN ROM
(BRD/Frankreich/Italien 1971)
Regie: Carlo Lizzani. *Drehbuch:* Luciano Vincenzoni, Nicola Badalucco, Edith Bieber-Lizzani, nach einem Bühnenstück von Bruno Di Belmonte. *Kamera:* Giuseppe Ruzzolini. *Schnitt:* Franco Fraticelli. *Musik:* Luis Enriques Bacalov. *Ausstattung:* Flavio Mogherini.
Darsteller: SENTA BERGER (Prinzessin Dede Marescalli), Vittorio Caprioli (Baron Mauro de Vittis), Virna Lisi (Silvia Santi), Franco Fabrizi (Mino Rappi), Philippe Leroy (Giorgio Santi), Nino Manfredi (Polizeikommissar Tartamella), Michèle Mercier (Wilma Rappi), Umberto Orsini (Prinz Ruby Marescalli), Irene Papas (Elena Sabilius), Margaret Rose Keil (Susy, Callgirl), Mario Feliciani (Teo Sabilius).
Produktion: Oceanic Filmproduktion, München/Castoro Film, S. R. L., Rom/Marianne Productions, S. N., Paris. Eastmancolor. *Länge:* 99 Minuten.

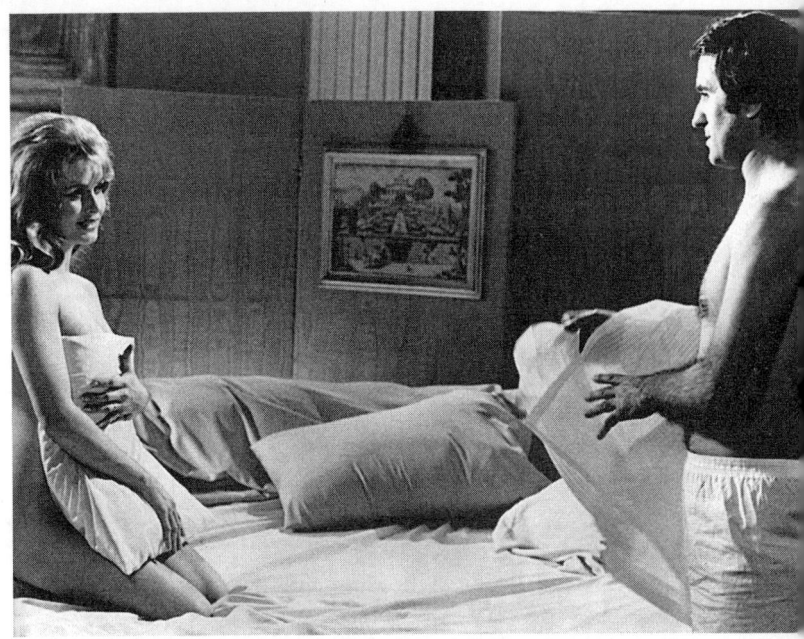

›Roma bene – Liebe und Sex in Rom‹ mit Senta Berger als Prinzessin Dede

Erstaufführung: 14.7.1972.

KRITIK: e. h. in *Fd* 16/1972.

ZUM FILM: »So etwas ist für die Italiener Alltagslegende. Die Korruption im Bausektor füllt mindestens einmal im Monat die Schlagzeilen der italienischen Presse. Ganze Landstriche, wie zum Beispiel die ligurische Küste, sind auf diese Art und Weise an die Reichen übergegangen. Nicht dass es so etwas bei uns nicht gäbe, aber in Italien erregen sich die Gemüter leichter und ein solcher Gesprächsstoff zieht sich über Wochen durch die Trattorias der ärmeren Schichten.« (e. h.)

CAUSA DI DIVORZIO / SCHEIDUNGSGRUND
(Italien 1971)

Regie/Drehbuch: Marcello Fondato. *Regieassistenz:* Marcello Crescenzi. *Kamera:* Luigi Kuveiller. *Schnitt:* Sergio Montana-

ri. *Musik:* Carlo Rusticelli. *Ausstattung:* Sergio Canevari. *Kostüme:* Gaia Romanini
Darsteller: Lino Toffolo (Vladimiro Pellegrini), SENTA BERGER (Enrica), Catherine Spaak (Ernesta), Enrico Montesano (Silvestro Parolini), Gastone Moschin (Anwalt), Francesco Mulé (Richter), Lino Banfi (Abteilungsleiter), Arnoldo Foá (Maini), Gabriella Giorgella (Tankwärterin), Antonella Ippoliti, Patrizia Marzelli, Ada Pometti, Susy Koster, Sergio Mioni, Bruno Boschetti, Olga Romanelli, Baldassare Caruso.
Produktion: De Laurentiis Intermacco/Roma Oceanik/Monaco. Technicolor. *Länge:* 99 Minuten.
Uraufführung: 10.3.1972.
KRITIK: M. Argentieri in *Rinascita*, 10.3.1972; C. G. Fava in *Corriere Mercantile*, 8.3.1972; M. Manciotti in *Il Secolo XIX*, 8.3.1972; G. Grazzini in *Corriere della Sera*, 5.3.1972; A. Scagnetti in *Paese Sera*, 4.3.1972; G. Biraghi in *Il Messaggero*, 4.3.1972; *New Cinema*, 7.7.1972.
INHALT: Komödie, die Scheidung von der besten Seite zeigt.

DER SCHARLACHROTE BUCHSTABE
(BRD/Spanien 1972)
Regie: Wim Wenders. *Drehbuch:* Wim Wenders, Bernardo Fernandez, Peter Handke, nach dem gleichnamigen Roman von Nathaniel Hawthorne und dem Szenarium DER HERR KLAGT ÜBER SEIN VOLK IN DER WILDNIS AMERIKA von Tankred Dorst und Ursula Ehler. *Kamera:* Robby Müller. *Kamerassistenz:* Peter Schäfer. *Schnitt:* Peter Przygodda. *Musik:* Jürgen Knieper. *Ausstattung:* R. Schneider Manns-Au, Burkhard Schlicht.
Darsteller: SENTA BERGER (Hester Prynne), Hans-Christian Blech (Chillingworth), Lou Castel (Dimmesdale), Yella Rottländer (Pearl), Rüdiger Vogler (Matrose), William Layton, Alfredo Mayo, Angel Alvarez, Yellena Samarina (Hibbins), Laura Currie, Jose Vivo, Julian del Monte.
Produktion: Filmverlag der Autoren (München), Westdeutscher Rundfunk (Köln), Elias Querejeta (Madrid). *Produktionsleitung:* Peter Genée, Primitivo Alvaro. *Länge:* 90 Minuten.
Erstaufführung: 13.3.1973.

KRITIK: HRB in *Der Tagesspiegel,* 11.3.1973 und in *FR,* 13.3.1973; Brigitte Söhngen in *RP,* 13.3.1973; W. F. Muthmann in *KStA* und *SZ,* 13.3.1973; Brigitte Desalm in *KStA,* 15.3.1973; Siegfried Schober in *SZ,* 15.3.1973; Valentin Polcuch in *Die Welt,* 15.3.1973; B. J. (= Brigitte Jeremias) in *FAZ,* 15.3.1973; réc in *NZZ,* 17.3.1973; IS in *FR,* 15.11.1974.

INHALT: Der Roman von Nathaniel Hawthorne, 1850 erschienen, handelt von einer Ehebrecherin in Salem, im puritanischen Neuengland der zweiten Einwanderergeneration, Ende des 17. Jahrhunderts.

ZUM FILM: »Hester Prynne führt uns zum Leben hin, indem Wim Wenders konkret und einfach sie uns in einer effektlos gezeigten Welt von Herrschaft und Unterdrückung als eine große menschliche Heldin der Sinnlichkeit vorführte, Sinnlichkeit als stattfindende Individualität, Störung der Ordnung, Vorahnung der Freiheit.« (Siegfried Schober)

»Die Senta ist einfach ein Star. Ich meine das nicht abwertend, denn mit ihr war es sehr schön zu arbeiten. Sie hat sich unheimlich bemüht und ist sehr nett. Und dann kommt etwas dazu, das über die Person hinausgeht, und sie bleibt der Star, der sie ist. Deshalb ist es für sie schwierig, etwas anderes zu sein. Es ist dann nicht möglich, auf eine private Art im Film anwesend zu sein.« (Wim Wenders)

BISTURI LA MAFIA BIANCA / DIE WEISSE MAFIA
(Italien 1973)

Regie: Luigi Zampa. *Drehbuch:* Dino Maiuri, Massimo de Rita, Luigi Zampa. *Regieassistenz:* Tony Brandt, Sofia Scandurra. *Kamera:* Giuseppe Ruzzolini. *Schnitt:* Franco Fratizelli, Enzo Meniconi. *Musik:* Riz Ortolani. *Ausstattung:* Flavio Mogherini. *Kostüme:* Emilio Baldelli.

Darsteller: Enrico Maria Salerno (Dr. Giordani), SENTA BERGER (Schwester Maria), Gabriele Ferzetti (Professor Daniele Vallotti), Luciano Salce (Enrico), Claudio Gora (Calogeri,) Tina Lattanzi (Mutter von Vallotti), Enzo Garinei (Dr. Botti), Antonella Steni (Enricos Frau), Sandio Dori (Dr. Casati), Ernesto Colli (ein Arbeiter), Ezio Sancrotti (Dr. Fabiani), Lu-

ciano Rossi (Sohn eines Patienten), Fausto Tommei (Patient auf der Tragbahre), Roberto Bissaco (Rechtsanwalt Donato), Tom Felleghi (Professor bei der Versammlung), Claudio Nicastro (pharmazeutischer Industrieller), Giancarlo Cortesi, Carlo Foschi (Studenten), Pier Luigi Modesti (Loris), Gino Pernice, Gabriella Boccardo, Piera Degli Esposti, Francesco d'Adda, Enrico Marciani, Aldo Vasco, Emilio Marchesini, Giuliana Rvera, Giorgio Sanmartin, Federico Scrobogna.
Produktion: Roberto Loyola Cinematografica. Technicolor.
Länge: 102 Minuten.
Uraufführung: 7.9.1973.
KRITIK: *Fd* 23860; D. Zanelli in *Il Resto del Carlino*, 7.9.1973; T. Kezich in *Panorama*, 4.10.1973; M. Argentieri in *Rinascita*, 12.10.1973; G. Napoli in *Il Domani*, 15.11.1973; L. Pestelli in *La Stampa*, 28.10.1973; G. Grazzini in *Corriere della Sera*, 15.9.1973; M. Cipolla in *Il Lunedi*, 17.9.1973; V. Rossi in *Il Se-*

›*Die weiße Mafia*‹

colo XIX, 14.9.1973; M. Cavagnaro in *Corriere Mercantile*, 14.9.1973; J. Lajeunesse, *Saison 73*; *Der Spiegel* 18/1978.

INHALT: Professor Valotti, eine Kapazität auf dem Gebiet der Chirurgie, behandelt in seiner Nobelklinik nur betuchte Personen und führt Karteien über all seine Patienten und ihre Vermögensverhältnisse. Doch bei aller Exaktheit im Bürokratischen passieren wenig noble Unachtsamkeiten in der Klinik: Schwerkranke werden zu früh entlassen, hoffnungsvolle Fälle mit unnützen Therapien behandelt und ärztliche Kunstfehler vertuscht. Und eines Tages erreicht ihn ein anonymer Brief, in dem man ihm einen ärztlichen Fehler unterstellt, der den Tod eines Patienten zur Folge hatte ...

AMORE E GINNASTICA (Italien 1973)
Regie: Luigi Filippo D'Amico. *Drehbuch:* Suso Cecchi D'Amico, Tullio Pinelli, Luigi Filippo D'Amico. *Regieassistenz:* Giovanni Fabbri, Giorgio Treves. *Kamera:* Marcello Gatti. *Schnitt:* Marisa Mengoli. *Musik:* Armando Trovajoli. *Ausstattung/Kostüme:* Giancarlo Bartolini Salimbeni.
Darsteller: SENTA BERGER (Maria Pedani), Lino Capolicchio (Simone Censani), Adriana Asti (Elena Diberni), Antonio Faá Di Bruno (Censani), Benjamin Lev (Aldredo Gianoni), Renzo Marignano (Ingenieur Giulio, sein Vater), Aldo Massasso (Armando), Ester Carloni (Pinuccia, Hausangestellte), Dante Cleri (Schuldirektor), Brina Ceati (eine Lehrerin), Maria Teresa Albani, Wilma D'Eusebio, Solvejg D'Assunta, Edda Ferronao, Vincenzo Anzalone, Giuseppe Alotta, Valeria Sabel, Francesco Sormano, Carla Mancini, Orazio Stracuzzi, Vincenzo Sonzelli, Giuliano Todeschini, Giuseppe Rota, Armando Curcio, Edouardo Toniolo, Giuseppe Tuminelli.
Produktion: Gianni Hecht Lucari für Documento Film. Rastmancolor. Panavision. *Länge:* 112 Minuten.
Uraufführung: 16.10.1973.
KRITIK: Tulio Kezich in *Panorama*, 18.10.1973; C. G. Fava in *Corriere Mercantile*, 21.9.1973; V.R. in *Il Secolo XIX*, 21.9.1973; G. Grazzini in *Corriere della Sera*, 26.6.1973; P. Bianchi in *Il Giorno*, 26.9.1973; A. V. in *La Stampa*, 7.9.1973;

A. Valdata in *Stampa Sera*, 7.9.1973; C. Cosulich in *Paese Sera*, 28.10.1973; F. Savio in *Il Mondo*, 11.10.1973; A. Solmi in *Oggi*, 18.10.1973; I. Molé in *Città Nuova*, 25.11.1973; M. Argentieri in *Rinascita*, 23.11.1973; P. Virgintino in Gazzetta del Mezzogiorno, 22.5.1974.

INHALT: Körperliche Fitness – davon ist Maria besessen und sie will die Mittelklassegesellschaft in Turin davon überzeugen. Ein junger Exseminarist namens Celzani, ein zuverlässiger Anhänger und Schüler ihrer Mission, umwirbt sie. Er ist unsterblich verliebt und möchte sie um alles in der Welt erobern. Maria lebt im Appartement mit ihrer Kollegin Zibelli zusammen, einer Frau von ungewöhnlichem Temperament. Zibelli liebt Maria und ist eifersüchtig, weil Männer sich immer wieder in sie verlieben.

REIGEN (BRD 1973)

Regie/Drehbuch: Otto Schenk, nach Arthur Schnitzlers Bühnenstück. *Regieassistenz:* Sigi Rothemund. *Kamera:* Wolfgang Treu. *Schnitt:* Anneliese Artelt. *Musik:* Francis Lai. *Ausstattung:* Herta Hareiter-Pischinger. *Kostüme:* Hill Reihs-Gromes.

Darsteller: Helmut Berger (der junge Herr), Maria Schneider (das süße Mädel), Sydne Rome (das Stubenmädchen), SENTA BERGER (die junge Frau), Peter Weck (der Ehemann), Erika Pluhar (die Schauspielerin), Michael Heltau (der Dichter), Helmuth Lohner (der Graf), Gertraud Jesserer (die Dirne), Hans Brenner (der Soldat).

Produktion: Lisa Film GmbH/Divina Film GmbH & Co. Agfacolor. *Länge:* 122 Minuten.

Uraufführung: 25.10.1973.

KRITIK: *Fd* 18555; Hilde Spiel in *FAZ*, 29.10.1973; Paul Kruntorad in *Deutsche Zeitung*, 2.11.1973; Günther Kriewitz in *StZ*, 23.11.1973; Rolf Wiest in *KStA*, 1.12.1973.

Natürlich ist für mich diese Rolle etwas ganz Besonderes, denn ich bin überzeugt, dass auch dieser REIGEN einen eigenen Charakter hat. Ich habe sehr viel Vertrauen zu Otto Schenk, der ja ein erfahrener Theatermann ist, bei dem man die Gewissheit

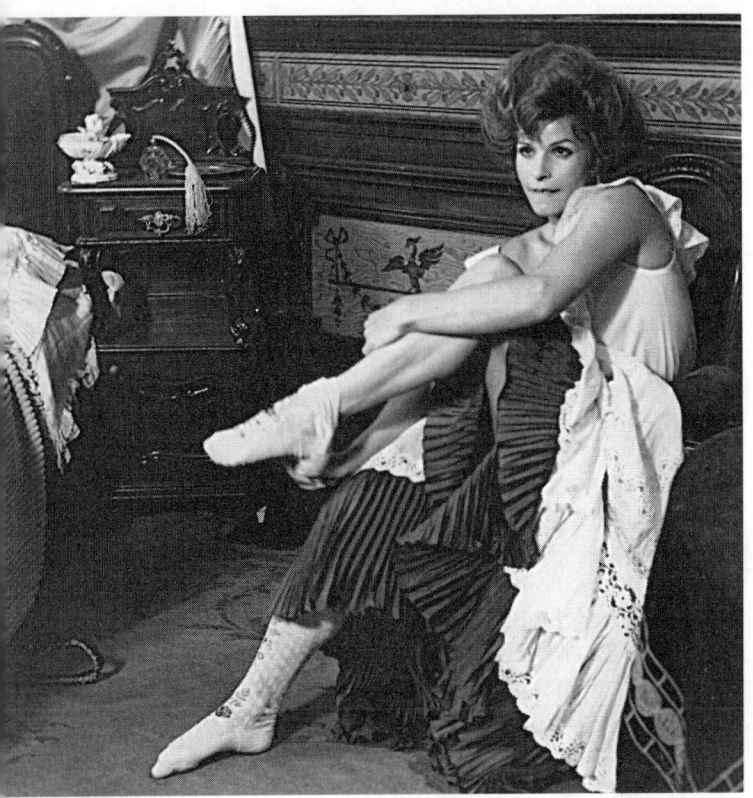

Verführerisch – Senta Berger in Otto Schenks Neuverfilmung von Arthur Schnitzlers ›Reigen‹

hat, dass er seinen Schnitzler nicht manipuliert hat, sondern wirklich das in Bilder umsetzt, was Schnitzler geschrieben hat. Und diese Dialoge sind köstlich genug – und noch dazu modern, obwohl das Stück bereits vor siebzig Jahren entstanden ist. (SENTA BERGER während der Dreharbeiten)

DI MAMMA NON CE N'È UNA SOLA! (Italien 1973)
Regie: Alfredo Giannetti. *Drehbuch:* Ugo Liberatore, Alfredo Giannetti. *Regieassistenz:* Mario Garriba. *Kamera:* Alberto Spagnoli. *Schnitt:* Renato Cinquini. *Musik:* Armando Trovajoli. *Ausstattung:* Giorgio Gallani. *Kostüme:* Luciana Marinucci.

Darsteller: Senta Berger (Contessa Elisabetta di Tarcento), Lino Capolicchio (ihr Sohn Marcello Giandomenico Filippo Maria), Vittorio Caprioli (Professor Goffredo), Lionel Standar (Graf Eliogabalo di Tarcento), Sonia Petrova (Alessandra Pizzullo), Isabelle Marchal (Renée), Enrico Tricarico, Silla Bettini, Vanni Castellani.
Produktion: Giuseppe Zaccariello für Nuovo Linea Cinema. Technicolor. *Länge:* 110 Minuten.
Uraufführung: 5.4.1974.
KRITIK: M.P. in *Il Giorno*, 5.4.1974; P.P. in *La Stampa*, 7.4.1974; L. Autera in *Corriere della Sera*, 5.4.1974; Vice in *Corriere Mercantile*, 26.7.1975.
INHALT: Komödie.

LA BELLISSIMA ESTATE (Italien 1974)

Regie: Sergio Martino. *Drehbuch:* Sergio Martino, Sauro Scavolini. *Kamera:* Giancarlo Ferrando. *Schnitt:* Daniele Alabiso. *Musik:* Alberto Pomeranz. *Ausstattung:* Francesco Calabrese. *Kostüme:* Oscar Capponi.
Darsteller: Senta Berger (Emanuela Benneati), John Richardson (ihr Ehemann Vittorio), Alessando Cocco (ihr Sohn Gianluca), Lino Toffolo (der rote Baron), Duilio Cruciani (Marco), Renzo Marignano (Chauffeur Pietro), Caterina Boratto (die Prinzessin), Mario Erpichini (Giorgio Savona), Sabina Gaddi (die kleine Olga), Brizio Montinaro (der Lehrer), Bernardo Toccacieli, Carla Mancini, Lorenzo Piani.
Produktion: Luciano Martino für Dania Film. Cinescope. Eastmancolor. *Länge:* 95 Minuten.
KRITIK: Vice in *Il Resto del Carlino*, 1974.
INHALT: Eine Mutter verheimlicht dem Sohn den tödlichen Autounfall des Vaters.

L'UOMO SENZA MEMORIA / DER MANN OHNE GEDÄCHTNIS (Italien 1974)

Regie: Duccio Tessari. *Drehbuch:* Bruno Di Geronimo, Duccio Tessari, Ernesto Gastaldi. *Kamera:* Giulio Albonico. *Schnitt:* Mario Morro. *Musik:* Gianni Ferrio.

Szene aus ›Der Mann ohne Gedächtnis‹ mit Senta Berger und Umberto Orsini

Darsteller: SENTA BERGER (Sara), Luc Merenda (Peter Smith), Umberto Orsini (Daniele), Anita Strindberg, Bruno Corazzari, Rosario Borelli, Duilio Cruciani.
Erstaufführung: 19.6.1975.
KRITIK: *Fd* 19368.
INHALT: Eine Schwimmlehrerin in Portofino wird plötzlich mit ihrem verloren geglaubten Ehemann konfrontiert, doch der – er nennt sich Peter Smith – kann sich an nichts mehr erinnern. Weder er noch seine Frau Sara wissen irgendetwas über die Zeit, in der er verschwunden war, und doch scheint gerade diese unbekannte Vergangenheit ihnen zum Verhängnis zu werden. Angebliche Komplizen geben an, er habe einen Mord begangen und Rauschgift im Wert von einer Million Dollar versteckt. Doch das Ganze ist ein wahrhaft teuflisches Spiel.

THE SWISS CONSPIRACY / PER SALDO MORD
(USA/BRD 1975)

Regie: Jack Arnold. *Drehbuch:* Michael Stanley, Norman Kleinman, Philip Saltzman, Howard Sorrell, nach dem Roman THE SWISS CONSPIRACY von Michael Stanley. *Regieassistenz:* Peter Fratzscher, Rolf M. Degener. *Kamera:* Wolfgang-Peter Hassenstein. *Schnitt:* Murray Jordan. *Musik:* Klaus Doldinger. *Ausstattung:* Werner Achmann, Rolf Zehetbauer. *Darsteller:* David Janssen (Privatdetektiv David Christopher), SENTA BERGER (Denise Abbott), John Ireland (Dwight McGowan), John Saxon (Robert Hayes), Ray Milland (Johann Hurtil), Anton Diffring (Franz Benninger), Elke Sommer (Rita Jensen), Arthur Brauss (Joe Korsak), Curt Lowens (André Kosta), David Hess (Tony Sando), Inigo Gallo (Hans

Senta Berger und David Janssen in Jack Arnolds Agentenfilm ›Per Saldo Mord‹

Frey, Polizeikapitän), Sheila Ruskin (Christophers Sekretärin), Hansjörg Bahl (Polizeisergeant), Irmgart Först (Hurtils Sekretärin), Erich Ude (Bankangestellter), Fred Unger (Georg Rascher).

Produktion: Durham Productions New York, Bavaria Atelier München. *Produzenten:* Dr. Helmut Jedele, Red Silverstein. Technicolor. *Länge:* 89 Minuten.

INHALT: Bankdirektor Hurtil aus Zürich hat seine Schwierigkeiten. Er wird ganz einfach damit erpresst, dass man die Nummernkonten seiner zweifelhaften Kunden aufdeckt. In seiner Verzweiflung wendet sich Hurtil an den ehemaligen Justizbeamten und jetzigen Privatdetektiv David Christopher. Doch diese Aufgabe ist gar nicht so einfach, gibt es doch viele Verdächtige. Viele Leute könnten an einem kleinen Erpressergeschäft Interesse haben.

ZUM FILM: Dem Film fühlt man an, dass der ehemalige Trivial-Action-Spezialist Jack Arnold mit diesem Genre nicht vertraut ist. Abgesehen von brutalen Schlägereien, Schießereien und Verfolgungen schleppt sich die lieblos zusammengebastelte Story dahin. Unglaubwürdig vor allem die Verfolgungsjagd mit quietschenden Pneus durch das nächtliche Wien, von der niemand Notiz nimmt. Der Film ist unglaubwürdig, da helfen auch Schauspieler wie Ray Milland, John Saxon, John Ireland und SENTA BERGER nichts.

MitGift (BRD 1975)

Regie/Drehbuch: Michael Verhoeven. *Kamera:* Igor Luther. *Schnitt:* Helga Borsche. *Musik:* Michael Rüggeberg.

Darsteller: SENTA BERGER (Alice), Ron Ely (Kurt), Mario Adorf (Edgar), Helmut Qualtinger (Huck), Elisabeth Flickenschildt (Edgars Mutter), Heidi Stroh, Dietrich Kerky, Friedrich von Thun, Hartmut Becker, Hans Elwenspoek, Nora Minor, Wolfgang Fischer, Michael Gahr, Michel Habeck, Melanie Horeschowski.

Produktion: Sentana Film/WDR. *Produzenten:* SENTA BERGER, Michael Verhoeven. Eastmancolor. *Länge:* 98 Minuten. *Erstaufführung:* 15.1.1976.

Senta Berger und ihr (Film-)Liebhaber Ron Ely in Michael Verhoevens
›MitGift‹

KRITIK: Rolf Thissen in *KStA*, 17.1.1976; L. Sch. in *Fd* 3, 3.2.1976; Peter Steinhart in *RP*, 28.2.1976.

INHALT: »MITGIFT, wie sich der Titel akzentuiert doppelsinnig buchstabiert, ist eine Mörderkomödie, ein Schmunzelstück von der anspruchsvollen, weil schwarzen Spezies Humor. Die Geschichte, die sich Verhoeven hat einfallen lassen, bietet gute Entwicklungsmöglichkeiten für jenen schwierigen Balanceakt zwischen Scherz und Entsetzen, der die besondere Würze solcher Komödien ausmacht: Die schöne und junge Alice lässt durch ihren Geliebten Edgar ihren alten, aber reichen Gemahl aus dem Weg räumen. Sie heiratet den Komplizen, ist jedoch des tumben Muttersöhnchens bald überdrüssig. Sie amüsiert sich mit den neuen Freunden, während der eifersüchtige Edgar auf Rache sinnt. Wer räumt wen zuerst und auf welche Art aus dem Wege, das ist die Frage.« (Günther Kriewitz)

»Zu Tango-Musik bricht ein alter Mann über einem Schachbrett zusammen, von Ehefrau und Hausfreund belauert, und wird dann mit der Überdosis eines Medikaments zu Tode geträufelt. Dann stellt die Frau das Radio ab und sagt in die Stille des Wohnzimmer-Interieurs: ›Ich rufe die Polzei an.‹ Nach dem kurzen Nachspiel zu einer Beerdigung rauscht strahlende Vivaldi-Musik auf zum Blick auf eine Fontäne; der Blick wird freigegeben auf eine ganze Wassertreppe, auf einen Park, auf ein geöffnetes Fenster, einen eleganten Salon, in dem das Mörderpaar die Früchte seiner Tat genießt – oder vielmehr nicht genießt, wie sofort gezeigt wird. Denn einer traut dem anderen neue Vergiftungspläne zu, und das macht ganz schön nervös.« (Peter Steinhart)

ZUM FILM: »Verhoevens Drehbuch und Regie, Igor Luthers Kamera und nicht zuletzt die aus Tango und Vivaldi gemischte Musik von Michael Rüggeberg ergeben einen schönen doppelbödigen Spaß, der nur selten und wohldosiert ins grob Komische abgleitet – immer dann etwa, wenn ein Ehepartner dem anderen eine Prise Gift im Morgenkaffe zutraut oder wenn Mario Adorf mit seiner Holzfälleraxt friedliche Besucher erschreckt.« (*RP*, 28.2.1976, Peter Steinhart)

SIGNORI E SIGNORI, BUONANOTTE (Italien 1976)
Regie: Luigi Comencini, Nanni Loy, Luigi Magni, Mario Monicelli, Ettore Scola. *Drehbuch:* Age, Scarpelli, Luigi Comencini, Mario Monicelli, Nanni Loy, Ruggero Maccari, Luigi Magni, Ugo Pirro, Ettore Scola, Leo Benvenuti, Piero De Bernardi. *Kamera:* Claudio Ragona. *Schnitt:* Amedeo Salfa. *Musik:* Lucio Dalla, Antonelli Venditti, Giuseppe Mazzucca, Nicola Samale. *Ausstattung/Kostüme:* Lucia Mirisola, Lorenzo Baraldi, Luciano Spandoni.
Darsteller: Vittorio Gassman (Inspektor Tuttunpezzo), Marcello Mastroianni (Paolo T. Fiume, Nachrichtensprecher), Monica Guerritore (seine Assistentin), Nino Manfredi (Kardinal Caprettari), Lucretia Love (Englischlehrerin), Adolfo Celi (Commendatore Palese), SENTA BERGER (seine Ehefrau), Ugo Tognazzi (ein General und ein Rentner), Paolo Vil-

Vittorio Gassman (rechts) und Adolfo Celi (hinter Senta Berger) in Luigi Comencinis ›Signori e signori, buonanotte‹

laggio (Fernsehmodorator und Prof. Schmidt), Andréa Ferréol (Köchin des Kardinals), Mario Scaccia (Kardinal), Carlo Croccolo (Polizeipräsident), Gabriella Farinon, Eros Pagni, Felice Andreasi, Franco Scandurra, Sergio Graziani. *Produktion:* Franco Committeri für Cooperative 15. März. Eastmancolor. *Länge:* 118 Minuten.
KRITIK: Tullio Kezich in *Panorama*, Mailand, 23.11.1976.

BROGLIACCIO D'AMORE / TAGEBUCH EINER LEIDENSCHAFT (Italien 1976)

Regie: Decio Silla. *Drehbuch:* Decio Silla, Gilberto Aquizzato, Tulio Demiceli, Luisa Montagnana, nach einem Roman von Gino Maggiora und Franca Monari. *Regieassistenz:* Edoardo Salerno. *Kamera:* Lamberto Caimi. *Schnitt:* Enzo Mo-

nachesi. *Musik:* Giuseppe Cremante. *Ausstattung:* Bartolo-
meo Scavia. *Kostüme:* Lia Morandini.
Darsteller: Enrico Maria Salerno (Giacomo), SENTA BERGER
(Roberta), Paolo Carlini (Pierino), Marisa Valenti (Patrizia),
Umberto Racepre, Lorenzo Fineschi, Annibale Papetti,
Giancarla Locatelli, Silvia Mango, Rossane Callegari, Tino
Polenghi, Antenisca Nemour, Maria Fausta Tornaghi.
Produktion: Francesco Corti für Dunamis Cin.ca./Mailand.
Telecolor. *Länge:* 100 Minuten.
KRITIK: *Segnalazioni Cinematografiche,* LXXXII, 1977.
INHALT: Ein erfolgreicher Ingenieur will seine Identifikati-
onskrise überwinden, indem er ein Buch schreibt. Das Ergeb-
nis ist jedoch anders, als er selbst erwartet.

LA PADRONA É SERVITA / DIE HERRENREITERIN
(Italien 1976)
Regie: Mario Lanfranchi. *Drehbuch:* Pupi Avati. *Musik:* Stel-
vio Cipriani.
Darsteller: SENTA BERGER (Angela), Maurizio Arena (Domenico), Bruno Zanin (Daniele), Barbara Nascimbe, Pina
Cei, Erica Blanc.
Produktion: Intervisione. *Länge:* 80 Minuten.
Erstaufführung: 15.1.1989 RTL plus.
INHALT: »Eine Witwe mit drei Töchtern will ihre herunter-
gekommenen Ländereien verkaufen. Als Käufer stellt sich
ein grober Neureicher mit einem feinfühligen Sohn ein, die
rasch der Sinnlichkeit der Frau erliegen. Zunächst wendet
sich die Frau dem jungen Mann zu, doch als sein Vater mit ihr
eine Geschäftsreise plant, sieht sie ihre Chance gekommen.
Billiger Trivialfilm mit einigen Soft-Sex-Einlagen.« *(fd)*

DAS CHINESISCHE WUNDER (BRD 1977)
Regie: Wolfgang Liebeneiner. *Drehbuch:* Manfred Barthel,
Kurt Nachmann. *Regieassistenz:* Gusti Brünjes-Goldschwend.
Kamera: Götz Neumann. *Schnitt:* Annemarie Rokoss. *Musik:*
Sam Spence. *Ausstattung:* Robert Stratil.
Darsteller: Heinz Rühmann (Poliakoff), SENTA BERGER (Det-

ta Gaspardi), Peter Pasetti (Professor Gaspardi), Harald Leipnitz (Dr. Linkers), Christian Kohlund (Dr. Kristian Keller), Friedhelm Lehmann (Dr. Folkmann), Sabi Dorr (Dr. Singh), Bert Fortell (Theo, Dettas Bruder), Herbert Fux (Menzel), Reinhard Kolldehoff (Flugkapitän), Lisa Chung Ding Dong (Mei-Lan).
Produktion: Cinema 77. Eastmancolor. *Länge:* 74 Minuten.
Uraufführung: 21.1.1977.
KRITIK: *Fd* 20152.

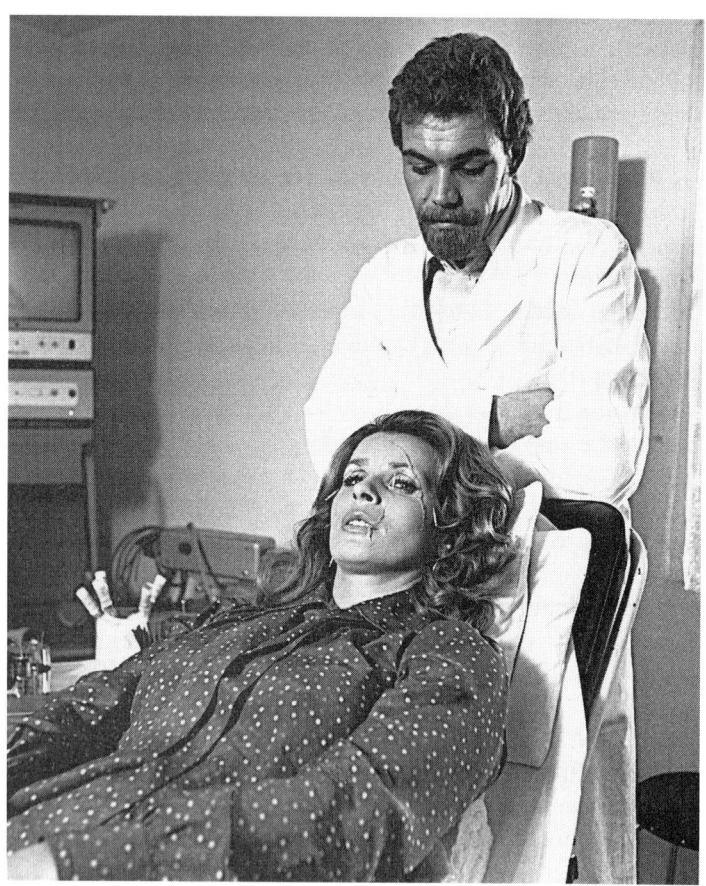

›*Das chinesische Wunder*‹ *mit Senta Berger und Christian Kohlund*

CROSS OF IRON / STEINER – DAS EISERNE KREUZ
(USA/BRD/Großbritannien 1977)
Regie: Sam Peckinpah. *Second Unit Regie:* Walter Kelley.
Drehbuch: Julius Epstein, Walter Kelley, James Hamilton
(laut Vorspann der deutschen Fassung: Julius J. Epstein, Herbert Asmodi), nach dem Roman DAS GEDULDIGE FLEISCH
(1955) von Willi Heinrich. *Regieassistenz:* Bert Batt, Chris
Carreras, Cliff Coleman. *Kamera:* John Coquillon. *Schnitt:*
Tony Lawson, Michael Ellis. *Musik:* Ernest Gold. *Ausstattung:*
Brian Ackland. *Spezialeffekte:* Richard Richtsfeld, Helmut
Klee, Sass Bedig, Zdravko Smojver, Robin Gutteridge.
Darsteller: James Coburn (Feldwebel Steiner), Maximilian
Schell (Hauptmann Stransky), James Mason (Oberst
Brandt), Klaus Löwitsch (Unteroffizier Krüger), David Warner (Hauptmann Kiesel), Vadim Glowna (Gefreiter Kern),
SENTA BERGER (Schwester Gertrud), Roger Fritz (Leutnant
Triebig), Burkhard Driest (Schütze Maag), Dieter Schidor
(Anselm), Arthur Brauss (Gefreiter Zoll), Veronique Vendell
(Marge), Mikael Slavco Stimac (russischer Junge), Michael
Nowka (Schütze Dietz), Fred Stillkrauth (Unteroffizier
Schnurrbart).
Produktion: Anglo-EMI Productions, London/Rapid Film,
München/Terra Filmkunst, Berlin. *Produzent:* Wolf C. Hartwig. *Koproduzent:* Pat Duggan. *Herstellungsleitung:* Dieter
Nobbe. *Produktionsleitung:* Ludwig Spittaler. Technicolor.
Breitwand. *Länge:* 133 Minuten.
Uraufführung: 28.1.1977. *Erstaufführung* USA: 20.5.1977.
Preise: Bambi 1977 für Sam Peckinpah.
KRITIK: Jack Kroll in *Newsweek*, 23.5.1977; Günther Bastian
in *Fd* 4, 15.2.1977; Rolf Thissen in *KStA*, 29.1.1977; Werner
Schwerter in *RP*, 29.1.1977; Wolfram Schütte in *FR*, 31.1.1977;
Wilfried Wiegand in *FAZ*, 1.2.1977.
INHALT: »Es war ein Fest, mit euch zusammengewesen zu
sein«, sagt Feldwebel Steiner am Ende, und das »Let's go!«
erinnert in seinem Sarkasmus an die Schlüsselszene in
THE WILD BUNCH, dem mexikanischen Revolutionswestern
des Regisseurs Peckinpah. Und während sie alle in den

sicheren Tod marschieren, hört man zu den Bildern von Korea und Vietnam das deutsche Volkslied »Hänschen klein ging allein«. Der Zyniker Peckinpah will damit sagen: Die Männer, ihre Drahtzieher, sie sind in allen Kriegen die gleichen wie auch die Opfer.

ZUM FILM: Mit 15 Millionen Mark Produktionskosten ist das die aufwändigste Produktion des SCHULMÄDCHENREPORT-Millionärs Wolf C. Hartwig. STEINER ist bestimmt kein Film, in dem die USA ihre Opfer feiern, doch so sehr Peckinpah sich um Realismus und Symbolik des großen Sterbens kümmert – er kann nicht verhindern, dass der Krieg am Ende wieder als ein großes Schicksal aussieht, das von einigen wenigen beschworen wurde, und dass ein paar andere noch – wie hier Maximilian Schells Stransky – ihr sadistisches Vergnügen daran haben. Wenn die Zuschauer sich mal in Scharen am tragischen Blutspektakel ergötzen, ob es nun pro oder contra Krieg ist, dann geht alle kritische Einsicht unter.

UNA DONNA DI SECONDA MANO (Italien 1977)
Regie: Pino Tosini. *Drehbuch:* Sergio Perillo, Piero Regnoli. *Regieassistenz:* Mario Tosini. *Kamera:* Antonio Nardi. *Schnitt:* Enzo Micarelli. *Musik:* Michele Francesco. *Ausstattung:* Massimo Lentini. *Kostüme:* Titus Vossberg.
Darsteller: SENTA BERGER (Nerina), Renate Niehaus (Simona), Enrico Maria Salerno (Augusto), Stefano Satta Flores (Sergio), Macha Meril (Clelia, Mutter von Simona), Stefano Amato (»Ciccia«), Bruno Valente (Luca), Filippo De Gara (Nerinas Begleiter), Rina Centa (die alte Dame aus Florenz), Antinesca Nemour, Dina Castigliego, Tino Polenghi, Giuliana Rivera, Rossana Rovere, Roberto Ferlicca, G. Antonio Campi.
Produktion: Boxer Film. *Produktionsleiter:* Mario Caporali. Technicolor. *Länge:* 95 Minuten.
Uraufführung: 18.12.1977.
KRITIK: S.C. in *La Stampa*, 14.9.1977; E.G. in *Il Giorno*, 1.10.1977; L. Autera in *Corriere della Sera*, 1.10.1977; Vice in *Corriere Mercantile*, 20.12.1977.

RITRATTO DI BORGHESIA IN NERO / DIE NACKTE BOURGEOISIE (Italien 1977)

Regie: Tonino Cervi. *Drehbuch:* Tonino Cervi, Cesare Frugoni, Goffredo Parise, nach einer Story von Roger Peyrefitte. *Kamera:* Armando Nannuzzi. *Schnitt:* Nino Baragli. *Musik:* Vincenzo Tempera. *Ausstattung:* Luigi Scaccianoce.

Darsteller: Ornella Muti (Elena Mazzarini), SENTA BERGER (Carla Richter), Capucine (Amelia Mazzarini), Stefano Patrizi (Mattia Morandi), Christian Borromeo (Renato Richter), Mattia Sbragia (Edouardo Mazzarini), Paolo Bonacelli (Paolo Mazzarini).

Produktion: Mars Film. *Produzent:* Piero La Mantua. Technicolor. *Länge:* 105 Minuten.

Erstaufführung: 17.11.1978.

Ornella Muti und Senta Berger in ›Die nackte Bourgeoisie‹

INHALT: Venedig im Sommer 1938. Die Faschisten halten schneidige Reden, allenthalben demonstrieren sie Macht. Die Söhne aus guten Häusern sind begeistert: Jetzt endlich kommt Leben ins gelangweilte Italien. Mattia, ein begabter Pianist, besucht das Konservatorium, sein Freund Renato Richter macht ihn mit seiner hübschen, sinnlichen Mutter Carla bekannt. Der Funke springt über: Trotz des Altersunterschiedes sind die beiden bald ein leidenschaftliches Paar. Die Eifersucht des Sohnes bringt das Verhältnis auseinander, Mattia verliebt sich in die bildschöne Faschisten-Tochter Elena. Die Neigung bleibt nicht unerwidert: Bald ist Mattia im Palazzo der Mazzarinis zu Hause. Carla indes ist verzweifelt und verbittert. Weil ihre Eifersucht an Mattia abgleitet, verführt sie die ahnungslose Elena, will sie erpressen. In spontaner Verzweiflung erschlägt das Mädchen die Frau.

ZUM FILM: Liebe und Leidenschaft, Schuld und Unschuld vor dem Hintergrund des faschistischen Italien nach einem Roman von Roger Peyrefitte. Das wäre eine brisante Filmgeschichte, denn Regisseur Tonino Cervi macht deutlich, dass Recht und Gerechtigkeit angesichts der politischen Macht der neuen Herren nichts mehr gelten: Elenas Vater »bereinigt« die Angelegenheit, der Polizeikommissar wird die Aussagen der Tochter nicht weiter untersuchen, der einflussreiche Politiker wird als Gegenleistung den Sohn des Beamten fördern. Doch im Film gehört die Sympathie dem jungen Paar, vor allem dem unschuldigen Mädchen, sodass die Haltung des Vaters, die Tat zu verschleiern, als ausgleichende Gerechtigkeit wirkt. Aber auch die Machart des Films entspricht dem: Klischees und Erotik nehmen immer mehr überhand, sodass die politische Themenstellung belanglos wird.

LA GIACCA VERDE / EIN SELTSAMES SPIEL
(Italien/Frankreich 1979)
Arbeitstitel: LA CASA DEL PERCHÉ
Regie: Franco Giraldi. *Drehbuch:* Lucio Manlio Battistrada,

Sandra Onofri, Franco Giraldi, nach einer Erzählung von Mario Soldati. *Regieassistenz:* Filippo Perrone. *Kamera:* Dario Di Palma. *Schnitt:* Raimondo Crociani. *Musik:* Luis Enriquez Bacalov. *Ausstattung:* Guido Josia. *Kostüme:* Danda Ortona. *Darsteller:* SENTA BERGER (Marta, Schauspielerin), Jean-Pierre Cassel (Walter Salvini), Renzo Montagnani (Romualdi), Vittorio Sanipoli (Gatti), Laura Trotter (Journalist), Adriano Russo (Caterina), Renzo Marignano, Vittorio Ripamonti (Ärzte), Salvatore Aiesi, Pasquale Pesce (zwei Republikaner), Grazia Sidella, Alessandra Tani, Adriana Falco (drei Chormädchen), Siria Betti (Leiter der Pension), Giovanni Vannini (Abt), Enzo Spitaleri, Gianfranco Quero, Pino Lorin (drei Klosterbrüder).
Produktion: Arturo La Pegna für C. E. P./RAI TV, Rom/ TVR 3, Paris. Eastmancolor. *Länge:* 103 Minuten.
Uraufführung: Festival di Taormina 20.7.1979.
Erstausstrahlung im Fernsehen: 2.12.1981.
KRITIK: D. Zanelli in *Il resto del Carlino*, 26.7.1979.
INHALT: Bei der OTHELLO-Aufführung in Rom 1946 wird dem Maestro beim Einsatz der Pauken plötzlich übel. Als Erklärung erzählt er ein Erlebnis aus den letzten Kriegstagen:
Der Maestro, ein Halbjude, war in ein Kapuzinerkloster geflüchtet. Dort begegnete ihm der Aufschneider Romualdi, der sich als bekannter Dirigent ausgab. Zwischen den beiden entwickelte sich eine seltsame Beziehung, die durch Verschulden des Maestro ein ungutes Ende findet. Romualdi fühlte sich hintergangen. Jetzt erkannte der Maestro in dem Paukenschläger seinen ehemaligen Kriegskameraden. Und dieser Situation fühlt er sich nicht gewachsen.

VERTIGO EN LA PISTA / SPEED DRIVER /
DER TODESFAHRER (Spanien/Italien/BRD 1980)
Regie/Drehbuch: Stelvio Massi.
Darsteller: Fabio Testi (Rudy), Orazio Orlando, Francisco Rabal (Napoli), SENTA BERGER (Susan).
Eastmancolor. *Länge:* 113 Minuten.

INHALT: Motorraddrama. Rennen fahren – das ist Rudys Lebensinhalt. Nacht für Nacht riskiert der Einzelgänger sein Leben, wenn er mit seinem heißen Schlitten mit anderen Freaks um die Wette fährt. Der einzige wirkliche Freund ist Napoli, der sich als sein Trainer und Manager sieht.

FATTO SU MISURIA (Italien 1984)
Regie: Francesco Laudadio. *Drehbuch:* Francesco Laudadio, Filiberto Bandini. *Kamera:* Christiano Pogany. *Schnitt:* Angela Cipriano. *Musik:* Claudio Mattone.
Darsteller: Ricky Tognazzi, Lara Wendel, Ugo Tognazzi, Renato Scarpa, Liliana Eritreri, Roberto Vezzosi, Victoria Zinny, Alessandro Benvenutti, Ugo Gregoretti, SENTA BERGER (Signora Anna Schwartz).
Produktion: RPA/Cinecittà S.p.A.

LE DUE VITE DI MATTIA PASCAL / DIE ZWEI LEBEN DES MATHIAS PASCAL (Italien 1985)
Regie: Mario Monicelli. *Drehbuch:* Suso Cecchi D'Amico, Ennio de Concini, Amanzio Todini, Mario Monicelli, nach dem Roman von Luigi Pirandello. *Regieassistenz:* Amanzio Todini. *Kamera:* Camillo Bazzoni. *Schnitt:* Ruggero Mastroianni. *Musik:* Nicola Piovani. *Ausstattung:* Lorenzo Baraldi. *Kostüme:* Gianna Gissi.
Darsteller: Marcello Mastroianni (Mattia Pascal/Adriano Meis), Carlo Bagno (Pellegrinotto), Laura del Sol (Romilda), Clelia Rondinella (Oliva), Rosalia Maggio (Witwe Pescatore), Alessandro Haber (Mino Pomino), Nestor Garay (Malagna), Helen Stirling (Tante Scolastica), Caroline Berg (Véronique), Flora Cantori (Mattias Mutter), Laura Morante (Adriana Paleari), SENTA BERGER (Clara), Bernard Blier (Anselmo Paleari), Andréa Ferréol (Silvia Caporale), François Marinovich (Pominos Vater), Flavio Bucci (Terenzio Papiano), Elettra Mancini Ferrua (Pascals Gouvernante), Maria Paola Sutto (Prostituierte), Paul Muller (ein Mann in Monte Carlo), Victor Cavallo (Advokat Settebellezze), Tonino Proietti (Claras Liebhaber), Giuseppe Cederna (junger Mann in Venedig).

An der Seite von Marcello Mastroianni sieht man Senta Berger in ›Die zwei Leben des Mathias Pascal‹.

Produktion: Silvio D'Amico Bendicó, Carlo Cuchi/RAI UNO/Cinecittà Excelsior Cinematografica, mit Films A2/Telemunchen/Film Four International/RTVA/RTSI. Farbe.
Länge: Kinofassung: 125 Minuten, TV: 99 + 85 Minuten.
Erstaufführung: 2 Teile 18. und 22.5.1988/ORF (2+1) 18. und 19.2.1989.

KILLING CARS (BRD 1985)
Regie: Michael Verhoeven. *Drehbuch:* Michael Verhoeven/Mario Krebs. *Kamera:* Jacques Steyn. *Schnitt:* Fred Srp. *Musik:* Michael Landau. *Ausstattung:* Norbert Scherer.
Darsteller: Jürgen Prochnow (Ralph Korda), SENTA BERGER (Marie), Agnes Sorel (Violet), Daniel Gélin (Kellermann), Stefan Meinke (Niki), Bernhard Wicki (von der Mühle), Marina Larsen (Dina), William Conrad (Mahonery).

Produktion: SENTA BERGER/Michael Verhoeven für Sentana Film/Amazonas. Eastmancolor. *Länge:* 104 Minuten. *Premiere:* 13.2.1986.

KRITIK: Inge Bongers in *Blickpunkt Film* 8/86; Otto Heuer in *RP,* 7.3.1986; Bernd Meinecke in *Stuttgarter Nachrichten,* 3.3.1986; Frauke Hanck in *tz,* 13.2.1986.

INHALT: Ralph Korda ist der Prototyp des erfolgreichen Businessman. Er liebt schnelle Wagen und umgibt sich gerne mit schönen Frauen. Vom Vater hat er eine Erfolg versprechende Automobilfabrik geerbt und eine Formel, die ihm den Bau eines Akku-Autos ermöglicht, das ohne Treibstoff und folglich auch umweltfreundlich fährt. Hinter dieser Formel aber ist alle Welt her: arabische Ölmultis, die um ihre Treibstoffabsätze bangen, amerikanische Weltraumstrategen, und schließlich bietet die Akku-Energie auch Möglichkeiten für

›Killing Cars‹

die moderne Kriegsführung. Am Ende erkennt Korda, dass er beinahe Leuten auf den Leim gegangen wäre, die er absolut nicht schätzt. Seine Freundin ist zur Gegenseite übergewechselt, die Firma ist er los und an seinem »World Car« scheint keiner mehr interessiert zu sein. Nur die resolute junge Journalistin, die mit den Ökofreaks sympathisiert, hält zu dem attraktiven Jungunternehmer.

ZUM FILM: Ein erstaunlicher Sprung der Sentana Film von Filmen wie SONNTAGSKINDER und DIE WEISSE ROSE zu diesem Auto-Thriller. Doch weit weg von den oberflächlichen Stunt-Filmen interessiert auch die inhaltliche Seite, die gerade durch den äußeren Schwung attraktiv wird, denn in der Autofabrik werden die hoffnungsvollen Ansätze zunichte gemacht, das Konventionelle setzt sich durch, zurück bleibt ein gebrochener Macho, gebrochen, aber nicht verändert. Zusammen mit einer jungen Frau, die wieder einmal für die verlorene Sache gekämpft hat. Symphatisch ist das schon.

DE FLEYVENDE DJAEVLE / DIE FLIEGENDEN TEUFEL
(Dänemark/Schweden 1985)
Regie/Drehbuch: Anders Refn. *Regieassistenz:* Morten Arnfred. *Schnitt:* Kasper Schyberg. *Musik:* Kasper Winding.
Darsteller: Karmen Atlas (Miranda), SENTA BERGER (Nina Rosta), Warren Clarke (Arno), Erik Clausen (Horst Kupka), Mario David (Lazlo Hart), Ole Ernst (Erik), Fred Gärtner (Heinz), Guy Godefroy (Gavin), Marcel Guy (Schumacher), Nadeem Rezaq Janjau (Mischa), Erland Josephson (Oscar), Trevor Laird (Sepp), Ole Michelsen (Journalist), Jean-Marc Montel (Max), Wolf Rüdiger Ohlhoff (Mann auf der Toilette), Romano Puppo (Graf Corleone), Flemming Quist-Möller (Journalist), Jutta Richter-Haser (Gabriella), Margaretha Krook (Hildegarde), Venantio Venatini (Luigi), Carlos Valles (Hassan), Johnny Wade (Tony), Pete Lee Wilson (Mory).
Produktion: Crone Films Sales ABC/Anders REFN/Svenska Filminstitut/Det Danske Filminstitut. *Produzent:* Jorge Melgaard. Technicolor. *Länge:* 115 Minuten.
BRD-Premiere: 26.8.1995 Bayern 3.

L'ULTIMA MAZURKA (Italien 1986/87)

Regie: Gianfranco Bettattini. *Drehbuch:* Gianfranco Bettattini, Luigi Lunari, Alberto Frarassino, Aldo Grasso, Tatti Sanguinetti. *Kamera:* Giulio Albonico. *Musik:* Gino Negri, Franz Lehar.

Darsteller: SENTA BERGER, Erland Josephson, Paolo Bonacelli, Marina Berti, Mario Scaccia, Francesco Carneluti, Adele Cossi, Giuseppe Fallisti.

Produktion: RAI. Eastmancolor. *Länge:* 121 Minuten.

INHALT: Der Film spielt 1921 in Mailand zur Zeit vor der Machtübernahme der Faschisten. Während einer Aufführung von Franz Lehárs Operette MASKE IN BLAU explodiert im Theater Diana eine Bombe, die vielen Menschen das Leben

Senta Berger in Gianfranco Bettattinis ›L'ultima Mazurka‹

kostet. Zwei Anarchisten sind verantwortlich für die Tat, mit der sie die Öffentlichkeit auf den Gesundheitszustand ihres inhaftierten Führers aufmerksam machen wollen. Doch die Faschisten nützen die Situation aus und funktionieren die Trauerfeierlichkeiten für ihre politischen Ziele um. Die Operettentruppe aus der Provinz, die die Aufführung als eine Chance ansah, muss erkennen, dass die Zeit für Operetten vorbei ist, nun beherrschen die Schwarzhemden die Bühne.

ANIMALI METROPOLITANI / METROPOLITAN ANIMALS (Italien 1987)

Regie: Steno. *Drehbuch:* Steno, Enrico Vanzina, Marco Cavalleri. *Kamera:* Giorgio Di Battista.
Darsteller: SENTA BERGER, Donald Pleasance, Ninetto Davoli, Golezzo Bentivoglio.
Produktion: International Dean Film, Rom.
INHALT: Komödie.

CHEEEESE (Kanada/Schweiz/Italien 1988)

Regie: Bernhard Weber. *Drehbuch:* Umberto Simonetta. *Adaptation/Dialog:* Mario Fratti/Andrea Canetta. *Regieassistenz:* Sandro Metz. *Kamera:* Massimo Di Venanzo/Guliemo Mancori. *Schnitt:* Antonio Siciliano. *Musik:* Jean Robitaille. *Ausstattung:* Massimo Torda. *Kostüme:* Eveline Kohler.
Darsteller: Vincent Gardenia (Bonjour), SENTA BERGER (Erica), Arnaldo Ninchi (Salvatore), Isabel Lorca (Stella), Jean-Noël Bodo (Luca), Pamela Prati (Loredana), Gilda Germano (Francesca), Domenico Fortunato (Giorgio), Enzo Spitalieri (Onkel), Voli Geiler (Mme. Gancikowna), Elisabeth Kaza (Donna Rosalia), Adriana Facchetti (Immacolata), Fulvia Midulla (Olga), Franco Diogene (Lino), Ada Pometti (Sizilianerin), Tony Allin (Texander), Gaetano Russo (Barmann), Heidi Schneider (Verkäuferin).
Produktion: Pan Alpine Pictures International S.R.L./ Cheeeese Production Inc., Kanada mit Ringier A.G., Schweiz, Reteitalia S.P.A., Rom. *Produzent:* Bernard Weber. *Koproduzent:* Pascal Desjardins. Technicolor. *Länge:* 90 Minuten.

TRE COLONNE IN CRONACA (Italien 1990)
Regie: Carlo Vanzina. *Drehbuch:* Enrico und Carlo Vanzina, nach einem Roman von C. Augias und D. Pasti. *Kamera:* Luigi Kuveiller. *Musik:* Ennio Morricone.
Darsteller: Gian Maria Volonté, Massimo Dapporte, Sergio Castellitto, SENTA BERGER, Lucrezia Lante Della Rovere, Demetra Hampton, Paolo Malco, Spiro Focas, Angelica Ippolito. *Produktion:* C. G. G. Tiger Cinematografica, Reteitalia, Paxit. Eastmancolor. *Länge:* 99 Minuten.

**HOMEWARD BOUND: THE INCREDIBLE JOURNEY /
ZURÜCK NACH HAUSE: DIE UNGLAUBLICHE REISE**
(USA 1993)
Regie: Duwayne Dunham. *Drehbuch:* Caroline Thompson, Linda Woolverton, nach dem gleichnamigen Roman von Sheila Burnford. *Kamera:* Ned Smoot. *Schnitt:* Jonathan P. Shaw. *Musik:* Bruce Broughton.
Sprecher: Don Ameche/Georg Thomalla (Shadow), Michael J. Fox/Pascal Breuer (Chance), Sally Field/SENTA BERGER (Sassy), Robert Hays (Bob), Kim Greist (Laura), Veronica Lauren (Hope), Benji Thall (Peter).
Produktion: Walt Disney Pictures. Touchwood Pacific Partners. *Produzenten:* Franklin R. Levy/Jeffrey Chemov. Technicolor. *Länge:* 83 Minuten.
Premiere: BRD 5.8.1993.
KRITIK: Albert Baer in *RP,* 6.8.1993; Frauke Hanck in *AZ,* 5.8.1993; Christian Winterfeldt in *KStA,* 7.8.1993.
INHALT: Zwei Hunde und eine Katze werden auf dem beschwerlichen Heimweg durch eine Bergwildnis von Kindern unterstützt.
ZUM FILM: Harmlos oberflächliches Remake des Films THE INCREDIBLE JOURNEY von 1963.

MAMMAMIA (BRD 1996/97)
Regie/Drehbuch: Sandra Nettelbeck. *Kamera:* Michael Bertl.
Darsteller: Christiane Paul (Paula), SENTA BERGER (Clara), Peter Lohmeyer (Daniel), Michael Mendl (Martin).

Produktion: DOM-Film. Farbe. *Länge:* 89 Minuten.
Premiere: Max-Ophüls-Festival Saarbrücken: Januar 1998.
Erstausstrahlung: 8.5.1998 Arte, 30.11.1998 ZDF.
KRITIK: Bettina Thienhaus in *epdFilm* 3/1998; Horst Peter Koll in *Fd* 5/1998; Hans-Dieter Seidel in *FAZ*; 8.5.1998, Mechthild Zschau in *SZ*; 30.11.1998, Ponkie in *AZ*, 2.12.1998.
ZUM FILM: »Vor gutbürgerlichem Hintergrund kämpft die junge Paula, Ärztin im Praktikum, mit der Frage, wie sie mit ihrer frisch entdeckten Schwangerschaft umgehen soll. Auf diversen Schauplätzen wird das Thema ›Beziehung‹ durchdekliniert, Paulas beste Freundin etwa wird von ihrem Lover verlassen. Paulas Mutter wiederum (sehr cool: SENTA BERGER) will sich nach 33 Ehejahren scheiden lassen, Paulas Freund Daniel, Sportlehrer und Vater des künftigen Kindes, hat nur sein sonntägliches Fußballtraining im Kopf und kein Ohr für Paulas Anliegen. Wie Paula (anrührend, witzig: Christiane Paul) einen lieben langen Sonntag versucht, zu einer Entscheidung zu kommen und nebenbei die Ehe der Eltern zu retten, was immer neue, kleine Katastrophen bewirkt – das ist nur in der ersten Hälfte ansatzweise gelungen inszeniert. Dann fehlt es zunehmend an Biss und Schärfe, während sich zugleich Gefühligkeit einschleicht.« (Bettina Thienhaus)

BIN ICH SCHÖN? (BRD 1998)
Regie: Doris Dörrie. *Drehbuch:* Doris Dörrie, Rolf Basedow, Ruth Stadler, nach Kurzgeschichten von Doris Dörrie. *Kamera:* Theo Bierkens. *Schnitt:* Ines Regnier. *Musik:* Roman Bunka. *Ausstattung:* Yvonne Hellings. *Kostüme:* Yoshi'O Yabara.
Darsteller: Franka Potente (Linda), Steffen Wink (Klaus), Anica Dobra (Franziska), Iris Berben (Rita), Oliver Nägele (Fred), Gottfried John (Herbert), SENTA BERGER (Unna), Nina Petri (Charlotte), Joachim Król (Robert), Lina Lambsdorff (Lili), Maria Schrader (Elke), Heike Makatsch (Vera), Suzanne von Borsody (Lucy), Uwe Ochsenknecht (Bodo), Carla Weindler (Carla, 7 Jahre), Elisabeth Romano (Jessica), Gustav-Peter Wöhler (Werner), Michael Klemm (Holger), Juan Diego Botto (Felipe), Gisela Schneeberger (Tamara),

›Bin ich schön?‹: Heike Makatsch als Vera, Senta Berger als Unna und Gottfried John als Herbert

Otto Sander (David), Pierre Sannoussi Bliss (Paco), Maria Piniella (Pinkola), Christine Österlein (alte Dame), Dietmar Schönherr (Juan).
Produktion: Constantin Film. *Produzenten:* Bernd Eichinger, Martin Moszkowicz, Norbert Preuss. Farbe. *Länge:* 120 Minuten.
Premiere: 7.7.1998.
KRITIK: Rainer Gansera in *epdFilm* 9/1998; Josef Lederle in *Fd* 19/1998; *tip*, 20/1998; Angie Dullinger in *AZ*; 15.9.1998; Gregor Dotzauer in *SZ*, 16.9.1998; Peter Körte in *FR*, 17.9.1998; Hellmuth Karasek in *Der Tagesspiegel*, 17.9.1998; Christiane Petz in *Die Zeit*, 17.9.1998; Thomas Klingenmaier in *StZ*, 17.9.1998; Merten Worthmann in *Berliner Zeitung*,

17.9.1998; Eva-Maria Lenz in *FAZ*, 17.9.1998; Daniel Kothenschulte in *KStA*, 19.9.1998.

INHALT: Der Film basiert auf Kurzgeschichten von Doris Dörrie und handelt vom Traum, jemand anderes sein zu können. Der Film ist eine Art Reigen und erzählt von Menschen, die aus ihrer Haut herauswollen, sich begegnen und wieder verlieren, in Deutschland wie in Spanien; er erzählt von Sehnsüchten, Enttäuschungen und Freude.

ZUM FILM: »Auf der Grundlage ihrer Kurzgeschichten entfaltet Doris Dörrie einen heiter bis melancholisch gestimmten Reigen von Liebes- und Ehegeschichten, in denen es um die Fragen von Glück und Verlust, Treue, Tod und Trauer geht. Der Episodenfilm lotet in seinen besten Momenten existenzielle Themen aus, verliert sich bisweilen aber in Oberflächlichkeiten und den Fallstricken unverbindlicher Komödien. Ein überragendes Schauspieler-Ensemble und eine Reihe dichter, emotional wie intellektuell tief berührender Momente trösten über die Schwachstellen sowie die bemühte Rahmenhandlung hinweg.« *(fd)*

INTO THE ARMS OF STRANGERS – STORIES OF KINDERTRANSPORT / KINDERTRANSPORT – IN EINE FREMDE WELT (USA 2000)

Regie/Drehbuch: Mark Jonathan Harris. *Kamera:* Don Lenzer. *Schnitt:* Kate Amend. *Musik:* Lee Holdridge.
Deutsche Sprecherin: SENTA BERGER.
Produktion: Sabine Films. *Produzentin:* Deborah Oppenheimer.
Premiere BRD: 23.11.2000.

ZUM FILM: Von August 1939 bis Ende 1939 erlaubten die Nazis 10.000 jüdischen Kindern und Jugendlichen die Ausreise nach England. Der Grund ist bis heute im Dunkeln, vermutlich hat die weltweite Reaktion auf die Kristallnacht die Entscheidung ausgelöst. Das war für viele Eltern grausam. Ein Vater hat sein Kind aus dem Fenster des fahrenden Zuges geholt und dadurch kam es ins Konzentrationslager, das es – im Gegensatz zu seinem Vater – wie ein Wunder überlebte. Der Film dokumentiert die Aktion in einzelnen Geschichten.

Die Fernsehfilme

GEHÖRT SICH DAS? (Österreich 1960)
TV-Sendung SCHLECHT BENEHMEN – AUS DER FERNE GESEHEN
Regie: Walter Davy. *Entwurf:* Heinz Fischer-Karwin.
Darsteller: Otto Schenk, Brigitte Branj, Hans Christian, Hermann Laforet, SENTA BERGER.
Sendung: ORF 22.7.1960.

STARS IN DER MANEGE (BRD 1963)
SENTA BERGER spielt eine Manegendienerin.
Sendung: 31.12.1963 ARD.

EIN SCHÖNER HERBST (Österreich 1964)
Regie: Edwin Zbonek. *TV-Regie:* Karl Stanzl. Musikalisches Lustspiel nach der Komödie EIN JUNGER HERR VON 40 JAHREN von Bruno Schuppler. *Musik:* Robert Stolz.
Darsteller: Leopold Rudolf, Albrecht Rueprecht, Elfriede Ott, Annie Rosar, SENTA BERGER.
Produktion: ORF. Schwarzweiß. *Länge:* 130 Minuten.
Erstsendung: 24.1.1964.

DIE GEHALTSERHÖHUNG (Österreich/BRD 1964)
Fernsehserie in 13 Teilen.
Regie/Drehbuch: Peter Berneis. *Darsteller:* Curd Jürgens.
2. Episode: EIN HERR VON DER POLIZEI
Darsteller: Hildegard Knef, SENTA BERGER.
INHALT: Curd Jürgens hat in München fürs britische Fernsehen mit europäischen Schauspielern kleine Einakter gedreht, die Peter Berneis geschrieben hat. SENTA BERGER spielte in der zweiten Episode die junge Ehefrau des von Jürgens gespielten Protagonisten.

BOB HOPE PRESENTS THE CHRYSLER THEATRE
(USA 1964)
Episode: WHITE SNOW, RED ICE

Regie: Buzz Kulick.
Darsteller: Jack Kelly, Walter Matthau, SENTA BERGER (als Ski-Champion und jugendliche Diebin).
Erstsendung: 13.3.1964 NBC.

WEDNESDAY NIGHT AT THE MOVIES (USA 1964)
SEE HOW THEY RUN
NBC-Serie.
Regie: David Lowell Rich, nach Michael Blackforts Roman THE WIDOW MAKERS.
Darsteller: John Forsythe, SENTA BERGER, Jane Wyatt, Franchot Tone, Leslie Nielsen, Pamela Franklin, George Kennedy.
Länge: 99 Minuten.
INHALT: Die Story von drei Waisenkindern, die nach Südamerika reisen und vom Mörder ihres Vaters gejagt werden.
ZUM FILM: Die gut besetzte Produktion war der erste ausschließlich fürs Fernsehen produzierte US-Film.
Erstsendung: 7.10.1964.

THE MAN FROM U. N. C. L. E. / SOLO FÜR O. N. C. E. L. (USA 1964–1968)
Agentenserie (betreut von Ian Fleming).
Regie: E. Darrell Hallenbeck (2), John Newland (1), Don Medford (3), Joseph Sargent (4, 7), Boris Sagal (5), Sutton Roley (6). *Drehbuch:* Norman Felton, Sam Rolfe, Clyde Ware, Joseph Calvelli (1), Howard Rodman (2), Dean Hargrove (5, 7), Norman Hudis (6). *Kamera:* Fred Koenekamp, Joseph Biroc (3). *Musik:* Jerry Goldsmith, Gerald Fried (2, 7), Morton Stevens (1), Michael Shores (5).
Darsteller: Robert Vaughn (Napoleon Solo), David McCallum (Illya Kuryakin), Leo G. Carroll (Mr. Waverly), Barbara Moore (Lisa Rogers), Maurice Evans, Vera Miles, Ann Elder, SENTA BERGER (1), Michael Evans, Barry Sullivan, Eleanor Parker, Leslie Nielsen, Rip Torn, Bradford Dillman, Carol Linley, John Carradine, Dorothy Provine, John Dehner, Janet Leigh, Leticia Roman, Jack Palance, Fritz Weaver, Patricia Crowley, Luciana Paluzzi, Yvonne Craig.

Produktion: Arena/Sam Rolfe (2), Norman Felton/MGM TV/NBC. Farbe.

11 Folgen ZDF 1968 je ca. 50 Minuten; 7 Folgen RTL plus 10. und 17.8.1989 ff. je 82–90 Minuten.

1. THE DOUBLES AFFAIR (GB: THE SPY WITH MY FACE) / DER SPION MIT MEINEM GESICHT
2. THE BRIDGE OF LYONS AFFAIR (GB: ONE OF OUR SPIES IS MISSING) / KRIEG DER SPIONE
3. TO TRAP A SPY / AGENT AUF KANAL D
4. THE CONCRETE OVERCOAT AFFAIR (GB: THE SPY IN THE GREEN HAT)/ DER MANN MIT DEM GRÜNEN HUT
5. THE PRINCE OF DARKNESS AFFAIR (GB: THE HELICOPTER SPIES) / DIE UNVERBESSERLICHEN DREI
6. THE SEVEN WONDERS OF THE WORLD AFFAIRS (GB: HOW TO STEAL THE WORLD) / WIE STEHLE ICH DIE WELT?
7. THE ALEXANDER THE GREATER AFFAIR (GB: ONE SPY TOO MANY) / EIN SPION ZU VIEL

STARS IN DER MANEGE (BRD 1966)
Ausschnitte aus einer Wohltätigkeitsveranstaltung der *Abendzeitung* im Münchener Zirkus Krone vom Dezember 1965.
SENTA BERGER zeigt eine Dressur mit Seelöwen.
Sendung: 11.4.1966.

HEIDELBERGER KRIMI (BRD 1966)
Deutsch-französisches Filmteam bei Außenaufnahmen in Heidelberg zu dem Spionagefilm PEAU D'ESPION (DER GRAUSAME JOB) von Edouard Molinaro.
Szene mit SENTA BERGER und Louis Jordan; Aufbauten in einer Straße, Kamerawagen auf Schienen, Scheinwerfer, Interview mit SENTA BERGER. Reporter: Manfred Strobach.
Sendung: 4.11.1966 ARD.

DANNY KAYE SHOW (USA 1967)
Regie: Danny Kaye.
Darsteller: Danny Kaye, Harvey Korman, Victoria Meyerink,

The Earl Brown Singers, SENTA BERGER.
Erstsendung: 7.6.1967 CBS.

MONSIEUR 100.000 VOLT (BRD 1967)
Gilbert-Bécaud-Show.
Regie: Truck Brans.
Darsteller: Esther und Abi Ofarim, Noelle Corbier, Jean-Claude Pascal, Virginia Vee, Botho-Lucas-Chor, Öster Warnerbring, SENTA BERGER.
Produktion: Telefilm Saar.
SENTA BERGER singt drei Lieder: FÜR ROMANTIK KEINE ZEIT und zwei englische Songs.
Sendung: 2.11.1967 ARD.

THE MAGNIFICENT THIEF (USA 1968)
Arbeitstitel: A THIEF IS A THIEF IS A THIEF – THE CROOKED MAN
Pilotfilm zur Serie IT TAKES A THIEF
Regie: Leslie Stevens. *Drehbuch:* Roland Kibbee, Leslie Stevens.
Darsteller: Robert Wagner (Alexander Mundy), Melachi Throne (Noah Bain), John Saxon, Susan St. James, SENTA BERGER (Claire Vichess).
Produktion: Frank Price für Universal TV. Technicolor. *Länge:* 90 Minuten; BRD: 65 Minuten.
Erstsendung: 9.1.1968; BRD: 18.11.1969 ZDF unter dem Titel IHR AUFTRITT, AL MUNDY – EINE CHANCE FÜR DEN PLAYBOY

IT TAKES A THIEF / IHR AUFTRITT, AL MUNDY
(USA, 1965–1970)
Regie: Leslie Stevens, Don Weis, Norman Foster, Jack Arnold, Gerd Oswald, Leonard Horn, Bruce Kessler, Michael Caffey, Paul Stanley, Herschel Daugherty, Allen Reisner. *Drehbuch:* Roland Kibbee, Leslie Stevens, Stephen Kendel, Elroy Schwartz, Glen A. Larson, Jerry Devine, Mort Zarkoff, Leonard Stadd, Gene Coon, Richard Collins, Alvin R. Friedman, nach einer Idee von Collier Young. *Musik:* Dave Grusin.

Darsteller: Robert Wagner (Al Mundy), Malachi Throne (Noah Bain), Sally Kellerman, Roger C. Carmel, Yvonne Craig, Katherine Crawford, Simon Oakland, Fred Astaire (Alister Mundy), Edward Binns (Wallie Powers), Hermione Fingold, Stuart Margolin, Adolfo Celi, Mark Richman, Richard Carlson, Karin Dor, Victor Buono, Edmund Purdom, Maurice Marsac, Naomi Stevens, Bill Bixby, Barry Sullivan, Noël Harrison, Amy Thompson, Sandor Szabo, John Saxon, Susan Saint James, Alex Dreier, Lee Meredith, William Campbell, Joan Patrick, Ida Lupino, Steve Ihnat, Dana Wynter, Michael Ansara, Julie Newmar, Sheila Larken, SENTA BERGER (9. und 13. Episode).

Produktion: Jack Arnold für Universal Pictures TV, ABC. Farbe.

Länge: 46–53 Minuten.

1. MR. RYDERS NARBE
2. DER GROSSE ZAUBERER
3. EMPFANG IN DER BOTSCHAFT
4. DIESMAL VERLIERT DIE SPIELBANK
5. DREI DAMEN LERNEN FLIEGEN
6. SPIELEN SIE BILLARD, MR. REDMAN?
7. DER FALSCHE ENGEL
8. EIN MILLIONÄR HAT'S SCHWER
9. BLUMEN FÜR CLAIRE (2.6.1970); Original: FLOWERS FROM ALEXANDER
10. WIE KLAUT MAN EIN SCHLACHTSCHIFF?
11. 60 MINUTEN FÜR BENJAMIN
12. EINE KISTE ROTER RÜBEN
13. EINE CHANCE FÜR DEN PLAYBOY
14. HÄNDE WEG VON DER DAME
15. CHAMPAGNER FÜR DIE DAMEN
16. ES TRITT AUF: NOAH BLAIN
17. KEINE RUHE IN RIO
18. KENNEN SIE MR. GOLD?
19. HEISSE MEMOIREN

Erstsendung: 9.1.1968 ff. ABC.
Sendung in der BRD: 1969/70 ZDF.

DER GOLDENE SCHUSS (BRD 1968)
Fernsehshow aus der Bayernhalle in München.
Lex Barker bei Vico Torriani, mit SENTA BERGER u. a.
Regie: Kurt Ulrich. *Herstellungsleitung:* Sigi Rothemund.
Sendung: 25.1.1968 ZDF.

FEBRUARNOTIZEN (BRD 1968)
Kurze Magazinsendung. SENTA BERGER auf dem Eisplatz in
München, im Modegeschäft beim Kleiderprobieren, im Deut-
schen Museum in der Abteilung Autos. Interviews über ihre
Arbeit und über ihre Lebenseinstellung. SENTA BERGER im
Auto durch München fahrend, Interview während der Auto-
fahrt.
Sendung: 17.2.1968 BR3.

APROPOS FILM (BRD/Österreich 1968)
Regie: Helmuth Dimko und Peter Hajek.
Interview mit SENTA BERGER.
Sendung: ORF/ZDF 12.3.1968.

DAS SÜSSE GIFT – BÜHNENZAUBER (BRD 1968)
Regie: Peter von Zahn.
Gespräch mit SENTA BERGER.
Sendung: Mai 1968 ARD.

HOTEL VICTORIA (BRD 1968)
Eine musikalische Show.
Regie: Günther Hassert. *Choreographie:* Irene Mann.
Darsteller: Vico Torriani, Lill Lindfors, Inge Brück, Nick Mun-
ro, Alexandra, Beppo Brem, Lukas Ammann, Karl Tischlin-
ger, David Garrich, Wolfgang Volz, SENTA BERGER.
Sendung: 24.8.1968 ARD.

THE NAME OF THE GAME (USA 1968–1971)
Regie: Tony Franciosa.
Darsteller: Gene Barry (Glen Howard), Tony Franciosa (Jeff
Dillon), Robert Stack (Dan Farrell), Susan Saint James (Peggy

Maxwell), Ben Murphy (Joe Sample), Cliff Potter (Andy Hill), Mark Miller (Ross Craig), John Saxon, Nina Foch, Paul Lukas, SENTA BERGER (Gast in der Folge COLLECTOR'S EDITION).
Produktion: Gene L. Coon.
Erstsendung: 11.10.1968 NBC.

TREFFPUNKT AIRPORT (BRD 1968)
Moderation: Heidi Abel. *Gäste:* Maurice Chevalier, Elke Sommer, Mrs. Chelil, Udo Jürgens, SENTA BERGER, Michael Verhoeven.
Eine internationale Unterhaltungssendung mit bekannten Stars. Am Hamburger Flughafen erzählen SENTA BERGER und Michael Verhoeven über ihre Ehe.
Sendung: 19.11.1968 ARD.

VIENNA (USA 1968)
Aus der Serie ONE MAN BAND (ORSON'S BAG)
Regie/Drehbuch/Produktion: Orson Welles. *Kamera:* Giorgio Tonti.
Darsteller: Orson Welles, SENTA BERGER, Mickey Rooney, Arte Johnson.
Keine Fernsehausstrahlung.
INHALT: Orson Welles schlendert durch Wien und spricht über die Stadt und ihre Bewohner. Er besucht das Hotel Sacher und das Riesenrad im Prater und wird schließlich (durch Spione) in die Entführung der schönen jungen SENTA BERGER verwickelt.
ZUM FILM: »Wenn wir über die Wien-Szenen nachdenken, einiges davon wurde in Zagreb gedreht und es ist schon sehr lustig, wenn man die Altstadt von Zagreb sieht und Orson von Wien erzählt ... Er hat immer Tricks gemacht!«, sagt seine letzte Lebensgefährtin Oja Kodar.

BABECK (BRD/Österreich 1968)
Kriminalspiel in drei Teilen.
1 EIN SARG AUS GENUA
2. DAS GEHEIMNIS DER CALASETTA
3. TÖDLICHE GESCHÄFTE

Regie: Wolfgang Becker. *Drehbuch:* Herbert Reinecker. *Kamera:* Rolf Kästel. *Musik:* Peter Thomas. *Ausstattung:* Wolf Englert.
Darsteller: Helmut Käutner (Dr. Brenner), Helmut Lohner (Manfred Krupka), Cordula Trantow (Marianne Hohmann), Siegfried Lowitz (Weingarten), Helma Seitz (Agathe), Walter Richter (Scherenschleifer), Charles Regnier (Kaminsky), SENTA BERGER (Susanne Stefan), Paul Albert Krumm (Hiebler), Rudolf Schündler (Kommissar Winfeld), Friedrich Joloff (Mazzini), Raimund Harmstorf (Nielsson), Paul Verhoeven (Körner), Isabella de Pat (Patricia), Kai Fischer (Caroline), Harry Raymon (Enrico), Monika Lundi (Hilde Giesing), Curd Jürgens (Mann im Rollstuhl), Peter Neusser (Mayerhofer), Wolfgang Völz (Fasold), Katrin Schaake (Marita Jung), Jan Hendriks (Bleriot).
Produktion: ZDF/ORF. Schwarzweiß. *Länge:* je 60 Minuten.
Erstsendung: ARD/ORF 1.: 27.12.1968; 2.: 28.12.1968; 3.: 29.12.1968.
KRITIK: Friederike Reiss-Schneider in *KStA* vom 30.12.1968; F. R. (Friederike Reiss) in *KStA* vom 13.8.1975.

LIEBE, LOVE, L'AMOUR (BRD 1969)
Mit SENTA BERGER.
Sendung: 11.3.1969 ZDF.

THE JOEY BISHOP SHOW (USA 1969)
ABC Television.
Im Mai 1969 war SENTA BERGER Gast in Joey Bishops Late-Night-Talkshow.

DIE SENTA BERGER SHOW (BRD 1969)
Regie: Heinz Liesendahl. *Kamera:* Ernst Wild. *Musik:* The 5 Dimensions. *Ausstattung:* Karl Wägele. *Choreographie:* Lester Wilson. Unter den Gästen: Rainer Schöne (HAIR).
Produktion: WDR für ARD.
Sendung: 11.6.1969 ARD.

›Die Senta Berger Show‹: *Senta Berger mit Regisseur Heinz Liesendahl (rechts)*

WIEN NACH NOTEN (BRD 1969)
Ein musikalisches Weltstadt-Porträt aus der Reihe EUROPÄISCHE HAUPTSTÄDTE.
SENTA BERGER als Fremdenführerin durch ihre Heimatstadt.
Regie: Heinz Liesendahl. *Kamera:* Maurice Fellous.
Gäste: Peter Alexander, Robert Stolz, Anna Moffo, Marcel Amont, Helga Papouschek, Guggi Löwinger, Fatty George, die Wiener Sängerknaben und die Deutschmeister.
Erstsendung: 26.8.1969 ARD.

TV INTIM (BRD 1970)
Gisela Reich bummelt durch die Studios der ARD – Einblicke in die WDR-Unterhaltungsschau MÄNNER, WIR KOMMEN, die von Männern für Frauen gemacht wurde. SENTA

BERGER stellt sich vor, Interview mit ihr, Senta im Boxerring.
Sendung: 18.10.1970 SDR.

CHANZONISSIMA 70 (Italien 1970)
In der Musiksendung des italienischen Fernsehsenders RAI
singt SENTA BERGER zwei Lieder.
Sendung: 24.10.1970 RAI Due.

MÄNNER, WIR KOMMEN (BRD 1970)
THESEN ZUR UNTERHALTUNG
Fernsehshow zur Emanzipation der Frau.
Regie: Bob Rooyens. *Musik:* Serge Gainsbourg, Jacques
Charrier. *Ausstattung/Kostüme:* Allan Jones. *Choreographie:*
Robert Kaesen.

›Wien nach Noten‹: *Senta Berger und Ballett im Wiener Stadtpark*

Darsteller: SENTA BERGER, die Dollen Minnas.
Sendung: 30.11.1970 ARD.

RALF HARRIS SHOW (BRD 1970)
Regie: Stewart Morris.
Stars zu Gast bei Englands Entertainer: Bibi Jones, Bee Gees, Robert Horton, Young Generation, SENTA BERGER.
SENTA BERGER singt SCARBOROUGH FAIR und die deutsche Fassung von I THINK IT'S GONNA RAIN TODAY.
Produktion: SFB und BBC (aufgenommen am 18.12.1970 in München.
Sendung: 6.8.1971 ZDF.

SAN REMO FESTIVAL (Italien 1972)
SENTA BERGER ist Ehrengast am Abend und singt ADAMO ED EVA.
Sendung: 24.2.1972 RAI Due.

STARS IN DER MANEGE (BRD 1972)
SENTA BERGER in der Zirkus-Schau aus dem Krone-Bau in München.
Produktion: Bayerischer Rundfunk.
Sendung: 26.12.1972 ARD.

STARS IN DER MANEGE (BRD 1973)
SENTA BERGER präsentiert eine Pudel-Nummer in der Silvesterschau aus dem Zirkus-Krone-Bau in München.
Sendung: 31.12.1973 ARD.

FRÜHLINGSFLUTEN (BRD/Österreich 1974)
Regie/Drehbuch: Vojtech Jasny, nach einer Erzählung von Iwan Sergejewitsch Turgenjew. *Kamera:* Igor Luther. *Musik:* Peter Zwetkoff. *Ausstattung:* Karl Schneider. *Kostüme:* Charlotte Fleming.
Darsteller: Dan Mastacan (Dimitrij), SENTA BERGER (Marja Nikolajewna), Sabine Wienand (Gemma), Reine Courtois (Leonore), Claude Dauphin (Pantaleone), Ben Hecker (Po-

›Frühlingsfluten‹

losow), Nicki Macoulis (Emil), Edwin Noel (Dönhof), Heinz Trixner (Klüber), Ronald Pries (Richter).
Produktion: SWF/ORTF. *Produzent:* Werner Rollauer. Farbe. *Länge:* 106 Minuten.
Sendung: ARD: 23.5.1974; DRS: 3.12.1975.
TZ-Rose für Kamera.
KRITIK: ern in *SZ*, 22.5.1974; K.W. in *FR*, 22.5.1974; T.S. in *KStA*, 23.5.1974; E.J. in *FAZ*, 25.5.1974; K.H. Kramberg in *SZ*, 25.5.1974; Andreas Wild in *Die Welt*, 25.5.1974; Thie (= Thomas Thieringer) in *FR*, 27.5.1974.

DER HEISSE DRAHT (BRD 1974)
JOACHIM FUCHSBERGER EMPFÄNGT
Gäste (aus Österreich): Finanzminister Hannes Androsch, Niki Lauda, Peter Wehle, Elfriede Ott, Friedrich Torberg,

Gerhard Bronner; (aus Deutschland): Helmut Kohl, Senta Berger, Udo Jürgens, Axel von Ambesser.
Produktion: Südwestfunk.
Sendung: 7.12.1974 ZDF.

DER STARGAST: SENTA BERGER (BRD 1974)
Gesprächspartner: Henno Lohmeyer.
Regie: Oskar Krüger.
Produktion: SFB.
Sendung: 14.1.1975 ARD.

DIE VERSCHWÖRUNG DES FIESCO ZU GENUA
(BRD 1974)
Regie: Franz Peter Wirth. *Drehbuch:* Oliver Storz nach dem republikanischen Trauerspiel von Friedrich von Schiller.

›Die Verschwörung des Fiesco zu Genua‹: Franz Peter Wirth richtete seine Bühneninszenierung mit Senta Berger und Klaus Maria Brandauer fürs Fernsehen ein.

Kamera: Wolfgang Treu. *Musik:* Eugen Thomas. *Ausstattung:* Michael Pilz. *Kostüme:* Marianne Wagner.
Darsteller: Klaus Maria Brandauer (Fiesco), Rudolf Fernau (Andrea Doria), Heinz Ehrenfreund (Gianettino Doria), Christine Buchegger (Leonore), SENTA BERGER (Julia), Hans Caninenberg (Verrina), Peter Ehrlich (Mohr), Heribert Sasse (Bourgognino), Karl Heinz Fliege (Lomellino), Günter Lamprecht (Sacco), Franz Rudnick (Calcagno), Sabine von Maydell (Rosa), Jutta Kammann (Arabella).
Produktion: Bavaria. *Produzenten:* Franz Peter Wirth und Kurt Rendel. Farbe. *Länge:* 120 Minuten.
Sendung: 26.12.1975 ZDF; 18.11.1976 ORF.

DALLI DALLI (BRD 1975)
SENTA BERGER als Gast bei Hans Rosenthal.
Sendung: 20.3.1975 ZDF.

STARS IN DER MANEGE (BRD 1975)
In der Silvestergala im Münchner Zirkus Krone führt SENTA BERGER eine Pferdedressur vor.
Sendung: 31.12.1975 ARD.

STARPORTRÄT (BRD 1976)
Regie: Henno Lohmeyer.
Sendung: 27.1.1976 ARD.

ZDF MATINEE (BRD 1976)
SECHS BRANDENBURGISCHE KONZERTE
SENDUNG EINER SYMBIOSE VON MUSIK UND MATHEMATIK
KALENDERNOTIZEN ZU 5 MATHEMATISCHEN FORMELN
SENTA BERGER als Sprecherin, mit Michael Degen, Peter Fricke.
Sendung: 12.12.1976 ZDF.

PERRY COMO'S CHRISTMAS IN AUSTRIA (USA 1976)
Regie/Drehbuch: Stephen Pouliot. *Musikalische Leitung:* Nick Perito. *Ausstattung:* Archie Sharp. *Kostüme:* Gordon Brockway.

Senta Bergers Pferdedressur als Beitrag zu ›Stars in der Manege‹

Gäste: Sid Cesar, SENTA BERGER, Karl Schranz.
Produktion: Ol Roncom Production in Assoc. with Bob Banner und ORF für NBC Television.
Sendung: 13.12.1976 NBC.
Als SNOWTIME SPECIAL: 25.12.1976, 30.12.1978 ORF; 15.2.1979 ARD.

STARS IN DER MANEGE (BRD 1976)
SENTA BERGER führt eine Elefantendressur vor.
Sendung: 31.12.1976 ARD.

ABSCHIEDE (BRD/Österreich/Schweiz 1977)
Drei Einakter: Szenen aus dem Wien von 1900.
HOCHZEITSREISE von Raoul Auernheimer.
DIE VORLETZTE SCHLACHT von Franz Molnar.
HALB ZWEI von Arthur Schnitzler.
Regie: Wolfgang Glück.
Darsteller: SENTA BERGER, Karl-Heinz Martell, Julia Blechinger, Miguel Herz-Kestranek, Walter Schmidinger, Dietmar Schönherr.
Produktion: ORF. Farbe. *Länge:* ca. 50 Minuten.
Sendung: 25.5.1977 DRS; 5.1.1977 ORF2.

CURD JÜRGENS – DER FILMSTAR, DER VOM THEATER KAM (BRD 1977)
Dokumentation.
Regie: Bernhard Wicki.

Drei Einakter aus Wien im Fernsehen: Senta Berger und Dietmar Schönherr in ›Abschiede‹

Darsteller: Walther Reyer, Fritz Muliar, SENTA BERGER.
Sendung: 30.5.1977 ARD.

STARS IN DER MANEGE (BRD 1977)
SENTA BERGER moderiert die Silvesterschau aus dem Zirkus-Krone-Bau in München.
Sendung: 31.12.1977 ARD.

IHR LIEBLINGSPROGRAMM (Österreich 1977)
Talkshow mit SENTA BERGER.
Gäste: Peter Weck, Prof. Dr. Egon Seefehlner, Wiener Staatsoper.
Sendung: 15.6.1977 ORF2.
Gäste: Niki Lauda, Bruno Kreisky.
Sendung: 13.7.1977 ORF2.

FREIHEIT (Österreich 1978)
Kurzfilm mit SENTA BERGER.
Regie: Petrus Vanderlet für ORF.

VON JAMES DEAN ZU JOHN TRAVOLTA (BRD 1978)
Gloria Swanson zum 80. Geburtstag.
Regie/Buch: Heiko R. Blum.
Gesprächspartner: SENTA BERGER, Gila von Weitershausen, Brigitte Jeremias. *Filmausschnitte:* SUNSET BOULEVARD von Billy Wilder.
Produktion: WDR3 (Momente-Redaktion).
Sendung: 27.3.1978 WDR3.
ZUM FILM: In der Fernsehsendung über den Stellenwert des Stars in den späten 70er-Jahren trug SENTA BERGER mit ihren Aussagen Wesentliches aus ihrem Erfahrungsbereich bei: *Ich glaube, dass sich die europäischen Stars niemals in solche Abhängigkeiten begeben haben wie die amerikanischen, das liegt eben an dem sehr ausgeklügelten System, an dem man jahrelang in Amerika festgehalten hat, während man doch in Europa seinen Stars, den Kinostars, mehr Freiheiten, mehr Freiraum zum Selbstschutz gelassen hat. Auch wenn jemand jetzt ganz*

anders aussieht und Jeans hat und Tennisschuhe trägt und ein Sweatshirt anhat, ist er ein Star. Das heißt also, er ist bankable – das ist ein schreckliches Wort –, das heißt also bankbar, »geldbar«, man kann aus ihm Geld machen, man bekommt auf seinen Namen hin Geld. Das ist eigentlich eine ziemlich grausame Geschichte, nicht wahr? Ich habe auch schon sehr viel gehört, dass es hieß, er ist nicht mehr bankable. Was heißt das? Ist er jetzt schlechter? Nein: Er ist nicht mehr bankable.

Es ist eigentlich immer ganz merkwürdig zu sehen, dass immer die Leute, die sich dem Star-System letztlich entzogen haben, entziehen haben können, zu wirklichen Kultfiguren geworden sind wie zum Beispiel durch den schrecklichen Unfall des James Dean, der nicht weiter überprüfbar ist sozusagen, der hat sich radikal entzogen, der bleibt mystisch. Oder die Monroe, die geopfert worden ist, die sich geopfert hat, sozusagen, diesem System, oder die wir geopfert haben, noch präziser – oder die Garbo, die die Einzige war, die Kraft genug hatte, sich bei lebendigem Leibe diesem System zu entziehen. Und immer dann, wenn das gelingt, dann ranken sich diese Gerüchte, die Geschichten, die Märchen, die Märe, dann kommt es zu einem richtigen Kult.

BITTE ZU TISCH (Österreich 1980)
UNSER KOCHSTAMMTISCH
Karlheinz Hackl, Prof. Hauk.
»Paella« von SENTA BERGER.
Sendung: 6.3.1980 ORF/FS1.

DER TRAUM IST EIN LEBEN (Österreich 1981)
Regie: Ernst Haeussermann, Claus Homschak, nach dem Schauspiel von Franz Grillparzer, von den Burgfestspielen Forchtenstein (Burgenland). *Ausstattung:* Karl Eugen Spurny. *Musik:* Paul Angerer.
Darsteller: Klaus Maria Brandauer, Walther Reyer, SENTA BERGER, Heinrich Schweiger.
Produktion: ORF. Farbe. *Länge:* 83 Minuten.
Sendung: 25.7.1981 ORF2; 31.7.1982 BR3.

DAS SONNTAGSKONZERT (BRD 1981)
DER WIND WEHT
SENTA BERGER liest Georg Trakl.
Eine Sendung mit Volksmusik, Liedern und Versen zur Jahreszeit Herbst.
Sendung: 18.10.1981 ZDF.

DIE ENTSCHEIDUNG (BRD 1982)
Regie: Konrad Sabrautzky. *Drehbuch:* Dorothee Dhan. *Kamera:* Dodo Simoncic.
Darsteller: SENTA BERGER (Ingrid), Renate Schroeter (Kathrin).
Produktion: FWF-Film für wwf (Westdeutsches Werbefernsehen). *Produzent:* Fritz Wagner. Farbe. *Länge:* 50 Minuten.
Sendung: 1982 WDR3.

**HEUT' ABEND – ZU GAST BEI JOACHIM
FUCHSBERGER** (BRD 1982)
Talkshow mit SENTA BERGER und Michael Verhoeven.
Regie: Helmut Herrmann.
Sendung: 2.12.1982 ARD.

DIE PRIWALOWSCHEN MILLIONEN
(BRD 1982)
Regie: Diethard Klante. *Drehbuch:* Anton Dontschev, Ivan Slavkov, Diethard Klante, nach dem Roman von Dimitrij Mamin-Sibirjak. *Kamera:* Lothar Stickelbrucks. *Musik:* Simeon Pironkoff.
Darsteller: Russi Tschanen, Fritz Lichtenhahn, Georgi Tscherkelow, Mariane Dimitrowa, Angelika Waller, Iwan Kondow, Leda Tasewa, Günter Mack, Gottfried John, Heinrich Schweiger, Steffan Mawrodiew, Emilia Radewa, Raina Wassilewa, Vichar Stoitschew, SENTA BERGER.
Produktion: Zenit-Film für wwf (Westdeutsches Werbefernsehen). Farbe. *Länge:* jeweils 25 Minuten.
Sendung: 1982 ARD; 1Plus: in 6 Teilen (täglich ab 19.9.86 ff. je 50 Minuten).

Senta Berger liest Georg Trakl in einer Sendung über Volksmusik, Lieder und Verse zum Herbst.

LA CASA DEL PERCHÉ / EIN SELTSAMES SPIEL
(Italien 1982)
Regie: Franco Giraldi. *Drehbuch:* Lucio Battistrada, Sandra Onofri, Franco Giraldi, nach einer Erzählung von Mario Soldati.
Darsteller: Jean-Pierre Cassel (Dirigent W.), Renzo Montagnani (Romualdi), SENTA BERGER (Marta).
Produktion: RAI. Farbe. *Länge:* 100 Minuten.
Sendung: 20.9.1982 ZDF.

LIEBE MELANIE (BRD 1983)

Regie/Drehbuch: Michael Verhoeven. *Kamera:* Axel de Roche.

Darsteller: Melanie Horeschovsky (Melanie), SENTA BERGER (Ärztin), Eva Mattes (Schauspielerin), Friedrich von Thun (Heinz Zimmermann), Michael Ande (Martin Reich), Ulrich Tukur (Willi Scheurlen).

Produktion: Sentana Film. Farbe. *Länge:* 107 Minuten.

Sendung: ZDF: 14.11.1983, 24.3.1989; 3sat: 28.9.1985.

KRITIK: Thomas Thieringer in *SZ*, 14.11.1983; oh in *KStA*, 14.11.1983; Brigitte Jeremias in *FAZ*, 17.11.1983; Birgit Weidinger in *SZ*, 17.11.1983.

›Liebe Melanie‹: Senta Berger als Ärztin, die Melanie Drew, gespielt von Melanie Horeschovsky, dabei hilft, sich gegen ihren Vermögensverwalter zur Wehr zu setzen

INHALT: Die 87-jährige Melanie Horeschovsky, ehemalige Max-Reinhardt-Schülerin, bei Falckenberg und Hilpert engagiert, spielt sich in diesem fiktiven Lebensbildnis selbst. Verhoeven hatte sie bei seinem Film MUTPROBE so fasziniert, dass er ihr einen eigenen Film widmen wollte. Und es wurde eine Liebeserklärung an die große alte Dame. Melanie erinnert sich an Gustaf Gründgens: Seine Rede über das Theater wird zitiert; man hört Jürgen Fehlings Grabrede auf Horst Caspar und dessen FAUST-Monolog »Ach könnt ich doch auf Bergeshöhen in deinem lieben Lichte gehen.«

ZUM FILM: Der Film mischt Fiktion mit Erlebtem: Auch die echte Melanie ist wie ihr Alter Ego aus dem Film von den Neffen ausgeraubt worden. Der eine, den sie zum Generalbevollmächtigten gemacht hat, hat ihr das Konto geplündert, sie beide haben sich schließlich um ihr Haus gestritten. Da wird die Frau krank, pflegebedürftig, beschließt doch noch, was sie bislang entschieden ablehnte, ins Altersheim zu gehen, und stirbt – fürsorglich unterstützt von einer liebevollen Ärztin, SENTA BERGER spielt sie – dann noch vor dem Umzug. Drei Tage nach Abschluss der Dreharbeiten stirbt Melanie Horeschovsky. Der Film wird zu ihrem Vermächtnis.

UNA STAGIONE DELLE PIOGGE (Italien 1984)
Regie: Domenico Campana.

NOTTA E NEBBIE (Italien 1982)
Regie: Marco Tullio Giordana.

MENSCH MEIER (BRD 1985)
SENTA BERGER ist Gast bei Alfred Biolek.
Sendung: 13.6.1985 ARD.

EIN ABEND MIT JOHANNES HEESTERS
(BRD 1986)
Neben vielen anderen Gästen singt SENTA BERGER zu Ehren des greisen Kollegen.
Sendung: 1.3.1986 ARD.

DIE VERFLIXTE 7 (BRD 1986)

Rudi-Carrell-Schau (diesmal aus Monte Carlo).

Gäste: SENTA BERGER, Helmut Dietl, die französische Gruppe »Gold«, Uwe Ochsenknecht, die Sängerin Rose Laurens, der Zauberer MacRonay, La Compagnie Creole.

Sendung: 20.9.1986 ARD.

KIR ROYAL (BRD 1985/86)

AUS DEM LEBEN EINES KLATSCHREPORTERS

1. WER REINKOMMT, IST DRIN
2. MUTTERTAG
3. DAS VOLK SIEHT NICHTS
4. ADIEU CLAIRE
5. KÖNIGLICHE HOCHZEIT
6. KARRIERE

Regie: Helmut Dietl. *Drehbuch:* Helmut Dietl, Patrick Süskind, unter Mitarbeit von Michael Graeter. *Kamera:* Ingo Hamer, Kristian Gripenberg, Petrus Schloemp. *Schnitt:* Hans Gailing, Albrecht Conrad, Dieter Bächle, Nikos Perakis. *Musik:* Konstantin Wecker.

Darsteller: Franz Xaver Kroetz (Baby Schimmerlos), SENTA BERGER (Mona), Dieter Hildebrandt (Herbie, Fotograf), Ruth-Maria Kubitschek (Friederike von Unruh), Billie Zöckler (Edda Pfaff), Mario Adorf (Heinrich Haffenloher), Harald Leipnitz (Puppi), Peter Kern (Paula), Corinna Drews (Lisa), Michaela May, Paul Hubschmid, Marianne Hoppe, Fritz Muliar, Angelika Domröse, Konstantin Wecker, Erni Singerl, Georg Marischka, Christine Schuberth, Curt Bois, Richard Münch, Hans Korte, Boy Gobert (ein Spekulant), Hanns Zischler, Kurt Raab, Charles Regnier, Udo Kier, Barbara de Koy, Karl Lieffen, Sammy Drechsel.

(Drei Wochen nach Drehbeginn übernahm Kroetz die Rolle des Baby Schimmerlos von Nikolaus Paryla.)

Produktion: Balance Film. Farbe. *Länge:* 6 Folgen à 60 Minuten.

Erstsendung: ARD (wöchentlich): 22.9.1986 ff.; ORF: 24.9.1986 ff.

Baby Schimmerlos (Franz Xaver Kroetz) droht aus dem Rollstuhl, Mona (Senta Berger) schaut zu: Szene aus der ›Kir Royal‹-Folge ›Das Volk sieht nichts‹

KRITIK: M. Oe. (= Martin Oehlen) in *KStA*, 2.8.1986; Helmut Schödel in *Die Zeit*, 19.9.1986; Bernhard Rasack in *Tele RTV*, 19.9.1986; Martin Oehlen in *KStA*, 22.9.1986; ro in *FR*, 24.9.1986; Hermann Unterstöger in *SZ*, 24.9.1986; Thomas Thieringer in *SZ*, 29.9.1986; Hans-Dieter Seidel in *FAZ*, 1.10.1986; Birgit Weidinger in *SZ*, 1.10.1986; Joachim Hauschild in *SZ*, 8.10.1986; Ponkie in *AZ*, 8.10.1986; *Express*, 9.10.1986; Joachim Hauschild in *SZ*, 13.10.1986; Thomas Thieringer in *FR* und *SZ*, 20.10.1986; Herbert Riehl Heyse und Thomas Thieringer in *SZ*, 23.10.1986; Birgit Weidinger in *SZ*, 27.10.1986; Wi in *KR*, 29.10.1986; Georg Hensel in *FAZ*, 29.10.1986; Sibylle Zehle in *Die Zeit*, 31.10.1986; ro in *FR*,

31.10.1986; Karl-Otto Saur in *SZ*, 15.11.1986; Cornelia Bolesch in *SZ*, 16.3.1988. Adolf Grimme Preis 1988.

ZUM FILM: Klatsch war Mitte der 80er-Jahre laut *Spiegel* in: der verschlüsselte Klatschroman über Peter Zadek, Elisabeth Plessens Roman STELLA POLARE, Julia Bährs Buch aus der Frauenbewegung KLATSCHMOHN, Thomas Bernhardts Enthüllungen HOLZFÄLLEN. Franz Xaver Kroetz: »Veränderungsresignation der 80er-Jahre unter dem Motto: ›Wenn man das Leben schon nicht ändern kann, genießen wir's halt.‹«

Kritikermeinungen reichten von der *Hör-Zu*-Prognose »Ärger für die Schickeria« über den »Schmissigen Sechsteiler, der die Schickeria auf die Schippe nimmt« (*TV Hören und Sehen*) bis zum *Spiegel*: »Dietl zeigt mit bissiger Schärfe die Verschwägerung zwischen Politik und Kultur-Schickeria, zwischen Prominenz und bayerischer Provinz. Zum Skandal wird es dennoch nicht reichen ... Doch der könnte sich dann einstellen, wenn sich der Bayerische Rundfunk bei der Sendung aus dem Gemeinschaftsprogramm ausblenden würde. Stoiber, der Zensor in der Münchner Staatskanzlei, hat ja wegen des heiter-harmlosen SCHAFKOPFRENNEN dem WDR bereits eine Warnung zukommen lassen.« Der *Bayernkurier* ehrt die Fernsehsatire mit dem Attest: »Bodenlose Geschmacklosigkeit« und spricht Dietl »jeden Anstand« ab.

»SENTA BERGER, Frau Mona zwischen Frust und Lust, kann so emanzipiert klug wie unausstehlich emanzipiert sein«, schreibt Georg Hensel in der *FAZ*.

DER MAINZER TOD (BRD 1986)
Aus der Reihe: STADTSCHREIBER
1. MITTEILUNG ÜBER DIE MENSCHEN
2. DIE MAINZER BEGEGNUNG MIT DEM TOD
Regie: Wolfgang F. Henschel. *Drehbuch:* Hans Kasper, nach seinem Hörspiel. *Kamera:* Horst Zeidler.
Darsteller: SENTA BERGER, Gerd Böckmann, Hanns Dieter Hüsch (1.), Christine Wodetzky, Hans Quest (2.).
Produktion: ZDF. Farbe. *Länge:* 60 Minuten.
Sendung: 25.5.1986 ZDF.

QUATTRO STORIE DI DONNE: LUISA (Italien 1987)
Regie: Franco Giraldi.
Darsteller: SENTA BERGER (Luisa), Christa Marsillach (Marta), Gianni Garko (Andrea).
Sendung: 2.2.1989 RAI Due.

100 JAHRE SCHALLPLATTE (BRD 1988)
Moderation: Anja Kruse und Thomas Fritsch.
Unter den Studiogästen: SENTA BERGER.

PETER STROHM (BRD 1989)
Kriminalreihe.
Regie: Ilse Hofmann (Pilotfilm, 5, 8, 10), Sigi Rothemund (1, 2, 9), Hartmut Griesmayr (3), Urs Egger (4), Peter Adam (6), Werner Wöss (7), Lutz Büscher (11). *Drehbuch:* Friedhelm Werremeier (Pilotfilm; 9–11), Bernd Schwamm/Jan Hinter (1, 8), Kurt Bartsch (2, 10, 12), Ramon Gill (Idee), Felix Huby (3), Claude Cueni (4), Hans Werner Kettenbach (5), Reinhard Wendler/Peter Adam/Alfred Paul Schmidt (7), Norbert Ehr/Dieter Hirschberg (Idee), Rainer Berg (13). *Kamera:* Klaus Brix/Klaus Peter Weber (3), Lukas Strebel (4), Rolf Liccini (5, 10). Theo Bierkens (6), Walter Kindler (7), Adalbert Plica (11). *Musik:* Jürgen Wolter (3), Stephan Wittwer (4), Andreas Koebner (8, 10, 12), Klaus Doldinger (11).
Darsteller: Klaus Löwitsch (Peter Strohm), Burghart Haussner, Gerhard Garbers, Matthias Fuchs, Wolfgang Reichmann, Barbara Krabbe, Maja Maranow, Ulrich von Dobschütz, Joachim Regelien (Pilotfilm), Katrin Schaake, Horst Frank (1), Marita Marschall, Jan Fedder, Martin Semmelrogge (2), Franz Boehm, Hannelore Elsner, Rolf Becker (3), Barbara Rudnik, Marjon Brandsma (4), Hannelore Hoger, Angelika Bartsch, Wolf-Dietrich Berg (5), SENTA BERGER, Towje Kleiner, Dietrich Mattausch (6), Sieghardt Rupp, Dietrich Siegl (7), Jochen Kolenda, Roland Schäfer, Yolande Gilot (8), Sabine Trooger, Matthias Ponnier, Marlies Engel (9), Angelika Bender (10), Daniela Ziegler, Gundula Liebisch (11), Adelheid Arndt, Holger Mahlich (12), Margit Geissler, Will Danin, Karl-Heinz von Hassel (13).

Produktion: ARD/ORF/DRS 1987/88. Farbe. Pilotfilm (TOD EINES FREUNDES, NDR): 82 Minuten; Folgen: 45 Minuten.
Erstsendung (Pilotfilm): DRS: 2.1.1989; ARD: 4.1.1989 ff.; ORF: 4.1.1989 ff.
13 Folgen (wöchentlich): DRS: 6.1.1989 ff.; ARD: 9.1.1989 ff.; ORF: 9.1.1989 ff.

1. DIE SIEBEN MONDE DES JUPITER (vom NDR)
2. NOCH DREI MINUTEN BIS HIMMELFAHRT (vom NDR)
3. ES MUSS DOCH MEHR ALS ALLES GEBEN (vom SR)
4. DIE MONDSCHEINMÄNNER (von der DRS)
5. DAMENOPFER (vom WDR)
6. HEISSER SCHMUCK (vom HR)
7. DER MOHR HAT SEINE SCHULDIGKEIT GETAN (vom ORF)
8. RENDEZVOUS IN BERLIN (vom SFB)
9. DER ZWEITE MANN (vom NDR)
10. DAS BLAUE WUNDER (vom WDR)
11. GRÜNE BRIGADE (vom BR)
12. REIHE 7, GRAB 4 (vom SFB)
13. FRACHT FÜR MAILAND (vom NDR)

EIN LORD FÜR ALLE FÄLLE / LA BELLE ANGLAISE
(BRD/Frankreich 1989)
Regie: Jacques Besnard. *Drehbuch:* Albert Kantoff, Jacques Besnard, Jean Amadeai. *Kamera:* Bernard Lang (1. Staffel), Claude Robin (2. Staffel). *Musik:* Georges Garvarentz (1. Staffel), Vladimir Cosma (2. Staffel). *Ausstattung:* Jean-Claude Bourdin.
Darsteller: Daniel Ceccaldi (Julien), Constanze Engelbrecht (Doris de Méricourt), Gernot Endemann (Inspektor Müller), Bruno Dietrich (Hans Grumbach), Maurice Vaudaux (Bertrand de Méricourt, Cathérine Rich (Anne), Danièle Girard (Camille), Pierre Tornade (Raoul), Nicole Croisille, SENTA BERGER (2, 9), Sissy Höfferer, Sigmar Solbach, Erich Hallhuber.
Produktion: Fildebroc/Bavaria für Antenne 2/SDR-Werbung. Farbe.
Länge: 12-mal 50 Minuten.

›*Ein Lord für alle Fälle*‹: Senta Berger in Folge 9 der Fernsehserie des SDR.

1. TRAUMWAGEN MIT CHAUFFEUR
2. BADEN-BADENER ROULETTE
3. ALEXANDER DER KLEINE
4. AUF DEN HUND GEKOMMEN
5. ES DARF GETRÄUMT WERDEN
6. TATORT SAINT-TROPEZ
7. CHAUFFEUR AUS DEM JENSEITS
8. VOM PECH VERFOLGT
9. JUNGE LIEBE ROSTET NICHT
10. STEUERPRÜFUNG BESTANDEN
11. GENIE WIDER WILLEN
12. BAUERN, BAGUETTE UND BASKENMÜTZE

Sendung: ARD Werbung 2.3.1989 ff. (1. Staffel); 24.4.1991 ff. (2. Staffel).

DENKMAL (BRD 1989)
Moderation: Helmut Greilich zum 20. und letzten Mal.
Gast: SENTA BERGER.
Sendung: 24.4.1989 ZDF.

OCEANO (Italien/Spanien 1989)

Regie: Ruggero Deodato. *Drehbuch:* Alberto Vazquez Figueroa. *Musik:* Pino Donaggio.

Darsteller: Marisa Berenson (Muneca), Ernest Borgnine (Pedro el Triste), Irene Papas (Mutter), Mario Adorf (Fremdenlegionär), Tom Patti, Gregg Thomsen, Ana Dieguez, Anna Kanakis, Andy I. Forest, William Berger, David Hess, Ron Maccone, SENTA BERGER, Martin Balsam, Lou Castel.

Produktion: San Francisco Film srl, Cristaldi Film srl, Cinecittà spa, Socaem, Gobierno De Canarias. *Produzenten:* Franco Cristaldi, Giovanni Bertolucci.

Länge: 10 Episoden à 52 Minuten oder 6 Episoden à 85 Minuten.

Sendung: Dezember 1992 RTL.

INHALT: Ein ehemaliger Fremdenlegionär wird als Killer gedungen. Er soll einem ehemaligen Offizier, der aus Versehen einen Menschen getötet hatte, ermorden. Der Mann wird zum eiskalten Killer, tötet immer mehr Menschen, doch dann verliebt er sich in eine junge Prostituierte; diese wird schwanger und wird ihrerseits ermordet. Jetzt hat der Mann auch noch ein persönliches Motiv zu töten …

ZUM FILM: Bis in die kleinsten Rollen ist diese aufwändige Fernsehserie mit internationalen Stars besetzt.

DIE SCHNELLE GERDI (BRD 1989)

Ein Fernsehfilm in sechs Folgen à 52 Minuten.

1. HELDIN DES TAGES
2. MUTTERTAG
3. OKTOBERFEST
4. GERDI GRÜNDET EINE FAMILIE
5. GUTES NEUES JAHR
6. MISS MIRAMARE

Regie/Drehbuch: Michael Verhoeven. *Regieassistenz:* Brigitte Liphardt, Margrit Schachtschneider, Christine Ruppert. *Kamera:* Michael Epp. *Schnitt:* Gaby Kull-Neujahr. *Musik:* Lydie Auvray sowie Beiträge von Purple Schulz, Anne Haigis, Wolf Maahn, Klaus Lage, Danny Deutschmark, FUX, B. Brozart,

Didi Maaz, Stefan Remmler, Giò Milanese und anderen. *Ausstattung:* Hubert Popp. *Kostüme:* Heidi Wujek.

Darsteller: SENTA BERGER (Gerdi Angerpointner, Taxifahrerin), Michael Roll (Herbert Brot), Susi Nicoletti (Frau Fröhlich), Friedrich von Thun (Rudi), Barbara Gallauner (Frau Schmalzl), Erika Wackernagel (Frau Brot), Elena Rublack (Jennifer, Gerdis Tochter), Robert Giggenbach (Günther, Verlobter von Jennifer), Michael Gahr (Günthers Vater), Inge Schulz (Günthers Mutter), Dirk Galuba, Christoph Lindert (zwei »noble« Kunden), Georg Marischka (Wiener Hehler), Heiner Lauterbach (er selbst), Caterina Valente (sie selbst), Udo Jürgens (er selbst).

Senta Berger und Heiner Lauterbach, der den Fernsehstar Sorbas mimt und die Taxifahrerin dazu überredet, eine Taxifahrerin zu spielen: Szene aus der Folge ›Oktoberfest‹

Produktion: Sentana Film München, im Auftrag von ZDF und ORF. *Redaktion:* Claus H. Voss (ZDF), Otto Fidrich (ORF).

KRITIK: ppk in *KStA*, 11.11.1989; bl in *Express*, 13.11.1989; Norbert Hummelt in *KStA*, 14.11.1989; ms (= Martin Schlappner) in *NZZ*, 19.11.1989; Barbara Sichtermann in *Die Zeit*, 9.12.1989.

ZUM FILM: Barbara Sichtermann nennt es einen »Genre-Film mit schrulligem Charme« und schreibt: »Der Genre-Film kommt ohne das Klischee nicht aus, aber er muss es brechen, wenden, schütteln, es so schräg in seine Geschichte hineinstellen, dass der Blick hinter die ›Deckung‹ frei wird, hinein in das Gewusel des Genre-Alltags. Michael Verhoeven hat seine Gerdi gerade so in ihre Münchner Szene gepflanzt und SENTA BERGER ihre Angerpointnerin mit genau diesem Appeal des Normal-Verrückten ausgestattet – und so ist's ein Film geworden, der sie wirklich zum Anschauen bringt, die Schieflage Leben.«

LYRIK UND JAZZ (BRD 1990)

Eine Benefizveranstaltung »Künstler für Künstler« in der Gethsemane-Kirche zu Ostberlin.

Regie/Drehbuch: Volker Kühn. *Regieassistenz:* Angelika Schmidt. *Kamera:* Wolfgang Rehausen. *Schnitt:* Bettina Beissert.

Darsteller: SENTA BERGER, Erika Pluhar, Elisabeth Trissenaar, Jutta Wachowiak, Ingo Hülsmann, Karl-Michael Vogler.

Musiker: Albert Mangelsdorff (Posaune), Walter Norris (Piano), Aladar Pege (Bass).

Texte: Wolfgang Bächler, Ingeborg Bachmann, Walter Bauer, Horst Bienek, Wolf Biermann, Bertolt Brecht, Paul Celan, Edward Estling Cummings, Günter Eich, Hans-Magnus Enzensberger, Lawrence Ferlinghetti, Erich Fried, Alen Ginsberg, Rudolf Hagelstange, Ferdinand Hardekopf, Heinrich Heine, Georg Heym, Ernst Jandl, Jewgeni Jewtuschenko, Erich Kästner, Heinz Kahlau, Michael Kirmes, Karin Kiwus, Klabund, Karl Krolow, Volker Kühn, Günter Kunert, Al-

fred Lichtenstein, Heiner Müller, Arthur Rimbaud, Peter Rühmkorf, Kurt Schwitters, Kurt Tucholsky, Tristan Tzara, Jakob von Hoddis, Volker von Törne, William Carlos Williams.
Produktion: Stiftung Lesen in Zusammenarbeit mit DEF, SDR, SFB, WDR, HR. *Produzenten:* Rolf Zitzlsperger/Joachim Schmidt.
Erstsendung: 11.8.1990 ARD.

SIE UND ER (BRD 1992)
Regie: Frank Beyer. *Drehbuch:* Klaus Poche. *Regieassistenz:* Doris Borkmann. *Kamera:* Peter Ziesche. *Schnitt:* Marion Fiedler. *Ausstattung:* Norbert Scherer. *Kostüme:* Ute Truthmann.
Darsteller: SENTA BERGER (Charlotte), Reimar Johannes Baur (Georg), Maja Maranow (Hanna), Karin Saß (Eva), Patricia Schäfer (Sarah), Carsten Andörfer (Leo), Gregor Mathar (Rudi), Martin Flörchinger (Robert), Marga Legal (Hilde), Michael Gwisdek (Peter), Christiane Sturm (Christa), Jutta Wachowiak (Frau Rickert), Wolfgang Arps (Dr. Hanisch).
Produktion: Westdeutsche Universum. *Produzent:* Mario Krebs. 16 mm. Farbe. *Länge:* 2 mal 90 Minuten.
Sendung: 29.1.1992 und 2.2.1992 ARD.
INHALT: Charlotte und Georg, Mitte 40, sind seit 25 Jahren verheiratet. Als die Kinder aus der gemeinsamen Wohnung ausziehen, bedeutet das für die Eltern eine Umstellung, gleichzeitig aber auch die Chance, neue Farbe in die alte Beziehung zu bringen. Sie haben wieder Zeit für ausgedehnte Ausflüge, gehen abends in die Disco und fühlen sich noch einmal jung. Doch das dauert nicht lange, der Alltag holt sie ein: Auf Freiheit folgt Leere. Vor allem kommen ihnen jetzt die Querelen des Lebens in die Quere: Georg hat berufliche Probleme, jüngere Kollegen werden vorgezogen, das Alter wird spürbar. Das wirkt sich aufs Privatleben aus, zumal er zu Hause über seine wirklichen Probleme nicht spricht, vielleicht, weil er sich seiner berufstätigen Frau, die anderen Lebenshilfe vermittelt, unterlegen fühlt.

AUF DER COUCH (BRD 1992)
Personalityshow mit Wieland Backes.
Gäste: SENTA BERGER, Inge Meysel.
Sendung: 2.2.1992 ARD.

LILLI LOTTOFEE (BRD 1992)
Regie/Drehbuch: Michael Verhoeven. *Regieassistenz:* Margit
Schachtschneider, Christine Ruppert. *Kamera:* Arthur
Ahrweiler. *Schnitt:* Gaby Kull-Neujahr. *Musik:* Rolf Weh-
meier. *Ausstattung:* Wolfgang Hundhammer. *Kostüme:* Heidi
Wujek.
Darsteller: SENTA BERGER (Lilli), Heinz Hoenig (Harry),
Herbert Bötticher (Leo Fall), Elisabeth Goebel (Lenis Mut-
ter), Monika Madras (Susi), Claudio Caramaschi (Sergio),
Gundi Ellert (Hanni), Ellen Frank (Olga), Lis Verhoeven
(Ellen), Roswitha Dierck (Franziska), Sissi Perlinger (Ricki),
Vincenzo Benestane (Aldo), Michele Oliveri (Mario), Anita
Höfer (Dorle), Bea Fiedler (Bambi), Helen Vita (Frau Luna),
Edith Volkmann (Paula), Michael Walke (Morizu), Elisabeth
Bertram (Anna), Gundula Liebisch (Monika), Wolfgang
Fischer (Herr Luitpold), Hürdem Gürel-Riethmüller (Frau
Scher), Natali Maroufi (Natali), Erika Wackernagel (Frau
Seifüßt), Thomas Reiner (Herr Nebel), Rainer Basedow,
Carmen Brandel-Rondelly, Jochen Busse, Raimund Geensel,
Monika Gerganoff, Dietrich Kerky, Amsi Kern, Gabi Loder-
meier, Renate Muhri, Sybille Nicolai, Jürgen Polzin, Felix
Rakosi, Andreas Reinl, Sascha Schöne, Inge Schulz, Manon
Straché, Johannes Terne, Pietro Valente, Gitta Wallaston,
Georg Weber, Wolfgang Weber, Lutz Winde.
Produktion: Sentana Film. Farbe. *Länge:* 6-mal 60 Minuten.
Sendung: 3.3.1992 ff.
INHALT: Lilli lässt sich scheiden und geht zur Wahrsagerin.
Sie ist eine Frau, die eine Identitätsentwicklung durchmacht.
Sie ist ganz an Männern orientiert und hat deshalb Schwie-
rigkeiten, auf eigenen Beinen zu stehen. Ehemann Sergio ist
ein rechter Macho, Freund Harry ist ein windiger Manager
von Kaffeefahrten. Er haut Alte übers Ohr und versucht

›Auf der Couch‹ mit Wieland Backes

Junge zu vernaschen. Dritter Mann im Bunde ist Leo Fall, Ex-
freund der Lilli, der sich als Zauberer durchschlägt.

GEFANGENE LIEBE (BRD 1994)

Regie: Dagmar Damek. *Drehbuch:* Peter Guthmann. *Regie-
assistenz:* Michael Kreindl. *Kamera:* Ingo Hamer, Sascha
Mieke. *Schnitt:* Sigrun Jäger. *Musik:* Norbert J. Schneider.
Ausstattung: Ari Hantke. *Kostüme:* Siegbert Kammerer.
Darsteller: SENTA BERGER (Anneliese), Götz Behrendt (Flo-
rian), Martin Flörchinger (Philipp), Martin Lüttge (Ludwig),
Anna Thalbach (Bärbel), Robert Guggenbach (Lehrer),

Robert Cresswell (Olli), Matthias Paul (Otto), Christiane Wagner (Krankenschwester). *Produktion:* NDF Neue Deutsche Filmgesellschaft im Auftrag des ZDF. *Produktionsleitung:* Inge Richter. Farbe. *Länge:* 91 Minuten.

ÄRZTE – DR. SCHWARZ UND DR. MARTIN (BRD 1994)

Regie: Xaver Schwarzenberger (1. NEULAND, 2. ROSENKAVALIERE), Bernd Fischerauer (3. NAHKAMPF, 4. HÖHENFLUG). *Drehbuch:* Gabriela Sperl (NEULAND), Susanne Schneider (ROSENKAVALIERE), Bernd Fischerauer (NAHKAMPF, HÖHENFLUG). *Regieassistenz:* Ulrike Dickmann-Neulinger. *Kamera:* Xaver Schwarzenberger. *Schnitt:* Gabriele Kull-Neujahr. *Musik:* Konstantin Wecker. *Ausstattung:* Ingrid Lazarus, Johann Kott. *Kostüme:* Sylvia Risa, Melodie Timmons. *Darsteller:* NEULAND: SENTA BERGER (Dr. Margarethe Martin), Friedrich von Thun (Dr. Wolfgang Schwarz), Daniela Ziegler (Charlotte Marquardt), Konstantin Wecker (Franz Unterrainer), Edgar M. Böhlke (Alexander Martin), Gabriele Dossi (Wehwehchen), Therese Hübchen (Annemie Boss), Joachim Bissmeier (Herr Boss), Erika Strotzki (Frau Boss), Julia Brendler (Judith Martin), Oliver Deska (Leon Burger), Petra Berndt, Dorothee Hartiner, Andi Voss, Christiane Blumhoff, Reinhold Lampe, Angelika Sedlmeier, Winfried Hübner, Monika Manz, Michael Hoffmann, Hans Stadlbauer, Thekla Mayhoff, Marianne Stein, René Mounajed. ROSENKAVALIERE: Sonja McDonald (Claudia Roeder), Michael Greiling (Robert Roeder), Veronica Ferres (Elisabeth). NAHKAMPF: Chris Pichler (Tatjana Kammerlander), Rita Russek (Frau Kammerlander), Lissi von Lambsdorf (Corinna), Heide Ackermann, Bernd Fischerauer, Eduard Erne, Christian Blumhoff, Margot Mahler, Lisa Wolf, Herb Andress, Evelyn Plank, Gudrun Gundelach, Thomas Otto, Daniel Tolkien, Angelika Huber. HÖHENFLUG: Michaela Rosen (Letitia von Ahrendsböck), Philip Seiser (Anton Strohofer), Saskia Vester (Babsi Strohofer).

Produktion: TV 60, Bernd Burgemeister für BR TV, NDR International und ORF. Farbe. *Länge:* jeweils 90 Minuten.
Sendung: 30.11.1994, 7.12.1994, 14.12.1994 und 21.12.1994.
KRITIK: Frank Baecke-Heger in *Gong*, 26.11.1994; Sibylle Alverdes/Konstantin Lange in *NRZ*, 30.11.1994; Joachim Hauschild in *Westfälische Rundschau*, 30.11.1994; Birgit Weidinger in *SZ*, 9.12.1994.
INHALT: Dr. Wolfgang Schwarz und Dr. Margarethe Martin haben eine gemeinsame Praxis und ein freundschaftliches Verhältnis, natürlich mit allerlei privaten und dienstlichen Konflikten.

DIE NACHT DER NÄCHTE (Österreich 1994)
Regie/Kamera: Xaver Schwarzenberger. *Drehbuch:* Ulli Schwarzenberger. *Musik:* Michael Mautner. *Ausstattung:* Georg Resetschnig. *Kostüme:* Claudia Bobsin.
Darsteller: SENTA BERGER (Teresa), Frank Hoffmann (Adam), Harald Pichlhöfer (Lorenz Steinhart), Susi Nicoletti (Teresas Mutter), Roswitha Szyszkowitz (Valerie), Elisabeth Stiepl (Schwiegermutter), Karl Schwetter (Schwiegervater), Maria Perschy (Eva, Schwägerin), Wolfgang Gasser (Hermann), Miguel Herz Kestranek (Alex), Christian Futterknecht (Fritz) sowie Cornelia Köndgen, Ulli Maier, Lotte Ledl, Tobias Moretti, Stephan Paryla, Heinrich Herki, Markus Siebert, Karl Hoess, Götz Spielmann, Reinhard Simonischek, Ronald Seuboth, Bernd Kucera, Petra von Morzé, Dr. Chen Yee Tsang.
Produktion: ORF und ZDF. *Länge:* 86 Minuten.
Sendung: 15.10.1994 ZDF.
INHALT: An ihrem 50. Geburtstag bricht Teresa aus und geht mit einem fremden jungen Mann auf Abenteuer …
ZUM FILM: Ironisch amüsante Midlife-Crisis einer Frau, die am 50. Geburtstag panisch dem Ehetrott und Feierjubel entflieht.

B. TRIFFT … (BRD 1996)
SENTA BERGER ist Gast bei Bettina Böttinger.
Überraschungsgast ist Matthieu Carrière.
Sendung: 2.2.1996 WDR Fernsehen.

BOULEVARD BIO (BRD 1996)

Unter dem Motto »Mutters Courage« unterhält sich Gastgeber Alfred Biolek mit George Tabori, SENTA BERGER, Ulrich Tukor und Michael Verhoeven.

Sendung: 20.2.1996 ARD.

WILLEMSENS WOCHE

Gastgeber Roger Willemsen talkt mit Caterina Valente, SENTA BERGER, Hanna Marron.

Sendung: 8.3.1996 ZDF.

DOPO LA TEMPESTA / MEIN SOHN IST KEIN MÖRDER (Italien/BRD 1995)

Regie: Andrea & Antonio Frazzi. *Drehbuch:* Mimmo Rafele, Lidia Ravera in Zusammenarbeit mit Andrea und Antonio Frazzi. *Kamera:* Franco Lecca. *Schnitt:* Gian Franco Amicucci. *Musik:* Luis Bacalov. *Ausstattung:* Maurizia Narducci. *Kostüme:* Bruna Parmesan.

Darsteller: Rinaldo Rocco (Matteo Renzi), Alessio Boni (Vittorio Benoffi), Nicoletta Tagliapietra (Laura), Omero Antonutti (Giacomo), SENTA BERGER (Sara), Adelmo Tagliani (Luca), Judith Kernke (Irina), Gudrun Gabriel (Maria), Giorgio Gobbi (Marco), Massimiliano Franciosa (Popi), Samuela Sardo (Margerita), Paolo Maria Scalondro (Staatsanwalt), Giacomo Piperno (La Rocca), Pietro Biondi (Anwalt Costa), Marco Quaglia (Stefano).

Produzent: Maurizio Tini. *Produktion:* Compact-Film. Im Auftrag von RAI und Taurus-Film. *Länge:* 89 Minuten.

Sendung: 5.7.1996 ARD.

INHALT: In einer wohlhabenden römischen Familie steht Sohn Matteo unter Verdacht, eine 15-Jährige getötet zu haben; Mutter Sara versucht die Unschuld ihres Sohnes zu beweisen. Doch dann erfährt man, dass Matteo homosexuell ist, und damit wird alles noch komplizierter.

ZUM FILM: *In einem guten Melodram stecken auch Humor und Ironie – eben alles, was an Lächerlichkeit im Leben enthalten ist. Was die Rolle der Mutter im Verhältnis zu ihr anbelangt?*

*›Mein Sohn ist kein Mörder‹ – das Plädoyer einer Mutter: Senta Berger
an der Seite von Omero Antonutti*

*Das muss sich nicht immer mit der wirklichen Identität decken.
Was dem Menschen im Film passiert, muss sich vielmehr mit
meiner Vorstellungskraft decken. Wenn man Liebe für einen
Menschen empfindet und intuitiv spürt, dass er zu Unrecht einer
Sache beschuldigt wird, dann gibt das einem die Kraft, wie eine
Löwin für diese Unschuld zu kämpfen.* (SENTA BERGER)

ÄRZTE – DR. SCHWARZ UND DR. MARTIN II (BRD 1996)

Regie: Bernd Fischerauer. *Drehbuch:* Gabriela Sperl (5. TREN-
NUNGEN, 7. SCHICKSALE), Karin Sack (6. HERZTÖNE), Bernd
Fischerauer (8. ENTSCHEIDUNGEN). *Kamera:* Rainer Gutjahr.
Darsteller: SENTA BERGER (Dr. Margarethe Martin), Friedrich
von Thun (Dr. Wolfgang Schwarz), Daniela Ziegler (Charlotte
Marquardt), Konstantin Wecker (Franz Unterrainer), Birgit
Daniel (Judith Martin), Gabriele Dossi (Wehwehchen).
TRENNUNGEN: Michael Lerchenberg (Bert Augenthaler),

Katharina Sternberger (Anika Kreuzer), Gilbert von Sohlern (Alfons Kreuzer), Guido Sherr (Tommy Schwarz).

HERZTÖNE: Miroslav Nemec (Dr. Ingolf Felix), Lisa Kreuzer (Hanni Messner), Francis Fulton-Smith (Ferdinand Messner), Erni Singerl (Oma Messner).

SCHICKSALE: Giulio Ricciarelli (Constantin Neumann), Toni Netzle (Schwester Inge).

ENTSCHEIDUNGEN: Giulio Ricciarelli (Constantin Neumann), Joachim Kemmer (Michael Steinbach).

Produktion: TV 60 GmbH, Bernd Burgemeister im Auftrag des Bayerischen Fernsehens. *Länge:* jeweils 90 Minuten.

Sendung: 11., 18. und 25.9. sowie 9.10.1996 ARD.

KRITIK: Rainer Tittelbach in *Westfälische Rundschau*, 12.9.1996.

BELLA CIAO (Österreich 1996)

Regie/Kamera: Xaver Schwarzenberger. *Drehbuch:* Ulli Schwarzenberger.

Darsteller: SENTA BERGER (Teresa), Frank Hoffmann (Adam), Harald Pichelhöfer (Lorenz Steinhart), Susi Nicoletti (Teresas Mutter), Beatrice Frey (Frau Baum).

Produktion: Team Film für ORF. Farbe. *Länge:* 85 Minuten.

Sendung: 26.8.1997 3sat.

KRITIK: Hans-Dieter Seidel in *FAZ*, 28.8.1997.

INHALT: Teresas Abenteuer mit Lorenz Steinhart liegt schon einige Zeit zurück; jetzt ist sie mit ihrem Ehemann, dem Scheidungsanwalt Adam, auf Ferienreise in Taormina, aber gerade hier hat sich auch Lorenz niedergelassen. Zufällig begegnen die beiden einander und zufällig wird Adam Zeuge einer solchen Begegnung …

ZUM FILM: »Nach der NACHT DER NÄCHTE erfolgt das Aufwachen am Morgen danach, und immer noch ist diese Teresa, wiewohl hübsch ernüchtert unterdessen, vor allem vor sich selbst auf der Hut, was in SENTA BERGERs kobolzender Darstellung ausdrucksfest Kontur gewinnt. Sie schmollt und schmeichelt, zetert und ziert sich, dass es nur so seine Art hat.« (Hans-Dieter Seidel)

LAMORTE (BRD 1997)

Regie/Kamera: Xaver Schwarzenberger. *Drehbuch:* Ulli Schwarzenberger. *Schnitt:* Daniela Padelewski-Junek. *Musik:* Mathias Rüegg.

Darsteller: SENTA BERGER (Susa), Nicole Heesters (Iris), Christiane Hörbiger (Mona), Elfriede Irrall (Ali), Gertraud Jesserer (Fritzi), Jonathan Kinsler (Chauffeur), Inge Konradi (Nuna), Lotte Ledl (Andrea), Paola Loew (Heidi), Else Ludwig (Bambi), Ulli Philipp (Gabi), Hertha Schell (Steffi), Doris Schmidinger (Biggi), Bibiane Zeller (Elli), Friedrich von Thun (Georg sen.), Max von Thun (Georg jun.).

Produktion: Teamfilm/Telepool/ORF/BR. *Produzenten:* Werner Swossil, Dietrich von Watzdorf. Farbe. *Länge:* 90 Minuten.
Sendung: 28.5.1997 ARD.

KRITIK: *FR*, 28.5.1997; Rainer Tittelbach in *MDZ*, 28.5.1997; Thomas Thieringer in *SZ*, 28.5.1997; Kro in *StZ*, 30.5.1997.

INHALT: 30 Jahre nach dem Abitur treffen sich zwölf ehemalige Schulfreundinnen wieder. Eine von ihnen, die wohlhabende Iris, hat sie auf ihren Landgasthof eingeladen und eröffnet ihnen eine Wahrheit, die alle schockiert …

ZUM FILM: »LAMORTE ist ein Film, der Sinn macht, zum Nachdenken anregt und unsentimental, bisweilen tragikomisch, mit dem in unserer Gesellschaft weitgehend verdrängten Tabu des Todes aufräumt.« *(FR)*

KOMMISSAR REX (BRD/Österreich 1994/95)

TV-Serie.
Folge: DER MASKIERTE TOD
Regie: Herrmann Zschoche. *Drehbuch:* Peter Hajek, Peter Moser.

Darsteller: Tobias Moretti (Richard Moser), Karl Markovics (Ernst Stockinger), Gerhard Zemann (Dr. Graf), SENTA BERGER (Karla Wilke), Mathias Kahler-Polagnoll (Sascha Wilke), Arthur Denberg (Dr. Rudolf Baumann).

Produktion: SAT.1. *Länge:* 55 Minuten.
Sendung: 23.7.1998 SAT.1.

INHALT: SENTA BERGER spielt eine zwiespältige Sektfabrikantin, die mit einer Frau befreundet war, die in der Kabine eines Schönheitssalons erschossen worden ist. Rechtsanwalt Dr. Baumann hatte ein Verhältnis mit der Toten und ist der Geliebte der Sektfabrikantin. Kommissar Moser kommt bei seinen Ermittlungen dahinter, dass der Täter sein Opfer verwechselt hat, jetzt ist Karla Wilke in Lebensgefahr ...

WAS IST MIR HEILIG (BRD 1999)
Jürgen Fliege eröffnet seine Sendung mit SENTA BERGER.
Sendung: 1.1.1999 WDR.

SCHÖN ERFOLGREICH – SENTA BERGER (BRD 1999)
Dokumentarfilm von Ilona Kalmbach.
Produktion: WDR/BR. *Länge:* 45 Minuten.
Sendung: 13.1.1999 ARD.

LIEBE UND WEITERE KATASTROPHEN (BRD 1999)
Regie: Bernd Fischerauer. *Drehbuch:* Dr. Gabriela Sperl. *Kamera:* Bernd Neubauer. *Schnitt:* Dorothee Maass. *Ausstattung:* Jörg Neumann. *Kostüme:* Ute Schwippert.
Darsteller: SENTA BERGER (Franziska Ackermann), Friedrich von Thun (Max Weiß), Suzanne von Borsody (Mechthild Weiß), Michael Mendl (Rainer Ackermann), Matthias Schloo (David), Bobby Brederlow (Bobby), Katrin Ackermann (Brigitta), Bernadette Heerwagen (Celine), Silvan Engelmeier (Andy), Bernd Fischerauer (Dr. Schröder), Konstanze Breitebner (Antonella Bleibtreu), Stephan Schwartz (Polizeiinspektor Weinberger), Claudio Maniscalero (Thomas Winter), Josefine Merkatz (Direktorin), Arnoldo Foà (Francesco Turrini), Christiane Blumhoff (Gärtnerin), Johanna Bittenbender (Richterin), Jürgen Tonkel (Adam Ludwig), Gerald Alexander Held (Gebhard), Caterina Vertova (Marcella), Elena Arvigo (Lucia), Iva Becki (Nonna), Michaela May (Rita).
Produktion: TV 60 Filmproduktion Bernd Burgemeister, Bayerischer Rundfunk, ORF. Farbe. *Länge:* 4-mal 90 Minuten.
Sendung: 20., 21., 27., 28.1.1999 ARD.

KRITIK: Stefan Bauer in *Gong*, 16.1.1999; Angela Gatterburg in *Der Spiegel*, 18.1.1999; Gunda Achterhold in *MDZ*, 20.1.1999; Anke Westphal in *die tageszeitung*, 20.1.1999; Mechthild Zschau in *SZ*, 22.1.1999; Alexander Kissler in *FAZ*, 21.1.1999; Gitta Düperthal in *FR*, 23.1.1999, Reinhard Lüke in *Funk-Korrespondenz*, 29.1.1999; W.O.P. Kistner in *AZ*, 22.1.1999.

INHALT: »Der Mann ist gestorben, der Schuldenberg riesig, eine Arbeit nicht zu finden, der Alkohol droht, der eine Sohn ist mongoloid und lieb, der andere bildhübsch und auf leicht kriminellen Umwegen zu sich selbst, der reiche Schwager erpresst sie mit Begehren. Von Liebe erst mal keine Spur, aber der gegenüber frisch eingezogene Professor bietet sich deutlich als Opfer an ...« (Mechthild Zschau)

ZUM FILM: »Der eine Sohn besprüht nachts mit Freunden Eisenbahnwaggons, der andere leidet unter dem Down-Syndrom, die Schulden nehmen astronomische Ausmaße an und dann zieht noch der arrogante Psychologieprofessor Max Weiß in die Nachbarvilla: nur ein Bruchteil der Probleme, die die Autorin der armen Verlegerswitwe ins Drehbuch schrieb, auf dass sie diese in vier Folgen vor unseren Augen und Ohren durchlebe und bewältige. Dabei ließ die Autorin ärgerlicherweise keinen einzigen denkbaren oder undenkbaren Zufall aus, die Wege der in Folge 1 noch heftig widerspenstigen Franzi mit denen von Max zu kreuzen. Ansonsten ließ sie es kräftig menscheln, benutzte aufgesetzten Jugendjargon und legte fleißig die Zündschnüre für die dräuenden Katastrophen in den folgenden Folgen. Bewegte sich die Story also knapp über Vorabendserien-Niveau, geriet dem Regisseur die Inszenierung zügig und dicht, retteten die durchwegs starken Darsteller über Plot-Plattheiten hinweg.« (W.O.P. Kistner)

Gewiss, vier Teile Ackermann & Weiß ist reichlich Schicksal, und wenn es dabei zu kleinen Ausuferungen kommt – niemand wird bei dieser Art Unterhaltung verärgert, und wer Frau Sperls Drehbücher offensichtlich überhaupt nicht mag, der muss sich das nur als Beauftragter oder schmähwilliger (?) Kritiker antun. Gemessen an vielen hoch dekorierten und von der Kritik über die Maßen geschmeichelten Mehrteilern – oft nach honorigen Autoren zum Gähnen gestrickt (oder gestreckt oder verknappt) – sind diese »Katastrophen« doch letztlich recht kurzweilig, was der Kritiker ja auch nach seiner Autoren-Schmähung zugibt.

BOULEVARD BIO (BRD 1999)

Gastgeber Alfred Biolek unterhält sich unter dem Motto »Wenn die beste Freundin … « mit SENTA BERGER und Elke Heidenreich, Gisela May und Helen Vita, Gülsen Yildiz und Mayren Mankus.
Sendung: 23.3.1999 ARD.

MIT FÜNFZIG KÜSSEN MÄNNER ANDERS (BRD 1999)

Regie: Margarethe von Trotta. *Drehbuch:* Alistair Beaton, Martin Henning, nach dem Roman von Dorit Zinn. *Kamera:* Stefan Spreer. *Schnitt:* David Grausan. *Musik:* Konstantin Wecker. *Ausstattung:* Barbara Becker. *Kostüme:* Claudia Bobsin.
Darsteller: SENTA BERGER (Marie), Ulrich Pleitgen (Dietrich), Konstantin Wecker (Gerd), Hans-Peter Hallwachs (Eugen), Gerd Wameling (Udo), Eleonore Weisgerber (Anna), Heinrich Schafmeister (Bernhard), Tina Ruland (Petra), Martin Feifel (Kevin), Edgar Delge (Dr. Heinrich), Daniela Ziegler (Galeristin).
Produktion: Regina Ziegler Filmproduktion, Degeto Film. *Produzent:* Josef Göhlen. Farbe. *Länge:* 87 Minuten.
Sendung: 9.4.1999 ARD.
KRITIK: Rainer Tittelbach in *Westfälische Rundschau*, 9.4.1999; Gitta Düpperthal in *FR*, 12.4.1999; Hans-Dieter Seidel in *FAZ*, 12.4.1999; Ponkie in *AZ*, 12.4.1999; Renate Stinn in *epd medien*, 17.4.1999.
ZUM FILM: »Marie, wie SENTA BERGER sie vorstellt: unkapriziös und mit dem nötigen Quäntchen Selbstironie, ist keine leichtfertige Frau auf dem Seitensprung, wie es der Komödie beliebt. Diese noble, mit Recht auf ihren Charme setzende Person will nicht länger akzeptieren, dass sich die Aufmerk-

Ulrich Pleitgen und Senta Berger in ›Mit fünfzig küssen Männer anders‹

samkeit ihres Gatten, den sie Igelchen nennt, am Geburtstag in einer Rose auf dem Kopfkissen und an den übrigen Tagen im Jahr auf die Sorge beschränkt, ob sie auch den Müll richtig trenne … Die Mannsbilder, die ihr über den Weg laufen, hätte sie sich kauziger und verklemmter nicht ausmalen können. Nach einer Romanvorlage von Dorit Zinn zeigt sich das Drehbuch Alistair Beatons und Martin Hennings vielmehr in einer Beiläufigkeit versiert, die der beste Teil der Ironie ist. Und Margarethe von Trotta, als Regisseurin häufig darauf erpicht, alles Frauenleid der Welt zu schultern, inszeniert diesmal beschwingt und mit leichter Hand. Welch ein Vergnügen.« (Hans-Dieter Seidel)

»Die erotische Notdienstkomödie entbehrt nicht sarkastischer Giftigkeit (männliches Sex-Selbstbewusstsein und das mobbingbedrohte Berufsleben von Karrierekerlen betreffend). Und sie glänzt durch Edelbesetzung: SENTA BERGER und Ulrich Pleitgen eheverbandelt, Hans Peter Hallwachs und Martin Feifel als Aushilfslover, Daniela Ziegler als Galeristenzicke, Konstantin Wecker als Künstler-Hausfreund. Und Maler-Ruhm der Gattin bändigt Midlife-Frust.« (Ponkie)

ROSAMUNDE PILCHER: DAS GROSSE ERBE
(BRD/Großbritannien/Österreich 1999)
Regie: Simon Langton. *Drehbuch:* John Goldsmith, unter Mitwirkung von Rosamunde Pilcher. *Regieassistenz:* John Dodds. *Kamera:* Simon Kossoff. *Schnitt:* David Blackmore. *Kostüme:* Mario Price. *Musik:* Alan Parker. *Deutsche Fassung:* Holger Schwiers.
Darsteller: Joanna Lumley (Diana Carey-Lewis), Patrick McNee (Lord Peter Awliscombe), Katie Ryder-Richardson (Loveday Carey-Lewis), SENTA BERGER (Alexandra Gower), Christian Kohlund (Nikko Bornhoffer), Lara Joy Körner (Judith Wells), Philipp Moog (Gus Callender), George Asprey, Emily Hamilton, Susan Hampshire, Patrick Ryecart, Lynda Baron, Tristan Gemmill, Robert Hardy, Paul Currant, Samantha Beckensale, Donald Sinden.
Produktion: Tele München, Portman Entertainment, ITV, ORF. *Produktionsleitung:* Thomas Mattinson. Farbe. *Länge:* 2-mal 90 Minuten.
Erstsendung: 23. und 24.5.1999 ZDF.
ZUM FILM: Meine Rolle symbolisiert ein bisschen eine andere Welt, einen anderen Begriff von Kunst, einen anderen Begriff von Tradition, eine kühle, dennoch leidenschaftliche Frau«, sagt SENTA BERGER zu ihrer Galeristin Alexandra Gower in der britischen Pilcher-Verfilmung.
Das ist eine etwas andere Pilcher. Die Landsitze sind noch prächtig, aber hinter der Fassade beginnt es schon zu bröckeln.

ZIMMER MIT FRÜHSTÜCK (BRD 1999)
Arbeitstitel: FRÜHSTÜCK FÜR ZWEI
Regie: Michael Verhoeven. *Drehbuch:* Conny Lens. *Kamera:*

Stephan Speer. *Regieassistenz:* Eva Mahleck. *Musik:* Klaus Doldinger.

Darsteller: SENTA BERGER (Elisabeth), Gisela Schneeberger (Marion), Robert Giggenbach (Johannes), Johannes Brandrup (Michael), Heinrich Schafmeister (Wolf), Muriel Baumeister (Maria), Lavinia Wilson (Zoe), Ignaz Kirchner (Rudolf), Erich Hallhuber (Felix), Michael Gwisdek (Klaus).

Produktion: Monaco Film/Odeon-Film. *Produzent:* Georg Althammer. 16 mm. Farbe. *Länge:* 87 Minuten.

Sendung: 24.1.2000.

KRITIK: Wilfried Geldner in *SZ*, 24.1.2000; Norbert Hummel in *KStA*, 26.1.2000.

INHALT: Elisabeth Hallstein, die 53-jährige Luxuslady, wird von ihrem Mann Klaus verlassen. Der wohlhabende Banker hat eine Jüngere gefunden, die – wie sollte es anders sein – von ihm schwanger ist. Klaus geht sang- und klanglos, er hinterlässt nur einen kurzen Abschiedsbrief. Die Konten hat er geräumt, ihr aber immerhin die Altbauwohnung überlassen. Elisabeth ist geschockt, verletzt und gedemütigt, insbesondere, da ihre Ehe unfreiwillig kinderlos geblieben ist. Nach kurzer Zeit stellt sie jedoch eine gewisse Erleichterung fest. Beim Anblick ihrer großen Wohnung kommt ihr die Idee: Sie wird Zimmer vermieten …

ZUM FILM: »Das alles aber hat nicht die flache Frische vorgetanzter WG-Komödien, auch prostituiert sich SENTA BERGER nicht als stets emanzipationsbereites Superweib. Vielmehr gibt es kleine Niederlagen und den schalen Geschmack nach dem One-Night-Stand, aber auch die leichte Melancholie bei der Erinnerung ans Gestern, als sich der Geliebte noch um ihretwillen in den Eisbach warf. Das Erfolgspaar hat also einen gar nicht so lustigen, manchmal tieftraurigen Film gemacht und sich damit womöglich vom Hals geschafft, was es sonst heimlich verdrängt.« (Wilfried Geldner)

Ein Gespräch mit SENTA BERGER und Michael Verhoeven zu ihrem Fernsehfilm:
Ist ZIMMER MIT FRÜHSTÜCK eine Auftragsproduktion?

Verhoeven: »Senta hat es angeboten bekommen und ich habe gesagt, das ist was für mich.«

Es war sicher schön, mal wieder zusammen zu arbeiten?

Verhoeven: »Das war eigentlich der Hauptgrund und es war so, dass mir die Geschichte auch gefallen hat.«

Hattest du jetzt Freiheit, wie du das machst?

Verhoeven: »Schon, das muss schon so sein; das ist aber jetzt in diesem Fall kein Einzelfall gewesen. Wir werden ja reduziert auf vierundzwanzig Drehtage, ich hatte fünfundzwanzig. Ich war gerade bei der Verleihung des Bayerischen Filmpreises und da erzählte einer der Preisträger, sie hatten siebzig Drehtage. Da ging ein Raunen durch den Saal, das ist ja heute kaum noch vorstellbar.«

Der Film sieht eigentlich gar nicht nach einem Fernsehfilm aus, hast du ihn unter Kinobedingungen gedreht?

Verhoeven: »Nein, es ist 16 beziehungsweise Super-16. Auf dem Hamburger Filmfest war die Premiere. Das ist natürlich schön, wenn du den Film auf der Kinoleinwand siehst. Es ist ja keine jener Komödien, wo man sich pausenlos ausschütten muss vor Lachen; wenn du das dann mit Publikum siehst, mit vielen Menschen, dann ist so eine Reaktion, so ein Gelächter im Kino wunderbar. Das hast du ja beim Fernsehen nie, da sitzt jeder für sich in seinem kleinen Wohnzimmer.«

Wie funktioniert das mit Publikum?

Verhoeven: »Es hat wunderbar funktioniert. Neben mir saß die Gisela Schneeberger und die hat mich immer in den Arm gezwickt, wenn die Leute gelacht haben.«

Kannst du noch was zur Arbeit sagen?

Verhoeven: »Es ist so, dass wir uns doch haben frei bewegen können, es war doch Luxus für uns, wir haben ja alles in einer Wohnung gedreht. Diese Wohnung war zwar nicht ganz ideal, weil sie etwas enger war, andererseits wollten wir auch nicht eine Frau porträtieren, die nur im Luxus lebt. Es ging ihr gut, sie hat eine große Wohnung, das ist ja schon etwas.«

Ich fand auch schön, dass das Thema Geld mit reinkommt; die Filme, die wir im Fernsehen angeboten bekommen, die spielen ja meist so in der Upperclass, wo die Leute nie arbeiten müssen.

Verhoeven: »Na ja, sie lebt doch in guten Verhältnissen, macht den Haushalt, es kommt ab und zu eine Frau, die ihr bügeln hilft. Es gibt da so eine Grenze, sie kann sich nicht alles leisten und sie ist in einer Notlage, wenn der Mann sich so schofel benimmt, und das fand ich gut, es ist nicht so eine Nullachtfünfzehn-Serien-Geschichte.«

Und der Schluss ist richtig schön und macht Spaß.

Verhoeven: »Mir hat auch gefallen, dass das Buch nicht etwas anderes sein will. Es ist nur eine kleine Geschichte und sie schafft sich diese Erwerbsfamilie und wird so etwas wie ein erwachsener Mensch. Aber was ich noch sagen wollte: Dadurch dass wir den Film eigentlich an einem Schauplatz gedreht haben, diese Wohnung war so eine Studiosituation, und das war schon schön, das war so ein ganz intensives Arbeiten, es waren fast immer alle am Set, es war kinoähnlich.«

Aber trotzdem ist Bewegung drin. – Senta, wie empfandest du das Ganze?

SENTA BERGER: »Ja, was soll ich noch sagen, ich habe es auch sehr genossen, weil es nicht unsere Produktion war, und wenn ich mit unserer Produktion drehe, wie zum Beispiel die Gerdi, Lottofee oder Liebe Melanie, dann hört man als Schauspielerin noch viel mehr die Stimmen des Teams. Der Regisseur hat diese Konzentration auf seine Arbeit, bei den Schauspielern gibt es zwischendurch immer Sitzen und Warten, und da hört man plötzlich Dinge, die nicht so gemeint sind … Diesmal habe ich das alles auch gehört, aber es war nicht mir zugedacht und ich musste mich nicht als Produzentin betroffen fühlen, es war ein Nebenprodukt, ich habe noch nicht einmal meine Ohren verschließen müssen, ich konnte darüber hinweghören. Und das ist natürlich auch ganz schön, wenn man einmal so ohne Doppelverantwortung arbeiten kann.«

Du hattest die Rolle angeboten bekommen und Michael ist dann erst später dazugekommen?

SENTA BERGER: »Ich habe gesehen, das ist eine schöne kleine Geschichte, die nicht mehr sagen will als sie ist, anständige Dialoge, also ich konnte mir gut vorstellen, dass ich das spielen kann, und fast zeitgleich, als ich das Buch hatte, hat mich

Georg Althammer angerufen und mich gefragt, ob es mich stören würde, wenn er die Regie dem Michael anbietet. Ich sagte: ›Nein, das stört mich gar nicht‹, aber ich glaube, er hat keine Zeit, aber du kannst ja gerne mal mit ihm reden. Und dann haben sie die Daten auf die Reihe bekommen.

Habt ihr euch ein bisschen nach der Zeit gerichtet, die der Michael freihatte?

SENTA BERGER: »Ja, und wir mussten auch Drehorte hin und her schieben aus familiären Gründen. Und dadurch, dass wir in München drehten und nicht in Hamburg, hatten wir dann das Glück, diesen sehr kalten weißen Winter zu haben. Es ist einer der ganz wenigen Winterfilme geworden, die es überhaupt gibt.«

Es spielt zwar fast alles in einem Raum, aber es passiert sehr viel. Die Geschichte ist spannend und nicht abwegig.

SENTA BERGER: »Nein, ist es nicht, es ist keine mit moralischem Zeigefinger erhobene Emanzipationsgeschichte; das wäre mir auch arg, das würde mir nicht gefallen. So kann man verschiedene Schlüsse daraus ziehen, und sei es nur den, dass diese Frau im Grunde alles falsch gemacht hat in dem Bemühen, sich freizustrampeln, und dass sie jetzt aber nach diesen Erfahrungen noch mal ein Kapitel aufschlagen wird, so ganz genau weiß man nicht, wie das sein wird. Also, ich gönne ihr die Erfahrung, die sie da gemacht hat, sonst hätte sie bis ans Ende ihres Lebens ein dreigängiges Menü hingestellt, und das wär's dann auch gewesen. Da sehe ich ihre Zukunft doch jetzt ein bisschen anders, und sollte darin eine kleine Ermutigung zum eigenen Leben versteckt sein, so hätte ich nichts dagegen. Aber ich hoffe, dass das nicht dick kommt.

ZWEI GEGEN ZWEI – TRENNUNGSFIEBER (BRD 1999)
Regie: Manfred Stelzer. *Kamera:* Franz Grunert. *Schnitt:* Bernd Schriever. *Musik:* Lutz Keischowski.
Darsteller: Günther Maria Halmer (Fritz Bauer), SENTA BERGER (Carla Severin-Bauer), Nele Mueller-Stöfen (Liane Goldhofer), Karl Kranzkowski (Toni Goldhofer), Miranda Toma (Pia Bauer), Martin Glade (Edgar Meuser), Eva-Maria

Höfling (Sonja Schachtelhuber), Brigitte Böttrich (Karin Mayer), Christiane Blumhoff (Frau Zeiselhuber), Renée Wangler (Frau auf Fest), Dorothée Meyer (Studentin), Wilhelm Manske (Edgars Vater), Sarah Camp (Edgars Mutter), Gerhard Beisteiner (Lianes Assistentin), Markus H. Eberhard (Scheidungsrichter), Frank Januschke (Radioreporter), Yvonne Riehmüller (Krankenschwester).

Produktion: Westdeutsche Universum. *Produzent:* Norbert Sauer. *Länge:* 90 Minuten.

Sendung: 27.3.2000 ZDF.

KRITIK: Michael Verhoeven als Studiogast in *WDR5 – Scala*, 27.3.2000; C. Wystrichowski in *MDZ*, 27.3.2000; NH (= Norbert Hummel) in *KStA*, 27.3.2000; Emmanuel van Stein in *KStA*, 29.3.2000.

ZUM FILM: »Gereizt haben mich die dreißig Streits und diese dreißig Streits sind immer verschieden. Das hat mir gefallen. Und keiner der Streits wird so ernst, dass es damit zu Ende ist. Es war immer so, dass man Lust hat auf einen neuen Streit. Und das finde ich so brillant, dass man immer noch dranbleibt. Wenn zwei sich streiten, die sich immer noch lieben, da ist das dann schon schön. Und außerdem: Ich wollte schon lange einmal mit SENTA BERGER drehen. Es hat ja schon etwas, wenn man mit guten, professionellen Schauspielern arbeitet. Das ist einfach schon schön, wie die Dame sich bewegt, sich setzt, die Augen aufschlägt. Und das muss man ihr alles ja nicht erst sagen.« (Manfred Stelzer)

SCHARF AUFS LEBEN (BRD 2000)

Regie: Christine Kabisch. *Drehbuch:* Christine Kabisch, Neithardt Riedel, nach einer Idee von Liane Jessen. *Kamera:* Jürgen Herrmann. *Schnitt:* Elke Herbener. *Ausstattung:* Börries Hahn-Hoffmann. *Kostüme:* Kirsten Gollnick.

Darsteller: SENTA BERGER (Solveigh Kronberg), Ralph Herforth (Magnus Nadolony), Ulrich Pleitgen (Michael »Mike« Bergengruen), Dietmar Mues (Rudolph Kronberg), Manon Straché (Edda Ostermeier), Kathie Kriegel (Florence Lalande), Christoph Maria Herbst (Jerry), Karl Jürgen Sihler

(Herr Breilmann), Dagmar Altrichter (Anna Kronenberg), Tobias Gramowski (David), Andrea Bürgin (Saskia), Zora Holt (Sandy), Oliver Brandl (Stefan), Günter Waidacher (Salvatore), Natascha Retschy (Nachbarin), Marek Gierszal (junger Mann), Mila Bruk (Zora), Catarina Tippmann (Kellnerin), Andreas Mach (Kellner), Olga Kolb (Sekretärin in der Werbeagentur).
Gäste: Peer Jäger (Oscar), Gisela Trowe (Gertrud Neumann). *Produktion:* Hessischer Rundfunk. *Produktionsleitung*: Liane Jessen. Farbe. 16 mm. *Länge:* 89 Minuten.
Sendung: 13.12.2000 ARD.
KRITIK: Senta Berger als Studiogast in *WDR5 – Scala,* 12.12.2000.
INHALT: Solveigh Kronberg ist 55 Jahre alt, eine attraktive und lebenslustige Frau. Nach 30 Jahren Ehe ist sie geschieden, ihr Sohn ist ein Klaviervirtuose. Solveigh jobbt in einem Bistro, tanzt gerne Boogie-Woogie und ist glücklich mit ihrem Leben. Doch eines Tages ist genau sie die Frau, die sich ein italienischer Modedesigner vorgestellt hat: In der Frankfurter Werbeagentur Nadolny führt der Chef gemeinsam mit seinem Fotografen Mike ebenjenem Modedesigner eine Werbekampagne vor; doch der möchte etwas anderes: ein schönes, reifes Gesicht, eine Frau mit Ausstrahlung, Eleganz und Stil – eben jene Solveigh. Und jetzt beginnt für Solveigh Kronberg ein ganz neues Image und eine neue Karriere. Wird sie jetzt völlig in diesem neuen Jetset-Leben aufgehen?
Senta Berger ZUM FILM: *Der Titel ist sozusagen schon das Programm: Scharf aufs Leben! Natürlich nicht immer, man kann ja auch nicht jeden Tag ungebrochen neugierig und scharf aufs Leben sein. Man hat ja auch Stimmungswechsel, Stimmungsschwankungen, für die man sich nicht entschuldigen muss, aber wenn das so im Hinterkopf bleibt, man hat ja nur das eine Leben und daraus will ich das meiste machen und das Beste, wenn es geht, da will ich mich drum bemühen und scharf bleiben aufs Leben. Und wenn diese Frau kommt und sagt, Sie haben nur noch fünfzehn Jahre, dann sagt sie: Ich habe noch fünfzehn gute Jahre.*

Ich habe natürlich auch eine Beschreibung von mir oder von allen gegeben. Ich habe diese Rolle sehr gerne gespielt, obwohl sie gar keine Ähnlichkeit mit mir hat. Die Solveigh hat mir sogar ein bisschen was voraus an Lebensmut und in ihrer ungebrochenen Haltung, dass noch etwas Wunderbares kommen wird. Ich selbst bin nicht ganz so optimistisch und auch nicht ganz so naiv, aber Naivität kann ja eine ganz große Kraft sein.

Was die Realität der Geschichte angeht: Die Entdeckung einer Fünfundfünfzigjährigen als Model, das hat durchaus Zukunft, und wenn man sich ein bisschen umguckt, kann man in den einschlägigen Modemagazinen schon weißhaarige Models mit Lachfältchen sehen, die Mode tragen. Es geht ja auch darum, dass in den nächsten Jahren ein Käuferpotenzial heranwachsen wird: Frauen und Männern über fünfzig, die das Käuferpotenzial stellen, und nicht die so genannten Kids wie bisher. Sie haben also eine neue Käuferschicht anvisiert.

Ich muss ehrlich sagen, als ich es noch gar nicht notwendig hatte, habe ich das meiste Geld für Kosmetika ausgegeben, und ich denke, das funktioniert auch so, dass man sagt, man muss jüngere Frauen ansprechen, die sich nicht vorstellen können, dass man älter wird und wie man älter wird, und dass man versucht, dies und das zu verhindern, und man dann 200 Mark für die Creme hinlegt. Aber wenn man dann die vielen hübschen kleinen Lachfältchen sieht, dann stellt das den Wert unserer Creme schon ein bisschen infrage. Das ist schon die Welt des schönen Scheins. Aber tatsächlich, es gibt ja eine Statistik, dass in wenigen Jahren fünfzig Prozent aller Menschen in den westlichen zivilisierten hoch technologischen Ländern wie zum Beispiel Deutschland oder Amerika über fünfzig Jahre alt sein werden, und das ist der Ausgangspunkt unseres Filmes.

Kritiker werfen diesen Filmen häufig vor, dass das alles zu positiv ist, aber es ist doch gewiss kein Fehler, wenn man sein Publikum am Ende einer Geschichte mit ein wenig Hoffnung entlässt. Aber dabei verliert man ein bisschen aus dem Bewusstsein, dass ich in letzter Zeit vier Komödien gemacht habe, und ich glaube, mancher möchte mich wieder einmal in einem Drama sehen, aber genau genommen ist auch die Solveigh brüchig, sie ist kein ungebrochen heiterer Mensch. Sie sitzt allein in ihrer Badewanne und hat nur die Katze zum ansprechen und sonst niemanden. Und es ist auch wichtig, solche Dinge zu zeigen, denn dieser Ausbruch ist nicht ohne Verletzungen gegangen. Und ich finde, unterhalten zu werden mit einem solchen Thema ist doch eine schöne Aufgabe.

BOULEVARD BIO (BRD 2000)
Gäste: SENTA BERGER und Sohn Simon, Margit Braun, Birgit Schrowange.
Sendung: 19.12.2000

PROBIEREN SIE'S MIT EINEM JÜNGEREN (BRD 2000)
Regie: Michael Kreihsl. *Drehbuch:* Elfriede Hammerl. *Kamera:* Ulrich Bockelberg. *Schnitt:* Michou Hutter. *Ausstattung:* Georg Resetschnig. *Kostüme:* Birgit Hutter.
Darsteller: SENTA BERGER (Schriftstellerin Anna Haslböck/Karina Nordens), Ulrich Reinthaller (Nicolas), Karlheinz Hackl (Wolf), Marianne Nentwich (Ilse), Emmy Werner (Margit), Markus Hering (Daniel), Regina Fritsch (Lena), Lilo Wanders (Moderatorin), Ernie Reinhardt.
Sendung: 30.12.2000 ARD.
Produktion: epoFilm Wien, Kirch Media für ORF und ARD. Farbe. *Länge:* 90 Minuten.
INHALT: Die Schriftstellerin Anna will ihr Buch »Probieren Sie's mit einem Jüngeren« partout zum Bestseller machen und eine eigene Talkshow bekommen. Um ihr Privatleben dem Buchtitel gemäß aufzufrischen, engagiert sie einen jungen Mann, der öffentlich als ihr Geliebter auftreten soll.

Die Bühnenstücke

1958

HEINRICH IV.
Luigi Pirandello
Deutsche Übertragung von Hans Feist, bearbeitet von Karl Guttmann.
Inszenierung: Karl Guttmann. *Bühnenbild:* Lois Egg. *Kostüme:* Hertha Neuffer.
Darsteller: Leopold Rudolf (Heinrich IV.), Sigrid Marquardt (Marchesa Mathilda Spina), SENTA BERGER (ihre Tochter Frida), Michael Heltau (der junge Marchese Carlo di Nolli), Gert Keller (Baron Tito Belcredi), Friedrich Lobe (Doktor Dionisio Genoni, Arzt), Klaus Knuth (Lafoldo/Lolo), Kurt Sobotka (Harald/Franco), Robert Werner (Ordulf/Momo), Jürgen Müller (Bertold/Fino), Hans Ziegler (Kammerdiener Giovanni), Eduard Sekler/Theo Prokup (zwei Lakaien in Tracht).
Theater in der Josefstadt.
Premiere: 10.9.1958.

WIR WAREN DREI / NOUS ÉTIONS TROIS
Jean Sarment
Deutsche Übersetzung und Bearbeitung von Charles Regnier.
Inszenierung: Werner Kraut. *Bühnenbild:* Otto Niedermoser.
Darsteller: Leopold Rudolf (Pierre), Ernst Waldbrunn (Marcel), Georg Bücher (Eugen), Vilma Degischer (Denise), SENTA BERGER (das Stubenmädchen), Friedl Czepa (die Wirtin).
Theater in der Josefstadt.
Premiere: 5.11.1958.

1959

CHARLIES TANTE
Brandon Thomas
Für die Kammerspiele neu bearbeitet von Florian Kalbeck.

Inszenierung: Otto Schenk. *Bühnenbild:* Fred Weiner. *Kostüme:* Hill Reihs-Gromes.

Darsteller: Leopold Hainisch (Colonel Sir Francis Chesney, Baronet, früher in indischen Diensten), Fritz Heller (Mr. Pettigue), Hans Hollmann (Jack Chesney), Alfred Böhm (Charley Wykeham), Heinz Conrads (Lord Francourt Babberley), Martin Costa (Brassett, Faktotum im College), Elisabeth Markus (Donna Lucia d'Alvodorez, Charleys Tante), Bibiane Zeller (Anny), SENTA BERGER (Kitty), Renée Michaelis (Daisy Delahay).

Theater in der Josefstadt.

Premiere: 18.1.1959.

DAS EI

Félicien Marceau

Deutsch von Lore Kornell.

Inszenierung: Heinrich Schnitzler. *Bühnenbild/Kostüme:* Robert Hofer-Ach.

Darsteller: Heinz Conrads (Emile Magis), Heribert Aichinger (der Arzt), Max Brebeck (Barbedart), Martin Costa (Tanson), Renée Michaelis (1. Frau), Evi Servaes (2. Frau), Augusta Ripper (3. Frau), Olga Plüss (das junge Mädchen), Melanie Horeschovsky (Mademoiselle Duvant), Max Brebeck (Kunde bei Dufiquet), Martin Costa (Dufiquet), Augusta Ripper (die Mutter), Renée Michaelis (Justine), Wolf Neuber (Gustave), SENTA BERGER (Georgette), Louis Soldan (Kellner im Café), Evi Servaes (Rose), Heribert Aichinger (Eugène), Robert Werner (ein Gast), Martin Costa (Berthoullet), Melanie Horeschovsky (Madame Horeschovsky), Max Brebeck (der Onkel aus Montauban), Olga Plüss (Hortense Berthoullet), Renée Michaelis (Lucie Berthoullet), SENTA BERGER (Charlotte Berthoullet), Robert Werner (Raffard), Wolf Neuber (Joseph), Augusta Ripper (die Concierge), Heribert Aichinger (Richter), Wolf Neuber (Verteidiger), Robert Werner (Anwalt).

Theater in der Josefstadt.

Premiere: 1.4.1959.

DER ENGEL MIT DEM BLUMENTOPF / MELOCOTÓN EN ALMIBAR

Miguel Mihura

Deutsch von K. E. Schrögendorfer.

Inszenierung: Peter Preses. *Bühnenbild/Kostüme:* Inge Fiedler.

Darsteller: Vilma Degischer (Schwester Maria vom guten Engel), SENTA BERGER (Nuria), Melanie Horeschovsky (Donna Pilar), Kurt Jaggberg (Suarez), Rudolf Krismanek (Carlos), Louis Soldan (Federico), Heribert Aichinger (Cosme).

Theater in der Josefstadt.

Premiere: 11.5.1959.

FRAUEN – FÜNF VARIATIONEN ÜBER EIN THEMA

Inszenierung: Heinrich Schnitzler. *Bühnenbild:* Robert Hofer-Ach. *Kostüme:* Eva Sylt.

VOR DEM FRÜHSTÜCK

Eugène O'Neill

Deutsch von Konrad Maril.

Darsteller: Gretl Elb, SENTA BERGER.

DIE STÄRKERE

August Strindberg

Deutsch von Emil Schering.

Darsteller: Helly Servi (Frau X), Luci Neudecker (Fräulein Y), SENTA BERGER (Kellnerin).

DIE GELIEBTE STIMME

Jean Cocteau

Deutsch von Hans Feist.

Darsteller: Grete Zimmer (die Frau), SENTA BERGER.

LORD BYRONS LIEBESBRIEF

Tennessee Williams

Deutsch von Hans Sahl.

Darsteller: Hilde Pfaudler (die alte Frau), Gretl Elb (das nicht mehr ganz junge Fräulein), Helly Dervi (die Besucherin), SENTA BERGER.

DIE HEXE
Franz Molnar
Deutsch von Gustav Kropatschek.
Darsteller: Grete Zimmer (die große Schauspielerin), Luzi Neudecker (die junge Frau), SENTA BERGER.
Theater in der Josefstadt.
Premiere: 1.10.1959.

VIEL LÄRM UM NICHTS
William Shakespeare
Inszenierung: Leonard Steckel. *Bühnenbild/Kostüme:* Erich Kondrak. *Musik:* Gustav Zelibor. *Choreographie:* Toni Birkmeyer.
Darsteller: Carl Bosse (Don Pedro, Prinz von Aragon), Wolfgang Hebenstreit (Leonato, Gouverneur von Messina), Günther Tabor (Don Juan, Pedros Halbbruder), Claus A. Landsittel (Claudio, ein florentinischer Graf), Walther Reyer (Benedikt, ein Edelmann aus Padua), Martin Costa (Antonio, Leonatos Bruder), Franz Messner (Borachio), Klaus Löwitsch (Konrad), Otto Schenk (Holzapfel), Hans Ziegler (Schlehwein), Heinrich Eis (Balthasar, Don Pedros Diener), Karl Hellmich (ein Schreiber), Heribert Aichinger (1. Wache), Eduard Spiess (2. Wache), Elfriede Ott (Hero, Leonatos Tochter), Susi Nicoletti (Beatrice, Leonatos Nichte), SENTA BERGER (Kammerfrau Margareta), Luzi Neudecker (Kammerfrau Ursula), Erich Nikowitz (ein Mönch) sowie Studierende der Tanzabteilung der Akademie für Musik und darstellende Kunst (Gäste auf dem Maskenfest im Hause des Leonato).
Theater in der Josefstadt.
Premiere: 23.12.1959.

1963

EIN SCHÖNER HERBST
Bruno Schupplers Komödie JUNGER HERR VON 40 JAHREN als musikalisches Lustspiel, bearbeitet von Hans Weigel.

Inszenierung: Edwin Zbonek. *Bühnenbild:* Walter Hoesslin. *Kostüme:* Gerdago. *Musik:* Robert Stolz. *Einstudierung der Tänze:* Hedy Richter.

Darsteller: Leopold Rudolf (Franz von Waidring), Carl Bosse (Alexander Gemmingen), Albert Rueprecht (Georg Rottenkirch), Erich Nikowitz (Josef), Nina Sandt (Sophie Gemmingen), Helly Servi (Marianne Seybold), Elfriede Ott (Amélie Carron, geb. Stanglbauer), Annie Rosar (Anna Welsperg), SENTA BERGER (Valerie Welsperg).

Theater in der Josefstadt.

Aufführung im Rahmen der Wiener Festwochen.

Premiere: 5.6.1963.

1974

JEDERMANN

Hugo von Hofmannsthal

Inszenierung: Ernst Haeussermann, nach der Inszenierung von Max Reinhardt. *Musik:* Joseph Messner/Einar Nilson. *Musikalische Leitung:* Ernst Hinreiner. Es spielt das Mozarteum-Orchester, es singt der Salzburger Rundfunk- und Mozarteum-Chor. *Choreographie:* William Milié. *Ausstattung:* Veniero Colasabti/John Moore. *Kostüme:* Magda Getrein.

Darsteller: Ewald Balser (die Stimme des Herrn), Will Quadflieg (der Tod), Curd Jürgens (Jedermann), Vilma Degischer (Jedermanns Mutter), Walther Reyer (der gute Gesell), Carl Blühm (der Hausvogt), Friedemann Held (der Koch), Harald Harth (ein armer Nachbar), Michael Janisch (ein Schuldknecht), Grete Zimmer (des Schuldknechts Weib), Christiane Hörbiger/SENTA BERGER (Buhlschaft), Fritz Muliar (dicker Vetter), Peter Matic (dünner Vetter), Kurt Heintel (Mammon), Aglaja Schmid (gute Werke), Agnes Fink (Glaube), Martin Benrath (Teufel), Heribert Aichinger (Knecht), Heinz Ehrenfreund (der Spielansager).

Salzburger Festspiele Domplatz/Großes Festspielhaus.

Premiere: 28.7.1974.

SENTA BERGER bricht bei den Proben zusammen und wird
von Christiane Hörbiger ersetzt; erst in der letzten Aufführung, am 25. 8., kann sie auftreten.

1975

JEDERMANN
Inszenierung: Ernst Haeussermann.
Darsteller: Curd Jürgens (Jedermann), SENTA BERGER (Buhl-
schaft) sowie neu im Ensemble: Klausjürgen Wussow (der
Tod), Adriane Gessner (Jedermanns Mutter).
Salzburger Festspiele Domplatz/Großes Festspielhaus.
Premiere: 27.7.1975.

1976

ELGA
Gerhart Hauptmann.
Nach der Novelle DAS KLOSTER BEI SENDOMIR von Franz
Grillparzer.
Inszenierung: Ernst Haeussermann. *Bühnenbild:* Karl Eugen
Spurny. *Kostüme:* Leo Bei.
Darsteller: Klaus Maria Brandauer (ein Ritter), Karl Paryla
(der Diener des Ritters), Walther Reyer (ein Mönch), Robert
Werner (Pförtner). *Gestalten im Traum des Ritters:* Walther
Reyer (Graf Starschenski), Elisabeth Epp (Marina, seine
Mutter), SENTA BERGER (Elga, seine Frau), Elfriede Ram-
happ (die Amme), Michael Janisch (Dimitri), Peter Neusser
(Grischka), Klaus Maria Brandauer (Oginski, Elgas Vetter),
Karl Paryla (Timoska, Hausverwalter), Marianne Nentwich
(Dortka, Elgas Kammerzofe), Robert Werner (Diener des
Grafen Starschenski).
Burgenländische Festspiele auf Burg Forchtenstein.
Premiere: 30.6.1976.

JEDERMANN
Inszenierung: Ernst Haeussermann.

Senta Berger als Buhlschaft und Curd Jürgens als Jedermann

Darsteller: Curd Jürgens (Jedermann), SENTA BERGER (Buhl-schaft). Neu im Ensemble: Thomas Fritsch (der Spielansager); am 22. 8.: Vilma Degischer (Jedermanns Mutter).
Salzburger Festspiele Domplatz/Großes Festspielhaus.
Premiere: 25.7.1976.

1977

JEDERMANN
Inszenierung: Ernst Haeussermann.
Darsteller: Curd Jürgens (Jedermann), SENTA BERGER (Buhl-schaft).
Salzburger Festspiele Domplatz/Großes Festspielhaus.
Premiere: 24.7.1977.

Senta Berger als Buhlschaft und Maximilian Schell als Jedermann

1978

JEDERMANN
Inszenierung: Ernst Haeussermann.
Darsteller: Die Stimme Ewald Balsers (Gott der Herr), SEN-
TA BERGER (Buhlschaft); Neubesetzung: Maximilian Schell
(Jedermann), Rolf Boysen (der Tod), Heidemarie Hatheyer
(Jedermanns Mutter), Frank Hoffmann (der gute Gesell),
Erich Auer (ein armer Nachbar), Herwig Seeböck (ein
Schuldknecht), Martha Wallner (des Schuldknechts Weib),
Eric Pohlmann (dicker Vetter), Walter Schmidinger (dünner
Vetter), Ernst Schröder (Mammon), Sonja Sutter (gute Wer-
ke), Otto Schenk (der Teufel), Hermann Schober (Knecht),
Michael Boettge (der Spielansager).
Salzburger Festspiele Domplatz/Großes Festspielhaus.
Premiere: 30.7.1978.

REZITATION – SENTA BERGER LIEST

Ingeborg Bachmann
*Die wunderliche Musik / Was ich in Rom sah und hörte /
An die Sonne / Heimweg / Früher Mittag / Alle Tage / Er-
klär mir Liebe / Eine Art Verlust / Enigma / Der Tag des
Friedens*
Ilse Aichinger
*Wo ich wohne – Spiegelgeschichte / Findelkind / Zeitlicher
Rat / Mittlerer Wahrspruch / Abgezählt / Winterantwort / Mir /
Ende der Ungeschriebenen*
Mozarteum.
Premiere: 10.8.1978.

HEDDA GABLER

Henrik Ibsen
Inszenierung: Gert Pfaffenrodt. *Ausstattung:* Chr. Bussmann.
Darsteller: SENTA BERGER (Hedda Gabler-Tesman), Hans
Hoenicke (Jörgen Tesman), Volker Brandt (Ejlert Lövborg),
Alexis von Hagemeister (Assessor Brack), Helma Seitz (Tan-
te Julchen), Monika Barth (Thea).
Dreiländertournee 1978 (150 Vorstellungen).
KRITIK: Dieter Sparrer in *KStA*, 1.11.1978.

1979

TARTUFFE

Jean Baptiste Molière
Deutsche Fassung von Rudolf Noelte, nach der Übersetzung
von Arthur Luther.
Inszenierung: Rudolf Noelte. *Ausstattung:* Elisabeth Urban-
cic. *Musik:* Anton Gisler.
Darsteller: Melanie Horeschovsky (Madame Pernelle),
Romuald Pekny (Orgon, ihr Sohn), SENTA BERGER (Elmire,
seine zweite Frau), Franz Winter (Damis), Lena Stolze
(Marianne), Karlheinz Hackl (Valère, Mariannes Verlobter),
Michael Heltau (Cléante, Orgons Schwager), Klaus Maria
Brandauer (Tartuffe), Veronika Fitz (Dorine), Fritz Muliar

(Loyal, Gerichtsvollzieher), Walter Starz (ein Polizeikommissar), Gabriele Schuchter (Flipote, Dienstmädchen).
Burgtheater.
Premiere: 21.12.1979.
KRITIK: Benjamin Henrichs in *Die Zeit*, 11.1.1980; Hilde Spiel in *FAZ* vom 31.7.1981.
»Während Brandauer (Tartuffe) vor Lust schnell Misstrauen und Verstand verliert, die Frau heftig betatscht und beschnüffelt, spielt Senta Berger unvergleichlich eine unvergleichlich komplizierte Situation. Sie weiß wohl selbst nicht mehr, was sie will, was mit ihr geschieht; ob sie den Ehebruch nur spielt aus pädagogischen Gründen zur Belehrung des Ehemanns unter dem Tisch, ob sie ihn schon erlebt, ob sie ihn gar sich wünscht. Wenn Orgon unter dem Tisch hervorkriecht, fragt sie: ›So schnell?‹, und fast klingt es enttäuscht.« (Benjamin Henrichs)

1980

JEDERMANN
Inszenierung: Ernst Haeussermann.
Darsteller: Die Stimme Ewald Balsers (Gott der Herr), Maximilian Schell (Jedermann), SENTA BERGER (Buhlschaft). Neubesetzung: Emmerich Schrenk (der Hausvogt), Michael Tost (dicker Vetter), Peter Matic (dünner Vetter), Joaba Maria Gorvin (Glaube), Karl Blühm (Knecht).
Salzburger Festspiele Domplatz/Großes Festspielhaus.
Premiere: 26.7.1980.

FRAUENLYRIK
SENTA BERGER liest Gedichte und Geschichten von Ilse Aichinger, Ingeborg Bachmann und Sarah Kirsch.
Hamburger Theaterschiff.
Premiere: 16.9.1980.

1981

DANTONS TOD
Georg Büchner
Inszenierung: Rudolf Noelte. *Ausstattung:* Walter Dörfler.
Kostüme: Elisabeth Urbancic.
Darsteller: Götz George (Danton), SENTA BERGER (Marion),
Heribert Sasse (Robespierre), Mathieu Carrière (Saint
Just), Will Quadflieg (Thomas Payne), Christian Quadflieg
(Camille Desmoulins), Regina Lemnitz (Julie), Birgit Doll
(Lucile), Heinz Baumann (Lacroix), Ernst Meister (Barère),
Kurt Heintel (öffentlicher Ankläger), Bruno Dallansky
(Simon), Evelyn Meyka (seine Frau), sowie Udo Thomer,
Uwe Falkenbach, Erik Frey, Gert Westphal (Tribunalpräsi-
dent).
Salzburger Festspiele 1981.
KRITIK: Hellmuth Karasek in *Der Spiegel*, Nr. 32/1981; Hilde
Spiel in *FAZ*, 31.7.1981; C. Bernd Sucher in *SZ*, 31.7.1981;
L. Schmidt-Mühlisch in *Die Welt*, 31.7.1981; Imma Vavrosky in
Handelsblatt, 31.7.1981; Peter Friedl in *FR*, 1.8.1981; haj. in
NZZ, 4.8.1981; Peter Iden in *Die Zeit*, 7.8.1981.
»Ein ununterbrochenes Sehnen und Fassen, eine Glut, ein
Strom. Zwar artikuliert SENTA BERGER diesen Monolog so
eindringlich, dass man ihr wie keinem anderen Schauspieler
an diesem Abend – außer dem jungen Mathieu Carrière –
zuhört, aber diese verkündete Einheit von Denken und
Fühlen, sie vermochte SENTA BERGER nicht glaubhaft zu
machen. Vielleicht sollte sie es gar nicht, denn ihre Einsicht,
dass Danton, anders als sie eben, Lippen besitze, die Augen
haben, dass er gebrochen ist und schon deshalb sein Wunsch,
ihre Schönheit ganz in sich zu fassen, nie in Erfüllung wird
gehen können, auch sie hat Noelte gestrichen. Und Danton
schläft derweil.« (C. Bernd Sucher)
»SENTA BERGER als Marion erzählt ihre Geschichte langsam
und ruhig, mit abgewandtem Gesicht, eine Solistin für eine
Szene, genau wie Will Quadflieg Solist ist als Thomas Payne.«
(Peter Friedl)

DER TRAUM – EIN LEBEN
Franz Grillparzer.
Inszenierung: Ernst Haeussermann. *Bühnenbild:* Karl Eugen
Spurny. *Kostüme:* Alice Maria Schlesinger. *Musik:* Paul Angerer.
Darsteller: Klaus Maria Brandauer (Prinz Sigismund), Paul
Hoffmann (König), Heinrich Schweiger (Zangor), Walther
Reyer (Massud), SENTA BERGER (Mirza), Elisabeth Epp,
Heinz Ehrenfreund, Michael Janisch, Peter Josch, Peter
Weihs, Robert Werner.
Burgenländische Festspiele auf Burg Forchenstein.
Premiere: 23.5.1981.

JEDERMANN
Inszenierung: Ernst Haeussermann.
Darsteller: Maximilian Schell (Jedermann), SENTA BERGER
(Buhlschaft). Umbesetzung: Heinz Ehrenfreund, Robert
Werner (Koch, 9. bis 14.8.1981).
Salzburger Festspiele Domplatz/Großes Festspielhaus.
Premiere: 26.7.1981.

MARIA KÄMPFT MIT DEN ENGELN
Pavel Kohout
Inszenierung: Pavel Kohout. *Ausstattung:* Pavel Bilek.
Darsteller: SENTA BERGER (Maria), Jörg Gillner (Josef).
Thalia Theater, Hamburg.
Premiere: 1981.

1982

REZITATIONSABEND – SENTA BERGER LIEST:
Ingeborg Bachmann, Paul Celan, Georg Trakl, Rainer Maria
Rilke, H. Weigel, J. Soyfer, Karl Kraus, Ödön von Horvath.
Premiere: 30.7.1982.

JEDERMANN
Inszenierung: Ernst Haeussermann.
Darsteller: Maximilian Schell (Jedermann), SENTA BERGER

(Buhlschaft). Neubesetzung: Klaus Witzbold (der gute Ge-
sell), Peter Wolfsberger (der Spielansager), Robert Werner
(Koch, am 9.8.1982).
Salzburger Festspiele Domplatz/Großes Festspielhaus.
Premiere: 2.8.1982.

REIGEN
Arthur Schnitzler.
Inszenierung: Hansjörg Uzerath. *Bühnenbild/Kostüme:* Wolf
Münzer.
Darsteller: Mona Sefried (die junge Frau), Georg Corten (der
junge Mann), Marie Colbin (das süße Mädel), Andreas Biß-
meier (Soldat), Gudrun Gabriel (Dienstmädchen), Peter
Matic (Ehemann), Joachim Bliese (Graf), SENTA BERGER
(die Schauspielerin), Helmut Berger (Dichter), Sabine Sinjen
(eine Prostituierte).
Schiller-Theater, Berlin.
Premiere: September 1982.
KRITIK: Friedrich Luft in *Die Welt*,13.9.1982; Karena Niehoff
in *SZ*, 14.9.1982.

1984

EINE DUMMHEIT MACHT AUCH DER GESCHEITESTE
Alexander N. Ostrowski
Inszenierung: Professor Georgi Towstonogow. *Bühnenbild/
Kostüme:* Eduard Kotschergin.
Darsteller: Dieter Laser (Jegor D. Glumow), Georg Corten
(Nils F. Mamajew), SENTA BERGER (Maschenka), Antje Weis-
gerber (Kleopatra L. Mamajewa), Peter Matic (Krutizki),
Gerhard Friedrich (Gorodolin), Dagmar von Thomas (Gla-
fira K. Glumowa).
Schiller-Theater, Berlin.
Premiere: Juli 1984.
KRITIK: Sibylle Wirsing in *FAZ*, 3.7.1984; Peter Hans Göpfert
in *Die Welt*, 8.7.1984; Karena Niehoff in *SZ*, 10.7.1984;
Andreas Rossmann in *FR*, 12.7.1984.

1990

LYRIK UND JAZZ

Inszenierung: Volker Kühn. *Darsteller:* SENTA BERGER, Erika Pluhar, Elisabeth Trissenaar, Jutta Wachowiak, Ingo Hülsmann, Karl-Michael Vogler.

Musiker: Albert Mangelsdorff (Posaune), Walter Norris (Piano), Aladar Pege (Bass).

Eine Benefizveranstaltung der Stiftung Lesen in der Gethsemane-Kirche, Ostberlin.

Premiere: Sommer 1990.

(Siehe Fernsehfilme, 11.8.1990.)

1993

LESUNG BEIM THEATERSOMMER

Cordula Trantow und SENTA BERGER lesen Kurt Tucholsky, Erich Kästner, Ödön von Horvath.

Weilheimer Theatersommer. *Premiere:* Juni 1993.

1994

LIEBE, TOD UND LEIDENSCHAFT

Rezitationsabend – SENTA BERGER liest:

Ilse Aichinger: *Spiegelgeschichte*

Ödön von Horvath: *Geschichten des Fräulein Agnes Pollinger*

Ingeborg Bachmann: *Der Fall Franza. Premiere:* 11.4.1994.

1998

BOSHAFTES BEIM TANGO UND WIENER WALZER

SENTA BERGER über Mann und Frau.

Musikalisch-literarische Soirée, mit Texten von Alfred Polgar. Begleitet vom Trio Diabelli, dem Gitarristen Siegfried Schwab, dem Mann mit der Querflöte, Willy Freivogel, und Enrique Santiago, der mit der Viola Donauwellen imitiert.

Premiere: 13.03.1998.

Die Produktionen von Sentana Film

PAARUNGEN [auch: **PAARE**] (BRD 1967)
Regie/Drehbuch: Michael Verhoeven, nach Motiven von August Strindbergs DER TOTENTANZ. *Kamera:* Henning Kristiansen. *Musik:* Hermann Thieme und Josef Berger.
Darsteller: Lilli Palmer (Alice), Paul Verhoeven (Edgar), Karl-Michael Vogler (Kurt), Ilona Grübel (Judith), Michael von Harbach (Allan), Dieter Klein (Ekmark) sowie Dietrich Karky, Inken Sommer, Melanie Horeschovsky, Axel Scholtz.
Produktion: Sentana Film München. *Produzenten:* SENTA BERGER/Michael Verhoeven. Eastmancolor. *Länge:* 81 Minuten.
KRITIK: Alfred Pfaffenholz in *Fd* 10, 5.3.1986; ok in *Filmbeobachter* 19/498, 25.11.1967; Helmut Regel in *Filmkritik* 1/68. Deutscher Beitrag auf dem Festival in Mar del Plata, Argentinien.

TISCHE (BRD 1969)
(Kurzfilm, Goldähre Filmfestival Valladolid 1970)

WER IM GLASHAUS LIEBT (BRD 1971)
Arbeitstitel: DER GRABEN
Regie/Drehbuch: Michael Verhoeven. *Kamera:* Igor Luther.
Darsteller: SENTA BERGER, Hartmut Becker, Marianne Blomquist.
Produktion: Sentana Film. *Länge:* 80 Minuten.
Deutscher Berlinale-Beitrag.
(Siehe Kinofilme.)

EIN UNHEIMLICH STARKER ABGANG
(BRD 1973)
Regie/Drehbuch: Michael Verhoeven nach dem Bühnenstück von Harald Sommer. *Kamera:* Igor Luther.
Darsteller: Katja Rupé, Elmar Wepper, Peter Steiner.
Produktion: Sentana Film. *Länge:* 86 Minuten.

›MitGift‹: Senta Berger und Mario Adorf

MITGIFT (BRD 1975)

Regie/Drehbuch: Michael Verhoeven. *Kamera:* Igor Luther.
Darsteller: SENTA BERGER, Mario Adorf, Elisabeth Flicken-
schildt.
Produktion: Sentana Film. *Länge:* 110 Minuten.
(Siehe Kinofilme.)

GEFUNDENES FRESSEN (BRD 1976)

Regie: Michael Verhoeven. *Drehbuch:* Michael Verhoeven,
Elke Heidenreich, Bernd Schröder. *Regieassistentin:* Brigitte
Lipphardt. *Kamera:* Heinz Hoelscher. *Schnitt:* Helga Borsche.
Musik: Stefan Melburger. *Ausstattung:* Heinz Eickmeyer,
Katharina Litzinger.
Darsteller: Mario Adorf (Erwin Kolozeczik), Heinz Rühmann
(Alfred Eisenhardt), René Deltgen (Schiller), Karin Baal (Gi-

sela), Elisabeth Volkmann (Maria Kolozeczik), Spomenca Petrovic (Milena), Patrick Kreuzer, Joachim Fuchsberger, Barbara Valentin, Hans-Jürgen Bäumler, Andrea L'Arronge, Rudolf Schündler, George Moorse, Barbara Gallauner, Maria Singer. *Produktion:* Sentana Film/Bayerischer Rundfunk. *Produktionsleitung:* SENTA BERGER, Michael Verhoeven. Eastmancolor. *Länge:* 95 Minuten.
Erstaufführung: 4.3.1977.
KRITIK: Günther Bastian in *Fd* 7, 29.3.1977; Eberhard Laubvogel in *Filmecho* 68/77.
INHALT: Die rührende Geschichte vom Penner Alfred (Heinz Rühmann) und dem Streifenpolizisten Erwin (Mario Adorf), die im Grunde sehr viel gemeinsam haben. Erwin beneidet seinen Freund, weil er frei ist und sich im schäbigen Alltag nicht mies fühlt.
ZUM FILM: Allzu sehr wird diese »menschliche Tragödie« romantisiert (Zuneigung zum Gastarbeitermädchen) und kaputtgespielt.

SONNTAGSKINDER (BRD 1979)

Regie: Michael Verhoeven. *Drehbuch:* Michael Verhoeven, Gerlind Reinshagen, nach ihrem Bühnenstück. *Kamera:* Gero Erhardt. *Schnitt:* Dagmar Hirtz. *Ausstattung:* Horst Klöß. *Kostüme:* Gabriele Pillon.
Darsteller: Nora Barner (Elsie Wöllmer), Gerd Seid (Ludwig Wöllmer), Erika Pluhar (Therese Wöllmer), Pola Kinski (Lona), Mario Fischel (Karl Metzenthin), Elisabeth Schwarz (Tilda), Rudolf Wessely (Heinrich Belius), Ruth-Maria Kubitschek (Anna-Sophie Blius), Carolin Ohrner (Inka Belius), Christoph Quest (Friedrich Karl Rodewald), Pierre Franckh (Nolle), Friedrich von Thun (Herr Oswin), Maria Hartmann (Almuth Oswin), Hartmut Becker (Konradi), Santiago Ziesmer (»Totenkopf«), Dieter Prochnow (ein Pole).
Produktion: Sentana Film/Hessischer Rundfunk, Dietmar Schings. Farbe. *Länge:* 103 Minuten.
KRITIK: Jürgen Richter in *FAZ*, 13.10.1981; KHK in *KStA*, 13.10.1981.

Preise: 1. Preis Festival du Film Etouffé (Alés); Preis der Filmkritik; Grand Prix d'Amiens (Französischer Kritikerpreis, Amiens 1982).

DIE URSACHE (BRD 1980)

Regie/Drehbuch: Michael Verhoeven, nach einer Erzählung von Leonhard Frank. *Kamera:* Gero Erhardt. *Ausstattung:* Gerd Staub. *Kostüme:* Bernd Kloth.
Darsteller: Otto Sander (Dichter), Hannes Messemer (Lehrer), Trude Breitschiof (Mutter), Maria Hartmann (Hure), Alfred Edel (Untersuchungsrichter), Hannes Gromball (Einäugiger), Willy Semmelrogge (Vorsitzender), Axel Scholtz (Verteidiger), Alexis von Hagemeister (Staatsanwalt), Michael Kroecher (Priester), Gerd Wiedenhofen (Arzt), Joachim Hackethal, Hans Wolfgang Zeiger, Werner Abrolat, Rainer-Christian Mehring (Geschworene), Gunnar Holm-Petersen (Mieder), Lisa Helwig (Wirtin).
Produktion: Sentana Film für ZDF. Farbe. *Länge:* 103 Minuten.
Sendung: 19.9.1980 ZDF.

AM SÜDHANG (BRD 1980)

Regie: Michael Verhoeven. *Drehbuch:* Manfred Bieler, nach einer Erzählung von Eduard von Keyserling. *Kamera:* Michael Epp. *Musik:* Roland Sonder-Mahnken. *Ausstattung:* Albrecht Becker. *Kostüme:* Bernd Kloth.
Darsteller: Andrea Jonasson (Daniela), Helmut Zierl (Karl Erdmann), Franz-Otto Krüger (Herr von Wallbaum), Ursula Dirichs (Frau von Wallbaum), Ulrich von Dobschütz (Botho), Edi Samland (Oda), Natascha Unbehaun (Heida), Till Demtröder (Leo), Gunnar Holm-Petersen (Ottomar von der Lynck), Martin Halm (Aristides Dorn), Carin Braun (Fräulein Undamm), Cornelia Schramm (Lina), Michael Gahr (Dr. Ulrich).
Produktion: Sentana Film für Stern TV. *Produzent:* Heinz Haude für ZDF. Farbe. *Länge:* 99 Minuten.
Sendung: 8.9.1980 ZDF.

DIE WEISSE ROSE (BRD 1981/82)

Regie: Michael Verhoeven. *Drehbuch:* Michael Verhoeven und Mario Krebs. *Regieassistenz:* Brigitte Liphardt, Busci István *Kamera:* Axel de Roche. *Schnitt:* Barbara Hennings, Sabine Matula. *Musik:* Konstantin Wecker. *Ausstattung:* Les Oelvedy, Martin Éva, Zsolt Csengery. *Kostüme:* Anastasia Kurz.

Darsteller: Lena Stolze (Sophie Scholl), Ulrich Tukur (Willi Graf), Martin Benrath (Professor Huber), Wulf Kessler (Hans Scholl), Oliver Siebert (Alex Schmorell), Anja Kruse (Traute Lafrenz).

Produktion: Sentana Film. *Koproduktion:* Hans Prescher/Dietmar Schings für Hessischen Rundfunk und CCC Filmkunst GmbH und Co. KG, Berlin. Eastmancolor. *Länge:* 123 Minuten.

Preise: IFF Karlovy Vary 1982, Rose der Antifaschisten; Deutscher Filmpreis 1983.

DIE MUTPROBE (BRD 1982)

Regie/Drehbuch: Michael Verhoeven. *Kamera:* Gero Erhardt. *Ausstattung:* Norbert Scherer.

Darsteller: Peter Welz (Andi), Günther Maria Halmer (Pfarrer), Gabi Marr (Inge), Ruth Fischer (Gerdi), Elisabeth Welz (Mutter), Adolf Breinbauer (Vater).

Produktion: Sentana Film für ZDF. *Länge:* 110 Minuten.

Sendung: 31.10.1982 ZDF.

Preise: Deutscher Fernsehspielpreis in Gold, DAG Preis 1982.

LIEBE MELANIE (BRD 1983)

Regie/Drehbuch: Michael Verhoeven.

Darsteller: Melanie Horeschovsky (Melanie), SENTA BERGER (Dr. Katja Kollotschetschik).

Produktion: SENTA BERGER.

(Siehe Fernsehfilme.)

DAS TOR ZUM GLÜCK (BRD 1984)

Regie/Drehbuch: Michael Verhoeven. *Kamera:* H. P. Roth.

Darsteller: Wieland Bubmann (Günther Theil), Claudia Kern-

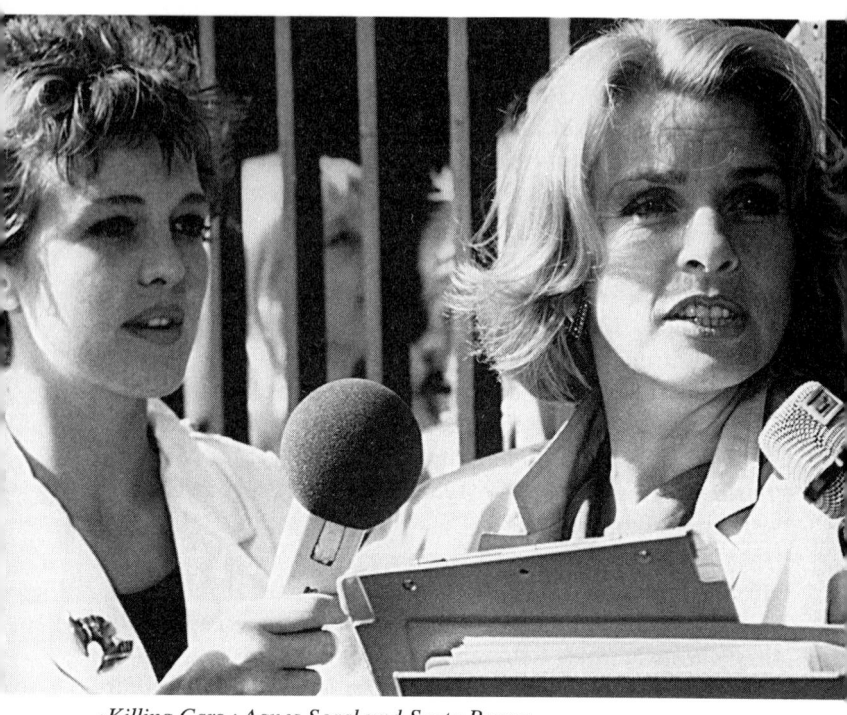

›Killing Cars‹: Agnes Soral und Senta Berger

wein (Uschi), Wolf Goldan (Fred), Hans Reiser (Zuckerfabrik K.), Ay Ökshan (Fathma), Elert Bodo (Vereinspräsident Scholz).
Produktion: Sentana Film für ZDF. *Länge:* 105 Minuten.

KILLING CARS (BRD 1985)
Regie/Drehbuch: Michael Verhoeven. *Kamera:* Jacques Steyn.
Darsteller: Jürgen Prochnow, SENTA BERGER, Agnes Soral.
Produktion: Sentana Film. *Koproduktion:* Amazonas. *Länge:* 104 Minuten.
(Siehe Kinofilme.)

STINKWUT (BRD 1985)
Regie/Drehbuch: Michael Verhoeven, nach dem gleichnamigen

Bühnenstück von Fitzgerald Kusz. *Kamera:* Klaus Günther.
Musik: Konstantin Wecker. *Ausstattung:* Norbert Scherer.
Darsteller: Friedrich von Thun (Vater), Veronika Fitz (Mutter), Hans Stadtmüller (Opa), Erni Singerl (Nachbarin), Claus-Peter Seifert (Thomas), Christine Neubauer (Sabine), Peter Welz (Rudi), Fred Stillkraut (Postbote), Axel Scholtz (Beauftragter), Konstantin Wecker.
Produktion: Sentana Film für ZDF. Farbe. *Länge:* 83 Minuten.
Sendung: 3.3.1986 ZDF.

GUNDAS VATER (BRD 1986)
Regie/Drehbuch: Michael Verhoeven. *Kamera:* Ingo Lutter.
Ausstattung: Gert B. Venzky.
Darsteller: Karin Thaler (Gunda), Monika Baumgartner (Mutter), Karl Scheydt (Vater), Philipp Seiser (Manfred), Wilfried Klaus (Verteidiger).
Produktion: Sentana Film. Farbe. *Länge:* 100 Minuten.
Sendung: 30.3.1987 ZDF; 20.4.1988 3sat.

GEGEN DIE REGEL – KAMERADSCHAFT (BRD 1986)
Regie/Drehbuch: Michael Verhoeven. *Kamera:* Axel de Roche.
Musik: Norbert Jürgen Schneider. *Ausstattung:* Manfred Lütz.
Darsteller: Günther Lamprecht (Weber), Helmut Zierl (Kroll), Claudia Amm (Helga Weber), Michael Klein (Andreas), Anja Michels (Karin).
Produktion: Sentana Film für WDR. Farbe. *Länge:* 103 Minuten.
Sendung: 6.5.1989 ARD.

SEMMELWEIS, IGNAZ – ARZT DER FRAUEN
(BRD 1987)
Regie/Drehbuch: Michael Verhoeven. *Kamera:* Miklós Biró.
Ausstattung: Friedrich Hollergschwandtner, András Langmár. *Musik:* Paul Vincent Gunia. *Kostüme:* Birgitt Hutter, Barna Tóth.
Darsteller: Heiner Lauterbach (Semmelweis), Friedrich von Thun (Rokitansky), Franz Stoß (Klein), Robert Meyer

(Hebra), Reinhard Hauser (Skoda); ungarische Ärzte: András Bálint (Lumniczer), Gábor Vass (Markusovsky), Tamás Végváry (Balassa); Enikö Eszenyi (Marie), Péter Haumann (Katoly), Karin Thaler (Straßenmädchen).
Produktion: Satel-Film, Wien/Sentana Film, München/MTV für ZDF-ORF-MTV.
Sendung: 4.6.1988 ORF; 5.6.1988 ZDF.

DIE SCHNELLE GERDI (BRD 1989)
TV-Serie, 6 Folgen.
Regie/Drehbuch: Michael Verhoeven.
Produktion: Sentana Film.
(Siehe Fernsehfilme.)

DAS SCHRECKLICHE MÄDCHEN (BRD 1989)
Regie/Drehbuch: Michael Verhoeven. *Regieassistenz:* Brigitte Liphardt. *Kamera:* Axel de Roche. *Schnitt:* Barbara Hennings. *Musik:* Mike Herting, Elmar Schloter, Billy Gorlt, Lydie Auvray; »Laudatio dominum« von Wolfgang Ebner; »Heilige Messe« von Joseph Haydn. *Ausstattung:* Hubert Popp. *Kostüme:* Ute Truthmann.
Darsteller: Lena Stolze (Sonja), Monika Baumgartner (Mutter), Michael Gahr (Vater), Fred Stillkrauth (Onkel), Elisabeth Bertram (Oma), Robert Giggenbach (Martin), Michael Guillaume (Robert), Karin Thaler (Nina), Hans-Reinhard Müller (Prof. Juckenack), Barbara Gallauner (Frl. Juckenack), Willi Schultes (Pater Brummel), Richard Süßmeier (Bürgermeister), Udo Thomer (Schulz), Ludwig Wühr (Schiffschaukelbesitzer), Herbert Lehnert (Dr. Fasching), Irmgard Henning-Bayrhammer (Frau Medizinalrat), Hans Stadtmüller (Dr. Kogler), Georg Einerdinger (Domprediger), Martha Kunig-Rinach (Frau Guggenwieser), Gertrud Sorge (Frau Zumtobel), Joachim Bernhard (Charly Zumtobel), Axel Scholtz (Herr König), Hermann Hummel (Anwalt Dr. Roederer), Wolfgang Fischer (Briefträger), Maria Peschek-Dauner (Rektorin), Ottfried Fischer (Minister), Gery Müller (Sekretärin Schulz), Eva-Maria Bayerwaltes (Sekretärin des

Bürgermeisters), Helmut Alimonta (Amtsdiener), Beate Anna Wieser (Bibliothekarin), Martina Wörle (Schwester im Altenheim), Michael Schreiner (Angestellter des Stadtarchivs), Norbert Skrowanek (1. Richter), Rudolf Klaffenböck (2. Richter), Ossi Eckmüller (Bauunternehmer), Alfons Biber (Möbelfabrikant), Sandra White (Iris Rabenbauer), Stella Adorf (Carolin Schnabel), Petra Berndt (Ramona Lettl), Gabi Fischer (Hilde Sprengler), Cordula Bachl (Gaby Abtretter), Michael Seyfried (Eberhard Roeder), Gerd Lohmeyer (Verkünder der Neuen Zeit), Luise Deschauer (Mathe- und Physiklehrerin), Elisabeth Welz (Englischlehrerin), Karl Renar (Würdenträger), Georg Blädel (General), Kurt Weinzierl (Bischof), Christof Wackernagel (Zöpfel), Gerlinde Eger (Diözesanrätin), Herbert Limmer (Prof. Stein).

Produktion: Sentana Film. Farbe. *Länge:* 91 Minuten.

Preise: IFF Berlin, Silberner Bär für Regie, Kritikerpreis; New York 1990, Nominierung für den Oscar und den Golden Globe 1990; British Academy Award 1992.

Kinostart: 15.2.1990.

KRITIK: Brigitte Desalm in *KStA*, 17.2.1990; Fritz Göttler in *SZ*, 21.2.1990; Urs Jenny in *Der Spiegel* 8/1990; Anna Mikula in *Zeit-Magazin* 9/1990; Karena Niehoff in *SZ*, 17.2.1990; Karsten Visarius in *FR*, 20.2.1990.

SCHLARAFFENLAND (BRD 1990)

Regie/Drehbuch: Michael Verhoeven, nach Motiven von Peter Siegerstetter. *Kamera:* Axel de Roche. *Musik:* Stefan Lehrndorfer. *Ausstattung:* Hubert Popp.

Darsteller: Johannes Terne (Jürgen), Cornelia Lippert (Karin), Sigmar Solbach (Norbert), Horst Hiemer (Henri), Jutta Wachowiak (Marianne), Horst Kotterba (Martin Frey), Irene Christ (Monika Frey), Else Garbe Deister (Mutter), Friedrich von Thun (Carlo Franck).

Produktion: Sentana Film für ZDF. Farbe. *Länge:* 100 Minuten.

Sendung: 19.11.1990 ZDF.

›Lilli Lottofee‹: Senta Berger und Herbert Bötticher

LILLI LOTTOFEE (BRD 1991)
TV-Serie, 6 Folgen.
Regie: Michael Verhoeven.
Produktion: Sentana Film.
(Siehe Fernsehfilme)

EINE UNHEILIGE LIEBE (BRD 1993)
Regie/Drehbuch: Michael Verhoeven. *Kamera:* Axel de Roche,
Frank Brünner. *Schnitt:* Barbara Hennings. *Ausstattung:* Wolf-
gang Hundhammer.
Darsteller: Timothy Peach (Georg Mittenzwey), Heike Fal-
kenberg (Eva Buschbaum), Alexander May (Bischof), Bar-
bara Gallauner (Haushälterin Martha), Robert Giggenbach
(Franz), Elena Rublack (Monika), Luise Deschauer (Georgs
Mutter), Ilse Zielstorff (Evas Mutter), Claudia Schlenger
(Nachbarin), Andreas Borcherding, Thomas Schmelzer.
Produktion: Sentana Film. Farbe. *Länge:* 94 Minuten.
Erstsendung: 11.10.1993 (ZDF).

DIE SIEGER
(BRD 1994)
Regie: Dominik Graf. *Drehbuch:* Günter Schütter. *Kamera:*
Diethard Prengel.
Darsteller: Herbert Knaup, Hansa Czypionka, Heinz Hoenig,
Werner Karle jun., Heinrich Schafmeister.
Produktion: Sentana Film mit Bavaria-Film.

MUTTERS COURAGE
(BRD/Großbritannien/Österreich 1994/95)
Regie/Drehbuch: Michael Verhoeven, nach einer Erzählung
von George Tabori. *Regieassistenz:* Christine Ruppert, Marcel
Just. *Kamera:* Theo Bierkens, Michael Epp. *Schnitt:* David
Freeman. *Musik:* Simon Verhoeven, Julian Nott. *Ausstattung:*
Wolfgang Hundhammer. *Kostüme:* Rosemarie Hettmann.
Darsteller: George Tabori (Tabori), Pauline Collins (Mutter),
Ulrich Tukur (Offizier), Natalie Morse (Maria), Robert Gig-
genbach (Cornelius Tabori), Heribert Sasse (Kelemen), Hana
Frejkova (Marthe), Otto Grünmandl (Julius), Buddy Elias
(Rabbi), Peter Radtke (Herr im Kinderwagen), Simon Ver-
hoeven (junger SS-Mann), Günter Bothur (Schnauzbart),
Horst Hiemer (deutscher Professor), Jiri Knot (Buchhalter),
Eddie Arendt (Klapka), Wolfgang Gasser (Iglodi), Johanna
Mertinz (Schaffnerin), Tatjana Miletowa (Olga), Istvan Iglodi
(Usicky), Jindrich Bonaventura (Tati).
Produktion: Sentana Filmproduktion GmbH und Little Bird
Company (UK) und Wega Film, Wien. *Produzenten:* Michael
Verhoeven, SENTA BERGER. Cinemascope, Super 35 mm.
Länge: 92 Minuten.
Preise: Festival Toronto 1995; Bundesfilmpreis 1996.

TABORI – THEATER IM LEBEN
(BRD 1999)
Ein Film über den großen Universalkünstler.
Regie/Drehbuch: Michael Verhoeven.
Produktion: Sentana Film.
Sendung: 6.5.1999 ARD.

Diskographie

I. SENTA BERGER ALS SÄNGERIN

1. SINGLES (45 RPM)

1967 Single Girl/Und das soll ich dir verzeihn
Electrola/EMI E 23432

1967 Für Romantik keinen Platz/Ich bring dir's bei
Electrola/EMI E 23433

1972 Teme di Fela/Adamo ed Eva (Italien)
Dischi Ricordi 10663

1989 Freundin/Ein einziger Abend/Deutschland
CBS PRO 494 für Promo
Ich liebe dich/Ich bring dir's bei
CBS PRO 515 für Promo
Ein einziger Abend/Taxi
CBS 655 3457

2. LPs

1986 KIR ROYAL – Soundtrack
Bellaphon 260 05 005
SENTA BERGER singt OVER THE RAINBOW

1987 HITS DES JAHRHUNDERTS – 100 Jahre Schallplatte
ARIOLA 303075 503
Originalaufnahmen aus der ARD-Show
SENTA BERGER singt *Lili Marleen*

1989 Wir werden sehn
CBS 462 5861

1995 Die Hits der Filmmusik produziert für 100 Jahre Kino
SENTA BERGER singt *La vie en rose*
Schau mich bitte nicht so an
Over the Rainbow
Monopol 36613 cy

Senta Berger und Konstantin Wecker in der letzten Folge von ›Kir Royal‹: Mona startet eine Karriere als Sängerin.

II. SENTA BERGER ALS SPRECHERIN

1967 Dolce vita im alten Rom – Lose Worte, leichte Lieder
Electrola EMI SME 80992
SENTA BERGER, Hannes Messemer, Richard Münch, Marcel André.
Es feiern mit: der Papagalli-Chor, Neros Beat Band und das Jammer-Orchester Imperator.

1979 Pinocchio Walt Disney
Disneyland Record 0056 512
Neuausgabe mit SENTA BERGER als Erzählerin

1979 Peter Pan Walt Disney
Disneyland Record 0056 513
CD (CAL 50524)

1996 Maria durch den Dornwald ging
Weihnachten mit SENTA BERGER
Münchner Motettenchor und sein Bläserensemble
Leitung: Hans Zoebeley
Textauswahl und Sprecherin: SENTA BERGER

Preise

<small>SENTA BERGER</small> hat folgende Auszeichnungen erhalten (Stand Dezember 2000):

1965 Golden Globe: Viel versprechende Nachwuchsschauspielerin
1967 Bambi
1983 Goldenes Filmband in Silber für Produktion <small>DIE WEISSE ROSE</small>
1987 Deutscher Darstellerpreis (Chaplin-Schuh) für <small>KIR ROYAL</small>
1991 Telestar für <small>SIE UND ER</small>
1998 Karl Valentin Orden

Quellen

Es wurde zitiert aus:

1. <small>BOULEVARD BIO</small>, Alfred Biolek, 1996
2. <small>WILLEMSENS WOCHE</small>, Roger Willemsen, 1996
3. *Brigitte*, 1970/Michael Jürgs
4. Fatima Parsens in *Gala*, 8.12.1994
5. Wir haben diese Firma, 1966
6. Heidrun Bobeth in *Gala*, 12.9.1996

Danksagung

Danksagung an: Marina Alsen, Friederike Auf, Alfred Biolek, Katharina Blum, Alberto Farassino, Hans Heinz Hahnl, Dieter Masling, Beate Mutschler, Vera Neuroth, Riccardo Redi, Lisa Rheingans, Sigrid Schmitt, Jürgen M. Thie, Rosemarie Weber, Birgit Weidinger, Roger Willemsen.
Ein ganz besonderer herzlicher Dank an Georges Freylinger, der dieses Buch in seiner letzten Phase entscheidend mitgeprägt hat.

Register